Survival of the Friendliest

Understanding Our Origins and Rediscovering Our Common Humanity

友者生存

与人为善的进化力量

[美]
布赖恩·黑尔 _Brian Hare
瓦妮莎·伍兹 _Vanessa Woods
著
/
喻柏雅
译

机械工业出版社
China Machine Press

图书在版编目（CIP）数据

友者生存：与人为善的进化力量/（美）布赖恩·黑尔（Brian Hare），（美）瓦妮莎·伍兹（Vanessa Woods）著；喻柏雅译. —北京：机械工业出版社，2022.9

书名原文：Survival of the Friendliest：Understanding Our Origins and Rediscovering Our Common Humanity

ISBN 978-7-111-71660-0

I. ① 友… II.①布… ②瓦… ③喻… III. ① 社会心理学 IV. ① C912.6-0

中国版本图书馆CIP数据核字（2022）第176919号

北京市版权局著作权合同登记 图字：01-2022-2433 号。

友者生存：与人为善的进化力量

出版发行：机械工业出版社（北京市西城区百万庄大街22号 邮政编码：100037）

责任编辑：向睿洋 丁思檬

责任校对：薄萌钰 王 延

印 刷：北京联兴盛业印刷股份有限公司

版 次：2023年1月第1版第1次印刷

开 本：147mm×210mm 1/32

印 张：9.125

书 号：ISBN 978-7-111-71660-0

定 价：69.00元

客服电话：（010）88361066 68326294

推荐序　不只更聪明，还要更友善

2020 年 10 月，机械工业出版社的编辑向我征询杜克大学演化人类学教授布赖恩·黑尔和夫人瓦妮莎·伍兹当年出版的新书《友者生存》的引进出版意见。由于编辑自己主修社会心理学和进化心理学，又提到跟黑尔教授读博的周雯是其在北师大的师姐，于是基于对本书作者的了解，对编辑所学专业的信任，以及有在我实验室做过本研的周雯作为桥梁，我自然对这本书持有积极的态度，并接受了审读译本的邀请。

2022 年 4 月，我收到了完成第一轮编校的译稿，于是利用五一假期浏览了全书，有些感想和启发，在这里分享给大家。

旧识与新知

尽管这本书主要围绕“自我驯化理论”这一新的观点展开讨论，但总体来看还是在达尔文演化学说的框架之内。大众对我们人类是如何演化发展的这一终极问题都很感兴趣，学术界也是一样。但无论是对于 20 世纪 70 年代的“社会生物学”还是这本书所论述的“友者生存”，我都倾向于把它们看作对达尔文经典理论的拓展。

达尔文进化论的主要观点是自然选择（natural selection）和适者生存（survival of the fittest）。动物或植物中能够适应环境的物种或个体可以被保留下来，而那些体质弱、结构特征不适应环境的物种或个体就会因食物不足或竞争不过对手而逐渐被淘汰，这就是自然选择。最适应环境的物种或个体可以生存下来，也就是适者生存。而社会生物学中所谓的“自私的基因”和“亲缘选择”，将自然选择的单位扩展到更小的基因和更大的群体；生物进化过程的主角从个体适应、个体选择扩展为族内适宜性和亲缘选择。

这本书中提到的“自我驯化理论”系统说明了“友善性”[一]在演化中的作用，我的理解是从达尔文主张的身体特质、社会生物学家们所谓的生物学基础（基因）拓展到了心理行为特质。由于友善性这一心理特质应属内表型，既不像身体外貌那样明显，也不似生物学基础那般客观，所以需要采用精巧的实验设计和测量手段，并严密地论证和说明，研究起来会更具有挑战性。书中介绍的很多研究和研究主题也是我们实验室所关注的，比如“心理理论”“自我控制”“共情”等，有一些研究工作是我们合作完成的。尽管本书有很多熟悉的知识和成果，但作者的分析和论证逻辑还是给了我很多启发。特别是书中对实际问题的应用分析，展现了作者在致谢中提到的从 2016 年初次成书后，又花费两年时

[一] 原书中多用 friendliness，尽管译文中为了与“适合度”相对应译为“友善度”，但我比较习惯于与“适宜性”对应的“友善性”译法。

间对书稿进行大改所付出的努力——不仅提出理论，还要借此“一起来思考面对的棘手问题的根源和解决方案”。

严肃又活泼

虽然本书的内核是一本严肃的学术科普著作，但其叙述风格是活泼的，颇具可读性。作者以自己做过的研究为引子（特别是有关驯化物种的研究，比如很多读者都很熟悉的狗），从自己研究想法的由来和逻辑、研究方法和实验设计的操纵控制等角度，比较详细地阐述了合作行为和友善性的演化渊源和相关实验，从物种的驯化讲到了友善性的由来，并引用了很多动物行为学、动物形态学和心理学等多学科的研究证据。本书内容丰富，涉猎广泛，很好地科普了比较和发展心理学的工作、思路以及近期的成果。作者讲述的节奏也起伏有度，且全书篇幅比较适宜。

由于书中讲到的现实问题似乎集中于作者所在的美国，涉及种族及政治观念等问题，编辑担心这可能会影响国内读者对自我驯化理论和书中探求更友善世界愿景的接受程度。我不这样认为，就我的理解来说，书中所讨论的关于内外群体、局部战争等问题都不会仅限于一个国家或一个地区，而是我们地球上的人类所共同面对的。书中对“非人化”的反思和采用“接触”来减少群际冲突的论述一定会对我们的读者有所启示。

朋友和同行

我比较熟悉两位作者中的先生，他是我们在学界的同行，也是我两个本科学生谭竞智和周雯的博士生导师。由于这层关系，我们不仅有一些研究上的合作，也一直比较关注彼此的工作。虽然现在我实验室中关于灵长类的工作越来越少，但我们依旧津津乐道黑尔组里有关倭黑猩猩和狗的工作。我们的联系还在延续，比如今年就有一个北师大的学生想去他的实验室，在申请期间先到了我的实验室见习。

此外，书中提到的研究者还有我们很熟悉的学界大牛——迈克尔·托马塞洛（Michael Tomasello）（2017 年我们翻译了他的《人类思维的自然史：从人猿到社会人的心智进化之路》以及《我们为什么要合作：先天与后天之争的新理论》）、亨利·威尔曼（Henry Wellman）、理查德·兰厄姆（Richard Wrangham）、埃文·麦克莱恩（Evan MacLean）……当然还有谭竞智和周雯……既亲切，又满足……

对审读本的阅读让我从手机和电脑结成的网络中暂时解脱出来，我很享受伴着书香徜徉在祖先演化征途的选择中。尽管书中有一些表述还有点儿晦涩，有些知识需要了解一些背景才好理解，但不妨把这些跳过去，看那些有趣的部分……放松地任思绪飞扬……

是为推荐序。

苏彦捷
北京大学心理与认知科学学院教授
2022 年 5 月 4 日

译者序　集友善与残忍为一身的人类

2016年10月，本书第一作者布赖恩·黑尔在心理学顶级期刊《心理学年鉴》上发表了一篇综述，题为“友者生存：智人经由对亲社会性的选择而进化”，与此同时，本书的初稿出炉。一个月后，特朗普当选美国总统。大选结果揭晓之时，我身在加州帕萨迪纳，耳闻目睹了校园、酒吧和餐馆里许多美国民众的一声叹息。此后几年的美国乱象，我们都在电视和网络上看到了，红蓝两大阵营间的冲突不断升级。而我们亦不能置身事外，被裹挟在大国间贸易争端的洪流中。

正是特朗普当选所引发的一系列问题，让本书作者决定弃用初稿的一半内容，他们又花了两年时间重新打磨书稿，希望在面向公众传播科学知识的同时，还要基于自己的研究成果，为美国乃至人类社会的纷争冲突提供一些解决方案。这是他们作为科学家和知识分子，理应具备的人文关怀与社会责任感。这样一来，最终呈现在读者面前的这本书，不仅内容更加丰富，而且主题更加深入。

本书可分为前后两部分。前五章的内容，是对人类自我驯化假说的探索与论述，侧重自然科学，涉及来自比较心理学与发展心理学、进化人类学与古人类学、遗传学与神经生物学，以及认知神经科学等学科的研究证据。后四章的内容，是针对现实问题提出解决方案，侧重社会科学，涵盖来自社会心理学、历史学、政治学和城市规划学等学科的研究成果。驾驭跨度如此之大的多学科知识已非易事，何况还要把它们精心编排配搭以便读者消化吸收，好在本书作者做到了。

本书前半部分脱胎于那篇综述，是对综述的全面扩充和展开。但不同于综述的学术写作风格，作者在本书中采用了侦探小说的叙述方式，一路勾着读者的好奇心。黑尔从自己家养的一只狗作为切入点，进而研究狐狸、黑猩猩和倭黑猩猩，接着是古人类化石和人类儿童，在此过程中不断提出并解决新问题，最终环环相扣地通向了人类自我驯化假说。

我刚拿到这本书时，几乎是一口气读完了前五章，因为我太想知道这个"案子"到底是如何侦破的，而我所受的学术训练令我尤其关注作者为"破案"提供的证据和证据链是否具有说服力。这种追剧式阅读体验，折射的正是科研的乐趣和科学的魅力：科学家面对未知世界大胆地提出问题，通过蛛丝马迹寻找散落在各处的证据碎片，然后小心翼翼地把碎片拼成一个答案，让我们对未知世界多了一点认识。

特别需要提醒读者的是，本书提出的只是一个科学假说。作者确实寻找到了很多证据碎片，拼出了一幅大致的图像，假说听上去也颇有说服力，但是未来还需要更多的碎片，才能拼出完整的图像。在学术界，该假说得到了很多学者的认可，但同时也有学者提出了不同意见或其他假说。如果这个假说能激发一些有志于学的读者的强烈好奇心，那么你不妨投身其中，寻找更多、更充分的证据，来证实它或者证伪它。

本书前半部分让我有多欢乐，后半部分就让我有多悲伤。我们的友善让我们成为自然选择的适者而得以生存，胜过了其他人类物种成为地球的主宰（自封的），可是，我们在变得对自己人越来越友善的同时，还对可能威胁我们的外人发展出了攻击性。人性的悖论由此呈现：我们对内群体有多友善，对外群体就有多残忍，我们集友善与残忍于一身。

这一人性的黑暗面，正是本书后半部分聚焦的主题——非人化，也就是把不属于我们群体的人不当人，而是看作比人低等的某种生物，这样我们就可以理直气壮地仇恨、侮辱、伤害甚至消灭他们。自从进入网络时代以来，特别是随着社交媒体的兴起，非人化的歪风邪气大有愈演愈烈之势。就在本月，社会心理学家乔纳森·海特投书《大西洋月刊》，发表了逾万言的长文《为什么过去十年美国人的生活变得出奇地愚蠢》，其中很多观点与本书不谋而合。

海特直斥社交媒体让整个美国社会陷入了“结构性愚蠢”，他写道：“社交媒体给每个人提供了一把镖枪，让每个人都能在没有正当程序的情况下主持正义。……平台由此促使群体对那些微小的或猜测的违法行为进行严惩，造成了现实世界中的后果，包括无辜的个体丢掉工作和被羞辱到自杀。当我们的公共广场被不受正当程序约束的暴民动力学所支配时，我们不会得到正义和包容，我们得到的是一个无视事件情境、相称原则、宽恕仁慈和事实真相的社会。”

显而易见的是，社交媒体的巨大副作用并非美国社会独有的问题，我们也面对着同样的问题，中文社交媒体上的闹剧和悲剧时有发生。两年前，广州一位家长因不满孩子遭到老师体罚跑步，在微博发帖编造孩子被体罚后吐血患重病以及老师收受钱财等情节，并雇用网络水军进行炒作，一时间网友群情激愤，该事件迅速冲上微博热搜，转发超过一百万次，那位老师不仅在网络上遭千夫所指，还收到大量短信和电话辱骂。上个月，上海一位女士想给独居且行动不便的父亲送菜，配送员费尽周折忙到深夜总算完成这一单，女士过意不去，给配送员充值了 200 元话费。这件事本来是非常时期的一抹暖心亮色，谁知被发到微博，很多网友指责女士打赏太少，太小气，女士受到这些冷嘲热讽的刺激，选择了轻生。

我现在复述起这些事件，还是禁不住要唏嘘。诸如此类的情形，在历史上发生过，现实中发生过，如今更是席卷网络，网络暴力已然成为社会毒瘤。为什么我们会对毫无关联的陌生人投以这样的恶意？为什么我们会把素不相识者想象成道德低劣之人，甚至不是人？为什么占少数的极端言论总是甚嚣尘上，而占多数的温和观点却沉入海底？这些问题以及更多相关问题，正是本书后半部分着力探讨的，值得我们深刻反思。

有必要指出的是，包括非人化在内的种种社会现象，虽然在不同社会中有着许多共性，但是也不可避免地存在着文化差异，留待读者自行辨析。比如，作者充分讨论了在美国社会大行其道的“猿化”——把人贬低成猿猴和猩猩，并援引恐怖谷理论来解释猿化的流行。然而在中国，猿化似乎并不常见，毕竟我们既没有黑奴贸易造成的种族问题，也没有基督教与进化论的持续论战，反倒是美猴王的光辉形象深入人心。据我所见，我们的偏好是把人贬低成蛆蝇、蟑螂、蝗虫、蝼蚁——姑且称之为“虫化”吧，仿佛一个人越是原始、低等、弱小、讨嫌，我们就越可以心安理得地收拾他，捏死一只蚂蚁有什么可怜惜的呢？大谬！我们所面对的每一个人，都跟我们同样有血有肉，共享喜怒哀乐，他的人格理应得到尊重并受到法律保护，一个人并不会因为犯了错甚至犯了罪，就失去做人的基本权利。

本书前半部分的主要价值在于其科学理论意义，为解开人类乃至生物的进化之谜提供了一个新鲜的视角，还让我对散步时遇到的狗狗们另眼相看：原来你们在某些方面竟然比我们的近亲猩猩们更聪明！而后半部分的主要价值在于其社会现实意义，为人类社会乐此不疲的相互争斗和攻击敲响了警钟，也提供了从个体到社会层面的若干解决方案。我们必须警惕自己身上与生俱来的残忍，学会更友善地对待他人。

感谢苏彦捷老师拨冗作推荐序，她主持翻译的《生理心理学》和《发展心理学》等教材曾让我受益匪浅。向睿洋编辑雷厉风行、要言不烦、如切如磋、从善如流的工作作风给我留下了深刻印象，我从着手翻译到此番复核经过两道编校的译稿，前后只隔了不到半年时间，这都多亏他的统筹。在翻译英文版的过程中，我发现了作者的少量笔误和不当表达，以及个别让我不甚理解的语句，照例去信与作者进行了充分沟通，并对译文做了相应调整，不另加注说明。译文若有疏失之处，还望读者不吝赐教，我的电子邮箱是：yuboya@live.com。

明日即是立夏，世界并不太平，远方战火纷飞，近处疫情纷扰。雨果在《九三年》里写道："人类尽管破坏、毁灭，尽管根除、杀戮，夏天依然是夏天，百合花依然是百合花，星辰依然是星辰。"

喻柏雅谨识

2022 年 5 月 4 日

目　录

Survival of
the
Friendliest

导　言

时值1971年，距离布朗诉教育委员会一案宣告校园中的种族隔离违宪已过去17年，但全美各地的校园仍然处于动荡之中。

少数族裔儿童经常要赶公交车，从城市的一边坐到另一边，这意味着他们必须比白人儿童早起两个小时。只要经济上供得起，白人家庭就会把孩子送到私立学校，留下最贫穷的白人家庭的儿童进入公立学校系统。在班级里，族群之间存在着非常多的敌意，孩子们几乎没有精力放在学习上。教育工作者、家长、政策制定者、民权活动家和社会工作者都感到无可奈何。

卡洛斯（化名）当时在得克萨斯州奥斯汀市的一所公立学校读五年级，英语是他的第二语言。他回答问题时结结巴巴，其他孩子嘲笑他，他就更结巴。他因此变得沉默寡言，很少说话。

许多社会科学家曾预言，学校取消种族隔离将是一个无条件的成功之举。他们假定，一旦所有孩子在班级里处于平等地位，那么白人儿童将不仅对学校里的有色人种，而且对他们一生中遇到的各种人都会减少种族歧视。少数族裔儿童则会接受一流的教育，为他们将来的事业成功奠定基础。

然而，当心理学家埃利奥特·阿伦森观察卡洛斯和他的同学时，他发现了一个根本问题：教室里的孩子并不处于平等地位。白人儿童准备得更好，学习装备更好，休息得也更好。许多老师是第一次教少数族裔儿童，面对自己的新任务，他们和白人学生一样感到不知所措。卡洛斯的老师看到他被同学捉弄得厉害，不想让他陷入窘境，于是不再喊他回答问题，无意中使他进一步被孤立。其他老师不希望少数族裔儿童出现在他们的班级里。就算他们没有鼓励白人儿童做出无情嘲弄之举，他们也没有做任何事情来阻止这些行为。

在一个传统的班级结构中，孩子们通过不断竞争来获得老师的认可。这种固有的冲突（一个孩子的成功会威胁到另一个孩子的成功）会助长一种不良的氛围，而种族融合让这个问题变得更严重。许多白人儿童在自己的学校里已经待了很多年。他们把少数族裔儿童视为入侵者，而且是低等的入侵者。自然而然地，少数族裔儿童就感受到白人儿童敌意的威胁。

阿伦森说服了卡洛斯的老师尝试一些新的方法。阿伦森建议将一小部分知识及其相应的权力转移到每个学生身上，而不是由老师在课堂上主持全局，提出问题，挑出一些学生回答而忽视其他学生。

卡洛斯的班级正在学习记者约瑟夫·普利策的人生经历。阿伦森将全班分成六个小组。卡洛斯所在小组的每个成员都必须分别学习普利策人生某一阶段的故事，在练习结束后，孩子们要接受有关普利策毕生经历的测验。卡洛斯负责的是普利策的中年时期。当轮到他讲述自己学到的知识时，他像往常一样结巴，遭到其他孩子取笑。阿伦森的助手若无其事地说道："如果你们愿意的话，你们可以像这样说话，但这对你们学习约瑟夫·普利策中年时期的经历没有帮助，而大约 20 分钟后你们将有一场关于普利策生平的考试。"

孩子们很快意识到，他们不是在与卡洛斯竞争，而是需要他的帮助。让卡洛斯紧张不安只会使他更难讲述他所学到的知识，于是他们转而成为富有同情心的采访者，仔细地牵引出卡洛斯所知道的故事。经过几个星期在不同项目上以这样的方式运作，卡洛斯在其他孩子面前变得更加自如，他们之间也变得更加友善。

阿伦森引入的是被称为"拼图"的方法，即小组中的每个孩子都掌握一个知识点，从而为一个连贯的课程内容做出贡献。[1] 每星期以这种方法运作几个小时，就能取得显著的效果。仅仅六个星期后，阿伦森发现白人儿童和少数族裔儿童都喜欢自己拼图小组里的成员胜过喜欢班级里的其他孩子，这与对方是什么种族无关。他们变得更喜欢自己的学校，他们的自尊也提高了。与竞争性班级的孩子相比，参与“拼图”的孩子更容易与他人共情，学业表现也更出色，而少数族裔儿童表现出的进步幅度最大。在美国各地数以百计的研究中和数以千计的班级里，合作性学习方法一次次地被重复，并得到了类似的结果。[2~5]

从适者生存到友者生存

合作是我们作为一个物种生存的关键，因为它增加了我们的进化适合度。但在有些时候，“适合度”成了身体适合度的同义词。个中逻辑是，在野外，你体格越大，越愿意战斗，别的动物就越不会招惹你，你就会变得越成功。你可以垄断最好的食物，找到最具吸引力的配偶，拥有最多的后代。按理说，没有哪个关于人性的民间理论造成的伤害或者说是错误比“适者生存”更大。在过去的一个半世纪里，它一直是社会运动、企业重组和自由市场极端观点的基础。它被用于论证废除政府，判定一群人是劣等人，然后对由此引发的残酷行径进行辩护。然而对达尔文和现代生物学家来说，“适者生存”的所指非常特定——生存并留下可生育的后代的能力。它的含义不会超出这个范围。

在 1869 年查尔斯 • 达尔文的《物种起源》第五版出版前后，强者和狠人将生存下去而弱者会灭亡的观点已经在人们的集体意识中得到巩固，于是他在书中写道，作为“自然选择”一词的替代，“‘适者生存’更准确，而且有时两者同等好用”。

达尔文一直对他在自然界观察到的友善和合作现象印象深刻，他写道：“那些包含最多最具同情心的成员的群体，最是兴旺，会养育数量最多的后代。”[6] 他和许多追随他的生物学家都记录了，在进化游戏中获胜的理想方式是最大限度地提高友善度㊀，从而使合作蓬勃开展。[7～9]

存在于大众想象中的“适者生存”的观念可以变成一种可怕的生存策略。研究表明，成为最大、最强壮、最卑鄙的动物会使你终生承受应激㊁。[10] 社会应激会消耗你身体的能量预算，削弱你的免疫系统，减少你的后代数量。[11] 攻击性也是有代价的，因为打斗会增加你受伤甚至死亡的概率。[12，13] 这种适合度能换来最高地位，但也可以让你的

㊀ Friendliness 一词的本义是“友善（性）”，作为专业术语尚无标准译法，本书对应“适合度”（fitness）统一译作“友善度”。——译者注

㊁ 应激（stress）即人对外部环境中的负性事件做出的生理和心理反应。在日常生活中，应激俗称压力（pressure）或紧张（tension）。——译者注

生活变得“肮脏、野蛮和短暂”。[14～16] 友善度可以大致定义为某种有意或无意的合作，或对他者的积极行为。友善度之所以在自然界非常普遍，是因为它极具威力。在人与人之间，它可以简单到接近某人并希望进行社交互动，也可以复杂到为了合作达成一个共同的目标而读懂别人的心思。

友善度是一种古老的策略。多少亿年前，线粒体是自由漂浮着的细菌，直到它们进入更大的细胞中。线粒体和更大的细胞联合起来，成为动物体内为细胞功能提供动力的电池。[17] 你的微生物组使你的身体能够消化食物、制造维生素和发育㊀器官，它是微生物和你的身体之间以类似的互利伙伴关系发展而成的结果。[18] 有花植物比大多数植物出现得晚，但它们与授粉昆虫的互利关系让它们进化得非常成功，现在正主导着地表的景观。[19] 蚂蚁的总重量据估计相当于地球上所有其他陆地动物的 1/5，它们可以形成由多达 5000 万个个体组成的超个体，并作为一个社会单位运行。[20]

每年我㊁都考验我的学生用进化论来解决这个世界的问

㊀ Develop(ment) 在指生理和身体方面的变化时译作“发育”，在指心理和行为方面的变化时译作“发展”。——译者注

㊁ 尽管布赖恩和瓦妮莎对本书的贡献相当，但布赖恩的研究工作是本书的主要内容，所以我们在全书都用“我”来指代布赖恩。

题。在本书中，我们给自己提出了同样的挑战。这是一本关于友善度以及它如何成为一种有利的进化策略的书。这是一本了解动物的书——其中狗扮演着主角，因为这样可以让我们更好地了解自己。这本书也是对我们友善度的反面——对那些不是我们朋友的人表现出残忍的能力——的探索。如果我们能对这种双重性质的进化有所了解，我们就能找到强有力的新方法来解决危及世界各地自由民主国家的社会和政治极化问题。

智人是最友善的人类

我们倾向于认为进化是一个创世故事。很久以前发生了一件什么事，然后以线性方式继续下去。然而进化并不是一条生命形式朝着“完美”智人发展的有序路线。许多物种都比我们人类更成功。它们比我们多活了上千万年，并带来了今天仍然活着的许多其他物种。

自从我们在 600 万～ 900 万年前从与倭黑猩猩和黑猩猩的共同祖先中分离出来后，我们自己的世系进化在人属中产生了几十个不同的物种。有化石和 DNA 证据表明，在智人存在的约 20 万～ 30 万年的大部分时间里，我们至少与其他 4 个人类物种共享地球。[21] 其中一些人类的大脑与我们的大脑一样大，或者更大。如果脑容量是成功的主要条件，这些其他人类应该能够像我们一样生存壮大。事实恰恰相反，他们的人口相对稀少，他们的技术尽管与非人类物种相比值得赞叹，但仍然很受限，而且在某个时间点上，他们全都灭绝了。

即使我们是唯一拥有大脑袋的人类，我们仍然必须解释，为什么我们在化石记录中的出现与我们人口和文化的爆炸之间至少存在 15 万年的时间差。尽管在我们进化的早期就已经显现出将我们与其他人类区分开来的身体特征，但从我们出现在非洲后的至少 10 万年里，我们的文化仍然未臻成熟。那些后来让我们闻名于世的技术已经初具迷人的模样：精心加工成对称状的刀刃、用红色颜料涂绘的物品、骨质和贝壳吊坠。在几千年里，这些创新都闪闪发光，却并不成熟。[22～24]

如果在 10 万年前，你要为哪个人类物种会成为最后的胜者设定赔率，我们不会是一个明显的赢家。更有可能获胜的竞争者是直立人，他们早在 180 万年前就离开非洲，成为地球上分布最广泛的物种。直立人是探险家、生存者和战士。他们殖民了地球上的大部分地区，在这个过程中，他们学会了控制火，用于取暖、自卫和烹饪。

直立人是第一种熟练使用先进石器的人类，包括使用石英、花岗岩和玄武岩等原材料制成的阿舍利手斧。[25，26]岩石的类型决定了它的雕凿方法——削凿或者切薄，由此形成泪滴状的锋利工具，这些手斧制作得非常精美，以至于在数十万年后被发现时，人们都认为这些石头具有超自然的力量。直立人见证了许多其他人类物种的兴衰，他们存在的时间比包括我们在内的其他人类都长。

10 万年前，我们仍在使用出现时间比我们还要早上 150 万年，由直立人发明的手斧。遗传学证据表明，我们的人口可能已经减少到接近灭绝的程度。[27～29] 直立人可能认为我们只是更新世㊀的又一个朝生暮死的新事物。

时间快进到 7.5 万年前。直立人仍然存在，但他们的技术没有什么进步，你可能猜测尼安德特人会成功取代他们。尼安德特人的大脑和我们一样大，或者更大。他们和我们一样高，但是更重，而且他们的大部分额外体重来自肌肉。尼安德特人在冰期处于统治地位。虽然确切地说是杂食，但他们倾向于食肉，这意味着他们必须是熟练的猎人。他们的主要武器是一种又长又沉的矛，意在近距离刺入动物的身体。食肉动物通常猎杀比自己体型小的动物。尼安德特人则在冰期猎杀了每一种大型食草动物，主要是马鹿、驯鹿、马和牛，偶尔也有猛犸象，它们全都比人类强壮得多。[23]

尼安德特人远远不是只会咕哝的穴居人。我们与他们共

㊀ 地质时代第四纪的早期，从约 258 万年前到 1.17 万年前。——译者注

享一个 FOXP2 基因的变体，该基因被认为是负责说话所需的精细运动的。[30]他们埋葬死者，照顾伤病员，用颜料涂抹自己，用贝壳、羽毛和骨头制成的饰品打扮自己。有个被安葬的尼安德特人的兽皮衣服上有近三千颗珍珠装饰，那件衣服是被专业地拉伸和缝合在一起的。[31]他们在洞穴的石壁上画画，描绘着神话中的造物。到他们的时代结束时，他们拥有的许多工具与我们所使用的相同。[23]

当智人第一次遇到尼安德特人时，尼安德特人的人口是有史以来最多的。因为他们适应寒冷，在我们面对即将到来的冰期而逃离欧洲时，他们取代了我们。如果在 7.5 万年前，你要赌谁能在未来几千年不确定的气候中生存下来，尼安德特人会是一个很好的下注对象。

然而，到了 5 万年前，局势开始转向对我们有利。阿舍利手斧已经为所有人类物种服务了 100 多万年，而我们开发出了一个复杂得多的工具箱。通过改进尼安德特人的木制刺矛，我们开发了投射武器，比如投矛器——一个半米长的木制手柄，可以发射两米长的矛杆。矛的顶端通常是磨尖的石头或骨头，另一端被挖空，以便套在木柄上。[32]其运作的物理学原理与现在流行的狗主人的投球器 Chuckit 相同。即使你非常强壮，你也只能徒手把标准的长矛扔出几米远，而投矛器中积蓄的能量可以将矛杆以每小时 150 千米以上的速度掷出 100 多米。投矛器变革了狩猎方式，使我们能够追赶与人类体型相当的食草动物，猎取天上飞的、水里游的和树上爬的猎物。我们不需要冒着被猛犸象踩到或者被它们的獠牙刺到的风险，就可以杀死它们。投矛器也变革了我们保护自己的方式。我们可以向剑齿猫或敌人发射长矛，在安全距离内使其重伤。我们制造了武器的尖头、雕凿用的工具、切割用的刀刃和穿孔用的钻头。我们有骨制的鱼叉、捕鱼用的网和陷阱，以及捕鸟和小型哺乳动物的套子。尼安德特人即使狩猎能力再高超，也不过是中等水平的食肉动物。我们凭着自己的新技术成为终极捕食者，在很大程度上免于被其他物种捕食。

我们勇敢地走出非洲，迅速扩展到欧亚大陆。我们甚至可能在数千年里就到达了澳大利亚。这种艰辛的穿越需要为无限期的旅程计划和打包食物，并带上工具用于修复不可预见的损毁和获取不熟悉的食物，以及解决未来预计会遇到的问题，比如在海上补给饮用水。早期的水手必须能够进行深入的交流，这使得一些人类学家做出假设，认为在这个时期，人类已经有了非常成熟的语言。[33]

最值得注意的是，这些水手必须推断出地平线之外还存在着大地。也许他们研究过候鸟的模式，或者看到过远方天然的森林大火的浓烟。即使是这样，他们也还得想象出地平线之外有地方可以去。

到了 2.5 万年前，很明显我们已经是赢家。我们不再像游牧者那样游荡，而是与数百人生活在更加固定的营地中。营地是按功能规划的：屠宰、烹饪、睡眠和倾倒垃圾都有着各自的区域。我们吃得很好，有研磨和捣碎食物的工具，使我们能够加工和处理那些本来不能食用、甚至有毒的食物。我们有烹饪用的火坑，有烘焙用的烤炉，还有在饥荒时期贮存食物的手段。[33]

我们有了用细骨针缝制成的真正的衣服，而不再只披着或松散系着毛皮。贴身的冬装意味着我们能够更好地抵御寒冷，而不必像尼安德特人那样进化出耗费热量的身体。[34]这样的装备让我们即使在寒冷的冰期也能一路向北推进，最终走到美洲，成为有史以来第一个完成这趟旅程的人类物种。

但这一时期（现在称作旧石器时代晚期）的显著特点不仅仅是武器和生活条件的升级。[35]正是在这一时期，我们开始留下独特的认知形式的证据，特别是我们不断扩大的社会网络。[36]用贝壳制成的珠宝在内陆几百公里处被发现，这意味着这些没有实用价值的物品要么值得从远处运来，要么是从我们最早的贸易路线上的其他人那里获得的。[37，38]

我们非常有技巧地在岩石上描绘动物，让它们的身体随石头的外形起伏，产生三维效果。有个洞穴的石壁上画着一头野牛，它有八条腿，似乎在火光中奔跑着，这可以视为原始电影的创作。我们甚至似乎在画面中加上了声音：马张开嘴巴在嘶叫，狮子在咆哮，犀牛相互凶猛地顶撞着脑袋，你几乎可以听到牛角的碰撞声。我们不仅模仿生活，还想象和描绘神话中的造物——长着狮子脑袋的女人和长着野牛之躯的男人。[39，40]

这就是行为上的现代性：我们的外表和行为都像现代人。我们的文化和技术突然变得比任何其他人类的都要强大和先进。这是怎么做到的？我们发生了什么变化，这些变化又为什么只发生在我们身上？

友善度的正反面

让我们能够在其他人类走向灭绝之际发展壮大的，是一种认知上的超能力：一种名为合作性交流的特定类型的友善度。我们是与其他人（即使是陌生人）合作的专家。我们可以与素不相识的人就一个共同的目标进行交流，并合作达成这个目标。正如你所预料的，黑猩猩的认知能力在很多方面都与人类一样复杂。然而，尽管黑猩猩和我们非常相似，它们却很难理解交流是为了帮助它们达成一个共同的目标。这意味着，尽管黑猩猩很聪明，但它们几乎没有能力使它们相互间的行为同步，对不同角色进行协调，传递它们的创新成果，甚至无法做出除了一些基本请求之外的交流。我们在会走路或说话之前就发展好了所有这些技能，它们是通往复杂的社会和文化世界的入口。它们使我们能够将我们的思想插入他人的思想中，继承历代积累下来的知识。它们是包括复杂语言在内的所有形式的文化和学习的基础，正是这些有文化的人类的密集群体发明了高级的技术。智人之所以能够在其他聪明的人类物种做不到的地方发展壮大，是因为我们擅长一种特定的合作。

我一开始研究动物时，非常专注于社会性竞争，我从未想过动物乃至我们自己的交流或友善度可能对认知进化很重要。我认为操纵或欺骗技能的提高可以解释动物的进化适合度。但我发现，仅仅变得更聪明是不够的。情绪在我们发现有价值、有吸引力、令人痛苦或令人厌恶的事物方面发挥着巨大的作用。我们对解决某些问题的偏好与我们的计算能力一样，在塑造我们的认知方面起着重要作用。那些最为复杂的社会认识、记忆和策略，只有跟同他人合作交流的能力进行配对之后，才会促进创新。

这种友善度是通过自我驯化进化而来的。[7]

驯化不仅仅是人类选择哪种动物用于繁殖这一人工选择的结果，它也是自然选择的结果。在后一种情况下，选择的压力在于友善度，对同类或者其他物种的友善度。这就是我们所说的自我驯化。自我驯化给了我们在其他人类走向灭绝之际延续下去所需的友善优势。到目前为止，我们已经在我们自己身上，在狗身上，以及在我们最亲近的表亲倭黑猩猩身上看到了这一点。本书主要讲述了将我们三个物种联系在一起的科学发现，并帮助我们了解我们是如何成为我们的。

随着人类变得更加友善，我们能够从像尼安德特人那样生活在 10 ～ 15 人的小群中转变为生活在 100 人或更多人的大群中。即使没有更大的大脑，我们更大的且协调性更好的群体也很容易胜过其他人类物种。我们对他人的体察使我们能够以越来越复杂的方式进行合作和交流，使我们的文化能力上了一个新台阶。我们可以比其他任何人更迅速地创新并分享这些创新。其他人类物种可没戏。

然而我们的友善度也有黑暗的一面。当我们感到我们所爱的群体受到别的社会群体威胁时，我们能够从我们的心理网络中除掉这个威胁群体，我们会将他们非人化。原本该有的共情和同情，现在都消失了。我们如果不能与有威胁的外人共情，就不会把他们看作人类同胞，就会变得能实施最残忍的行径。我们既是地球上最宽容的物种，也是地球上最无情的物种。[7]

非人化的恶果

非人化的言论在现今的美国国会大行其道，现在的国会比自美国内战以来的任何时候都更加对立。[41] 艾奥瓦州的前共和党众议员吉姆·利奇声称:“在共和党的衣帽间里,对民主党人的评价确实很怪诞。”[42] 南达科他州的前民主党参议员汤姆·达施勒则说:“这些党内会议已经变成了动员会……变成了‘我们’‘他们’‘杀死他们’的表态。”[42] 社交媒体将这种仇恨的烙印公开化。当媒体引用小唐纳德·特朗普说的“边境墙就像动物园的围栏,保护你不被动物吃掉”时,明尼苏达州的民主党女众议员伊尔汗·奥马尔反驳道:“猴子爬得越高,尾巴就越暴露。”

在不久以前,华盛顿是一个比较友善的地方。罗纳德·里根总统曾经邀请民主党人和共和党人一起到白宫喝酒,“只是为了讲笑话”。[43] 曾经有民主党人和共和党人拼车从他们的家乡开到华盛顿,日夜兼程,轮流驾驶。“我们会在众议院的议员席上争论得死去活来,”来自伊利诺伊州的前民主党众议员丹·罗斯滕科斯基说,“但当晚我们出去打了场高尔夫球。”[43] 当里根在一次特别激烈的交流后打电话给当时的众议院议长蒂普·奥尼尔时,蒂普说:“老伙计,这就是政治——六点以后我们可以做朋友。”[44]

这样的国会是干实事的。当时提出并通过的法案比今天多。更多的议员摒弃党派之争进行投票。1967 年,共和党人和民主党人通过了《民权法案》,这是美国一个世纪以来最重要的社会立法。民主党人与共和党人合作,通过了里根的税收方案,这是现代史上最重大的税收改革。

之后的1995年，一名来自佐治亚州的年轻共和党众议员纽特·金里奇提出了一个计划，以削弱民主党人对国会40多年来的控制。他的理论是，只要国会持续运作，人们就不会想改变控制它的政党。用他的话说："要建立一个新秩序，就必须打破旧秩序。"[45]

纽特·金里奇在20世纪90年代末担任众议院议长时的主要策略之一，就是制定明确的政策让共和党人和民主党人之间的友谊蒙尘甚至告吹。他首先简单地将在华盛顿的每周工作时间从五天改为三天，这样共和党众议员就会把大部分时间花在自己的选区，联络选民、筹措资金。这一举措阻碍了跨党派的友谊，因为越来越少的众议员会举家搬迁到华盛顿。[46]政治学家诺曼·奥恩斯坦写道："过去，议员们周末总是聚在一起，他们会有晚餐派对，或者会和他们在同一所学校的孩子们一起打棒球。……我们再也没有这种情况了。"[42~47]

在国会山，金里奇禁止共和党人与民主党人合作，无论是在委员会还是在众议院的议员席上。当共和党人谈论民主党人或民主党时，他们被建议使用非人化的语言来引起厌恶，用"腐朽"和"病态"等词语来描述对方。[48]金里奇频频将民主党人与纳粹党徒进行比较。[49]当他带领共和党人进入这个新的、充满敌意的境况时，许多民主党人急于效仿。不再有关起门来敲定的协议，不再有两党会议或高层间会议。最终，金里奇在众议院引入的规范也接管了参议院的文化。[50]

正如特拉华州前参议员乔·拜登在谈到他与亚利桑那州已故参议员约翰·麦凯恩的关系时所言："约翰和我在20世纪90年代曾经做过辩论。我们会走过去和对方坐在一起，真的在民主党议员席或共和党议员席中间坐在一起……我们……受到各自党派领导层的指责，指责我们为什么在20世纪90年代金里奇革命之后……还要在辩论中交谈并坐在一起，表现出这样的友谊。他们不希望我们坐在一起，从那时起，事情开始发生变化了。"[51]

随着国会山上友谊的消散，那些允许谈判和妥协的手段遭到了贬低。"猪肉桶"项目——由联邦政府资助的让相对较少的人受益的项目——已经不流行了。"猪肉桶"项目似乎是一种浪费的做法，但它们只占联邦预算的一小部分，而且通常在推动重要立法方面发挥了关键作用。政治学家肖恩·凯利发现，2010年对"猪肉桶"支出的禁令卡住了使国会转动的齿轮。[52]禁令实施后，每年通过的法律少了近一百项。当政策制定者没有胡萝卜来激励妥协时，他们就不太可能成功。就像竞争激烈的教室里的学生一样，不同党派的成员看到他们不再依赖对方后，就拒绝合作了。

自由民主国家的政治对手不可能成为敌人。[53]与对手交际会让他们变得人性化，从而使合作、谈判和信任——目前在华盛顿很短缺——成为可能。

本书讲述的自我驯化假说不仅仅是另一个创世故事。它是一个强大的工具，可以抑制我们非人化他人的倾向。它是一个警告和提醒：为了生存和发展，我们需要扩展“谁属于我们”的定义。

Survival of
the
Friendliest

第1章

善解人意的狗狗

狗与我们共享合作交流的特定认知能力。在一些重要的方面，狗和我们完全一样。

当你大约 9 个月大的时候，在你会走路或说话之前，你就开始了指指点点。当然，你出生后不久就会指指点点，但在 9 个月大时，这个动作开始具有意义。这是一个不寻常的手势。没有其他动物会这样做，即使它们有手。

理解一次指点的含义需要复杂的读心术。它通常意味着“如果你朝那里看，你就会明白我的意思”。[1]但如果我看到你指着你的头，那就可能存在多种含义。你指的是你自己吗？你是在说我疯了吗？还是我忘了拿我的帽子？一次指点可以指向未来的事物，也可以指向曾经存在但现在已经不在的事物。

在你 9 个月大之前，如果你的妈妈在指指点点，你很可能会看着她的手指。在 9 个月大之后，你的目光开始顺着她的手指延伸出来的一条想象中的线看去。到了 16 个月大时，你会在做出指点之前检查妈妈是否在看你，因为你知道你需要她的注意。到了 2 岁时，你知道别人看到了什么以及他们会相信什么。你知道他们的行为是无意的还是故意的。

到了4岁时，你可以非常聪明地猜测别人的想法，甚至可以开始撒谎了。如果有人被骗了，你也可以帮助他。[2]

指指点点是你解读他人的想法——心理学家称之为“心理理论”——的开端。[3]你将用整个余生来琢磨他人的想法。在黑暗中，有一只手拂过你的手，这意味着什么？当你走进一个房间，有人扬起了眉毛，这又意味着什么？你的解读永远只是一种理论，因为你永远无法真正走进别人的内心。其他人也有和你一样的能力，可以做假动作、伪装和撒谎。

心理理论使我们能够进行地球上最复杂的合作和交流。对于你将要面临的几乎所有问题，心理理论都至关重要。它允许你进行时间旅行，向活在几百年甚至几千年前的人学习。语言很重要，但如果你不知道你的受众知道什么，语言也会很无用。你得能记住自己不懂某个知识时是什么感受，你才能把这个知识教给别人。你支持的政党，你追随的宗教，你从事的运动，以及其余一切有其他人——无论是活着的还是死去的、真实的还是想象的——参与其中的经历，都依赖于你的心理理论。

心理理论对于你的存在也至关重要。如果没有它，爱情就是一个单薄的人形立牌，因为如果不能知道某人与你心有灵犀，那么爱情算什么？心理理论是当你们都看到某个东西时转头相视大笑的欢愉感，是能接住对方话茬的舒适感，是两人执手无言的安宁感。如果你认为你所爱的人也是快乐的，快乐就会更加甜蜜。如果你相信你失去的人会为你感到骄傲，悲痛就更容易承受。

心理理论也是苦痛的来源。如果你相信有人想害你，那么仇恨之火就会烧得更旺。如果你能从一百个记忆片段中筛选出所有本应当作警告的微妙信号，那么背叛就会令你更加痛苦。

我们的每一种情绪都丰富了我们看待这个世界的视角。尽管我们在胸口、内脏和指尖“感受”到这些情绪，但它们其实活在我们的脑海里，并且在很大程度上是由我们解读他人的想法而创造出来的。

我家的狗给了我研究灵感

我最亲密的童年伙伴是我养的狗奥利奥。在我 8 岁时，父母把它送给了我，它很快就从一只我可以抱在手里的小狗成长为一只 30 千克重的拉布拉多犬，有着狼一样的胃口和对生活的热爱。

在温暖的夜晚，我们会一起坐在房前的台阶上，它的头靠在我的腿上。它不会说话，但这从来没有困扰过我。我只是喜欢和它在一起，想知道通过它的眼睛看到的世界是什么样子的。

当我入读埃默里大学时，我发现探索动物的心智是一项严肃的科学工作。我开始与研究儿童心理理论的专家迈克尔·托马塞洛一起工作。迈克尔对婴儿所做的实验将婴儿最早的心理理论能力与他们习得包括语言在内的所有形式的文化的能力联系在一起。[4]

迈克尔和我一起工作了十年，测试了我们最亲近的两个在世亲戚之一——黑猩猩的心理理论能力。在我们的实验之前，没有任何实验证据表明任何动物有心理理论。但我们的研究表明，答案更加复杂。

黑猩猩有一些能力来映射别人的想法。在实验中我们发现，黑猩猩不仅知道别人看到了什么，还知道别人知道什么，他们㊀可以猜测别人可能记得什么，并理解别人的目标和意图。他们甚至知道别人什么时候被骗了。[2]

通过发现黑猩猩能做到以上所有这些，我们就能更清晰地知道他们不能做什么。黑猩猩可以合作，他们也可以交流，但他们很难同时做到这两点。迈克尔让我把一块食物藏在两个杯子中的一个下面，这样黑猩猩就会知道我藏了食物，但不知道藏在哪里。然后我会试着用手指着杯子告诉他们哪个是正确的杯子。几乎令人难以置信的是，黑猩猩在一次又一次的试验中，无视我的帮助手势，他们只能猜测。他

㊀ 由于本书后文会大量提到黑猩猩和倭黑猩猩，特别是涉及不同性别的个体，为了避免行文指代歧义，也考虑他们是跟我们很相像的近亲，因而将相应代词译作“他/她（们）”。——译者注

们只有在经过几十次试验之后才会成功。如果我们稍微改变一下手势，他们的表现又会一塌糊涂。

起初，我们认为黑猩猩难以利用我们的手势是因为我们的测试有问题。但由于黑猩猩在竞争时似乎能理解我们的意图，在合作时却不能，我们意识到他们的失败可能揭示了些什么。

在人类婴儿中，理解手势是一个突然点燃的“火花”，总是出现得很早，总是在同一年纪，而且总是在我们会说话或使用简单的工具之前。[3]我们在9个月大时开始使用伸出手臂和食指的简单手势，或者当母亲指着一个丢失的玩具或一只从头顶飞过的鸟时，我们的目光能够追随她所指的对象，这些都是黑猩猩不会做也不会理解的。[2]

这一合作性交流的主角（理解手势），在构成黑猩猩心理理论的各种能力中是缺失的，却在人类身上最早出现。[5,6]它在我们说出第一句话或学会认自己的名字之前就出现了，在我们理解我们高兴时别人也可以感到悲伤（反过来也一样）之前就出现了，在我们能做坏事并为此撒谎之前就出现了，在我们理解我们爱某人而某人可能不爱我们之前就出现了。

这种能力使我们可以与他人的想法进行交流。它是进入一个新的社会和文化世界的大门，在这个世界里我们继承了历代人类的知识。我们作为智人的一切都始于这个主角。而像许多强有力的现象一样，它以一种普通的方式开始，从一个婴儿理解他父母手势背后的意图开始。

如果理解这些合作意图是人类一切发展的根本，那么弄清楚这种能力是如何进化的，可以帮助我们解决人类进化之谜的一个重要部分。

有一天迈克尔和我讨论这个问题时，我随口说道："我想我的狗能做到这一点。"

"当然，"迈克尔向后靠在椅子上，被逗乐了，"每个人的狗都能做微积分呢。"

迈克尔持怀疑态度是有道理的。这些会喝马桶里的水、把狗绳缠在灯柱上的动物，很难给人们留下什么好印象。心理学家认为狗没什么意思，所以几乎没有研究过它们的认知能力。从 1950 年到 1998 年，只有两项关于狗的智力的重要实验，而且均发现狗很平庸。"非常奇怪的是，"其中一位作者写道，"驯化似乎没有对狗的行为带来任何新东西。"[7] 每个人的注意力都在灵长类动物身上。研究我们的灵长类亲戚是有意义的，他们看起来更像我们，他们的想法可能也更像我们。

由于人们倾向于认为驯化让动物变得不聪明，研究人员在研究非人类动物的认知灵活性时，认为最好是在野外研究，因为它们的野外生存依赖于解决各种问题。如果你从来不需要为自己考虑，如果你的食物、住所和生育都得到了妥善安排，你能有多大的认知灵活性？但我了解我的奥利奥。

“不，我是说真的，我打赌它能通过手势测试。”

“好吧，”迈克尔迎合我说，“你为什么不试着做一个实验呢？”

奥利奥的出色表现

奥利奥的特殊天赋是它能用嘴叼住三颗网球。当我们玩捡球游戏时，我经常向不同的方向抛出两三颗球。奥利奥捡到一颗球后，它会看着我，看我把第二颗球扔到哪里了。我会指着第二颗球，它捡到后，会再次回头看我，我就会指着第三颗球。

为了让迈克尔知道我在说什么，我带着奥利奥去玩捡球游戏。

“嘿，伙计，我们开始吧。”

它摇着尾巴，嘴里叼着一颗网球。当奥利奥知道我们要去哪里时，它开始像一只比它年轻一半的狗那样冲刺。我们社区有一个大池塘，我和奥利奥经常在那里玩。

奥利奥径直奔向水边，开始叫唤，这表示它将一直叫到我把球扔出去。

“好了，好了。乖乖等着！”

我从包里拿出一台硕大的家用录像机并打开它。我把球扔到池塘中间，奥利奥在球后跃起。有那么一个神奇的时刻，它在水面上腾空；没有重量，没有时间，四条腿前后舒展，舌头从它微笑的嘴里伸了出来。

溅起的水花像往常一样壮观。奥利奥捡到球后，向我游过来。我伸出手臂，指向左边，但这次我没有掷出任何球让它去找。

奥利奥游向我的左边后没有找到球，于是它看着我。我指了指右边。它游向右边，也没有球。然后我喊它过来，把球从它嘴里取出，又扔了出去。我重复了十次指球游戏，这样迈克尔就会发现奥利奥的反应不是偶然的。

迈克尔默默地看着这段录像。然后他倒回去，又看了一遍。

我紧张地等待着。

“哇。”

他的眼睛因兴奋而明亮。

“我们真的来做一些实验吧。”

两个不同个体的相同行为可能是由对世界有着不同理解的两个非常不同的头脑产生的。要归因于复杂的认知，你必须遵循简约性原则[8]：只有在排除了所有合理且更为简单的解释后，你才能推断复杂的解释。实验给我们提供了一个途径来做到这一点。

迈克尔教导我，在探索一个不能说话的动物的心智时，采用简单的实验是最好的。实验只是一种提出问题的方式。如果问题很容易理解，那么答案也很可能如此。我称其为“胶带科学”——如果你的设备坏了却不能用胶带搞定，你的实验就太复杂了。

然而，即使只有两个杯子、一张桌子和一些胶带，研究黑猩猩的实验也花了我好几个月的时间。着装、等待、准备食物、检查设备、开车去看它们、填写表格、更多的等待。

对着奥利奥，我拿了两个杯子，把它们倒扣在地上，相隔一两米。

“坐下。”

我在其中一个杯子下面藏了一块食物。然后我指着藏有食物的杯子。奥利奥第一次就找到了食物，接下来的 17 次也是如此。

“奥利奥，”我说，当它用全身重量抱着我的腿时，我抓了抓它的耳朵，“你是个天才。”

我为黑猩猩做了几个月的手势，却一无所获，而奥利奥一直坐在我家后院，等着我给它一个机会。

奥利奥和我正在以一种新的方式共度时光。通过我的实验性游戏，我会给它一个选择，而通过每一个选择，它都会多告诉我一点它眼中的世界的模样。我在思考，它是真的跟着我的手势走，还是闻到了杯子下面食物的气味？于是我用同样的方式把食物藏起来，但没有做手势。接下来它做选择时，只有一半的次数能找到食物。没有我的帮助，它就只能猜测。这意味着，尽管像所有的狗一样，它的嗅觉非常灵敏，但它无法依靠嗅觉在第一次尝试时就找到正确的杯子。

我们通过游戏引出了一些问题，需要设计十几种游戏的变式来解决，好在奥利奥和我都乐在其中。奥利奥遵循我的指点并不意味着它像一个人类儿童那样理解背后的意图。有一些简单的说法可以解释奥利奥的成功，于是迈克尔帮助我设计实验来测试每一种解释。

最明显的一种解释是，奥利奥只是追随着我手臂的运动轨迹，就像它看着雨滴从玻璃上滑落一样。它不必认为雨滴想要告诉它什么，它只要用眼睛追随雨滴就够了。

在我指点时，我手臂的运动会吸引奥利奥的注意。当它的目光追随我的手臂时，它可能会在碰巧看到的杯子里寻找食物——也许甚至忘了还有另外一个杯子。如果是这样，就意味着奥利奥根本不明白我在想什么，我通过摆动我的手臂，或者在正确的杯子的同一侧闪灯，也可以得到同样的结果。

为了排除这种解释，我不得不在指点时去掉手臂运动。于是，有时我只转过头去看正确的杯子，有时我用与正确杯子处于对侧的手臂进行指点，有时我让弟弟遮住奥利奥的眼睛，直到我的手臂已经伸出来，静止地指着杯子。在最难的版本中，我甚至在指向正确的杯子的同时走向错误的杯子。在这些新情境中，奥利奥找食物都没有问题。它显然不仅仅依靠我的手臂运动。

奥利奥并没有像黑猩猩那样通过试错来学会如何追随我的指点。不然的话，随着我们做更多的试验，它的表现应该更好。相反，它在基本测试中从未犯过错误，即便在更难的测试中，它也从一开始就表现得和结束时一样好。不管奥利奥做什么，它似乎都比黑猩猩的反应更灵活，认知能力更强。[9]

是时候更进一步了。

狗真的很像我们

奥利奥和我是一起长大的。它可能已经学会了只追随我的手势。但其他狗能追随我的指点吗？我去了亚特兰大的一个小狗日托所，召集狗狗们，把食物藏在两个杯子中的一个下面，然后用手指向正确的杯子。尽管我们刚认识，但日托所的狗和奥利奥表现一样好，都能跟上我的指向性手势。利用这种手势似乎是所有宠物狗都能做到的事情。[10]

人类婴儿的特殊之处在于，他们能真正理解你用指向性手势所要传达的意思，这意味着任何手势都可以，只要是有帮助的。为了用人类的母亲和婴儿来证明这一点，迈克尔要求婴儿的母亲把一块积木放在正确的杯子上。婴儿以前从未见过母亲这样做，但猜测母亲是想帮助自己，就选择了她放积木的杯子。当我和狗玩同样的游戏时，它们也以同样的方式表现。就像婴儿一样，它们明白我想帮助它们，并会利用任何它们认为有帮助意图的新手势。[11]

如果你有目光接触并操着友善的嗓音，狗和婴儿都更有可能注意你。他们甚至可以利用你的嗓音的指向。人类婴儿在 1 周岁前后就开始识别嗓音的指向，因为他们开始理解词语是在指示特定的物体和动作。这可能是一些狗在没有任何试错训练的情况下就能成功推断出新词含义的原因。[12，13]

即使是那些经过几十次试验后能够学会追随指向性手势的黑猩猩，也无法把学到的技能举一反三地推广到一种新手势，比如用木块做标记来表示食物藏在哪里。如果我们和黑猩猩玩捡东西的游戏，伸出手臂，指向我们想让他们捡的玩具，黑猩猩会带回一个玩具，却不一定是我们指的那个。[14] 他们似乎只知道指点的意思是“去捡一些东西带给我”。黑猩猩没有像狗那样与人进行目光交流，而是花更多的时间看人的嘴。[15] 这可能解释了他们为什么不能被我们的手势所引导。

最近我们发现，人类婴儿在相关问题上的表现取决于这些问题是否属于同一个集群。[16] 那些理解你向正确的杯子伸手的含义的婴儿，也能理解你指着或看着正确的杯子的含义。那些很难理解指向性手势的婴儿，也很难读懂其他类型的手势。然而在测试交流意图的游戏中表现良好，并不意味着他们在所有方面都会表现良好。一个擅长解读手势的婴儿不一定擅长物理，他可能难以判断物体是在往下还是往上运动，或者哪种工具对解决某个问题最有效。因为这些能力在另外一个集群中。

我们发现，交流意图技能的集群在狗身上甚至更加紧密。如果一只狗在一个手势游戏中表现良好，它就会在所有的手势游戏中都表现良好。如果它在其中一个游戏中做得不好，它就会在所有游戏中都做得不好。像婴儿身上的表现一样，这些技能与解决非社交问题的技能不存在相关性。狗不仅具有我们所拥有的一套交流意图技能，而且这些技能的集群方式也是一样的。这意味着它们与我们共享合作交流的特定认知能力。在一些重要的方面，狗和我们完全一样。

黑猩猩则不然。与狗和婴儿不同，黑猩猩利用不同交流手势的能力之间不存在相关性。还与狗和婴儿不同的是，他们在各种交流手势上的表现与他们在非社交任务上的表现的相关性，无异于各种交流手势之间的相关性。这意味着黑猩猩没有合作交流的特定认知能力。相反，在解决这些问题时，他们是在使用一些一般能力。狗和人天生就能合作交流，而黑猩猩并非如此。[16]

因为认知能力的进化是为了促进繁殖的成功，哪些思维类型能够解决对一种动物的生存至关重要的问题，哪些思维类型就会发展出最大的认知灵活性。与黑猩猩不同，狗是通过与人交流来生存的。但即使是我也很惊讶于狗能如此老练地理解我们的交流意图。狗怎么会拥有与心理学家认为是我们独有的社交技能如此相似的技能呢？

一个显而易见的解释是，在狗的驯化历程中发生了一些情况，这些情况导致犬类的认知能力不断进化。如果这是真的，而且我们可以确定发生了什么，也许我们就可以揭示是什么驱动了狗以及我们人类的合作交流的进化。就像腿、眼睛和翅膀，它们已经独立进化了很多次，[17]合作交流的能力也可能已经进化了很多次。狗可能在一个细分但关键的方面与我们在认知上趋同。

狗是由狼进化而来的，它们已经在许多方面进化得更像我们。使人类能够消化淀粉的基因也在狗身上进化，这让它们不同于它们的狼祖先，能够轻松消化人类采集或耕种的食物；[18]使人类能够在高海拔地区生活的基因也在藏獒身上进化，双方都能够利用高海拔地区的低水平氧气；[19]赋予西非人一定程度的抗疟疾能力的基因也在该地区的家犬身上进化。[20]

这种趋同是如何发生的？难道我们不过是选择了已经具有这些性状㊀组合的狼进行驯化？

这种猜测是合理的，但很难进行测试。我没有时间根据狼的合作交流能力来繁殖若干代狼，看看它们是否会变成狗。如果不进一步了解驯化是如何发生的，我们的研究就无法取得进展。

㊀ Trait 一词通常在生物学上译作性状，在心理学上针对人类译作特质，基于本书主题，统一译作性状。——译者注

Survival of
the
Friendliest

第 2 章

对人友善的狐狸

当对人友善的动物在繁殖方面更加成功时，驯化就会发生。

在 1937 ～ 1938 年斯大林的大清洗运动中，尼古拉 • 别利亚耶夫（Nikolai Belyaev）因其遗传学家的身份被秘密警察逮捕并枪决。[1] 斯大林似乎特别不喜欢遗传学家，反对他们提倡的适者生存的流行思想。他认为这是美国固有的资本主义思想，导致那些拥有卓越实力或智慧的人积累财富而工人却生活在贫困中。斯大林的解决方案是完全禁止遗传学。遗传学被剔除出大中小学的课程，被从教科书上划掉。遗传学家被宣布为国家的敌人，送入劳改营，或者像别利亚耶夫那样遇害。

一年后，尼古拉的弟弟德米特里 • 别利亚耶夫（Dmitry Belyaev）也成为一名遗传学家。1948 年，德米特里被莫斯科的毛皮兽育种中央研究实验室解聘，但他行事保持低调，并在 1959 年搬到了新西伯利亚，这是他能去到的离莫斯科政治中心最远的地方。[2] 正是在这个安全的远方，他进行了 20 世纪最伟大的行为遗传学实验。

别利亚耶夫的目标很远大。他没有猜测动物是如何被驯化的，而是决定从头开始驯化它们，眼见为实。他选择研究狐狸，狐狸是狗的近亲，但未被驯化。驯养狐狸的人必须戴上5厘米厚的手套，因为狐狸在被驯养时会挣扎和咬人，但这些动物是完美的挡箭牌——饲养它们获取毛皮对苏联的经济非常重要，因此可以避开任何多疑的政府官员。

这是一个优雅的实验。别利亚耶夫的学生柳德米拉·特鲁特（Lyudmila Trut）将一群狐狸分成两组。她把它们置于相同的条件下，只有一个对待标准不同。第一组狐狸是根据它们对人的反应来繁育的。当这些狐狸7个月大的时候，柳德米拉站在它们面前，试图轻轻地抚摸它们。如果一只狐狸向她靠近或表现得不害怕，它就被选中与另一只有相似反应的狐狸进行繁殖。每一代都只有最友善的狐狸被选中，这一组就都成了友善的狐狸。第二组狐狸则不考虑它们对人的反应，随机进行繁育。两组之间的任何差异都只能由它们的选择标准——对人的友善度——导致。[2，3]

别利亚耶夫在他的余生中一直进行着这项实验，在他死后，由柳德米拉接手。实验开始后的第44个年头，我来到西伯利亚，发现常规组狐狸与它们的祖先几乎一样，友善组狐狸则不同寻常。

人们通常理解的驯化

达尔文对驯化非常着迷，并利用它来证明进化论的主要原理。在《物种起源》出版之后，他又写了《动物和植物在家养下的变异》，利用人工选择来展示自然选择可能对各种遗传性状起作用的方式。但他并没有提出一个理论，来阐述动物最初是在何时、何地以及如何被驯化的。

驯化通常是由身体外观来定义的。身体大小是一个可变的性状——对于狗来说，这个性状带来了像吉娃娃这样的矮小品种和大丹犬这样的巨型品种。与它们的野生表亲狼相比，狗往往有更小的头、更短的口鼻部和更小的犬齿。它们的毛发会改变颜色，从而失去了自然的保护色。它们可能被随机的有色斑点覆盖，有的额头上会出现星星状突变。它们的尾巴向上卷曲，有的像哈士奇那样绕一圈，有的像家猪那样绕几圈。狗的耳朵通常是耷拉的。它们不是只有一个繁殖季，而是一年四季都可以繁殖。这些性状的集合并不是狗所独有的，每一个驯化的物种都会表现出其中若干性状。[4]

没有人知道这些看似随机的性状之间有什么联系，或者它们是否存在联系。有些人认为，人们蓄意为了这些变化而进行育种。生物学家埃坦·切尔诺夫（Eitan Tchernov）认为较小的动物更容易掌控，需要的食物也更少。[5]遗传学家莱夫·安德森（Leif Andersson）说，农民饲养皮毛上有斑点的动物，是为了便于在它们走失时找回来。[6]动物学家赫尔穆特·黑默尔（Helmut Hemmer）说，被驯化的动物的视觉和感官系统较弱，降低了它们的探索行为、应激和恐惧反应水平。[7]拥有较小的牙齿和较强的生育能力的好处是显而易见的。然而每个研究人员都倾向于将与驯化有关的每种性状单独看待，而且许多人认为它们对动物自身是有害的。例如，大多数科学家对被驯化的动物的智力评价很低。正如贾雷德·戴蒙德所写的，被驯化的动物的大脑很可能会变小，因为大脑“在浪费畜舍里的能量”。[8]每个人都倾向于同意我们是在有意选择繁育“比同物种的其他个体对人类更有用的动物”。[9]

在世界上147种有驯化潜力的大型哺乳动物（平均体重超过50千克）中，只有14种得到了驯化，而且我们只对其中5种存在长时间的依赖：绵羊、山羊、奶牛、猪和马。体型较小的动物也有被驯化的，狼是其中之一，但它们的种类仍然相对较少。

研究人员提出了一系列使动物容易被驯化的条件。戴蒙德提出，动物必须能够吃人类易于供应的食物，生长迅速，繁育简单，在圈养的情况下产崽频繁，性情友善，倾向于形成优势等级㊀，在围栏里或面对捕食者时保持冷静。[8]戴蒙德

㊀ 在有社群生活的动物物种中，个体具有不同的优势程度，处于社群的不同等级，形成优势个体和从属个体。——译者注

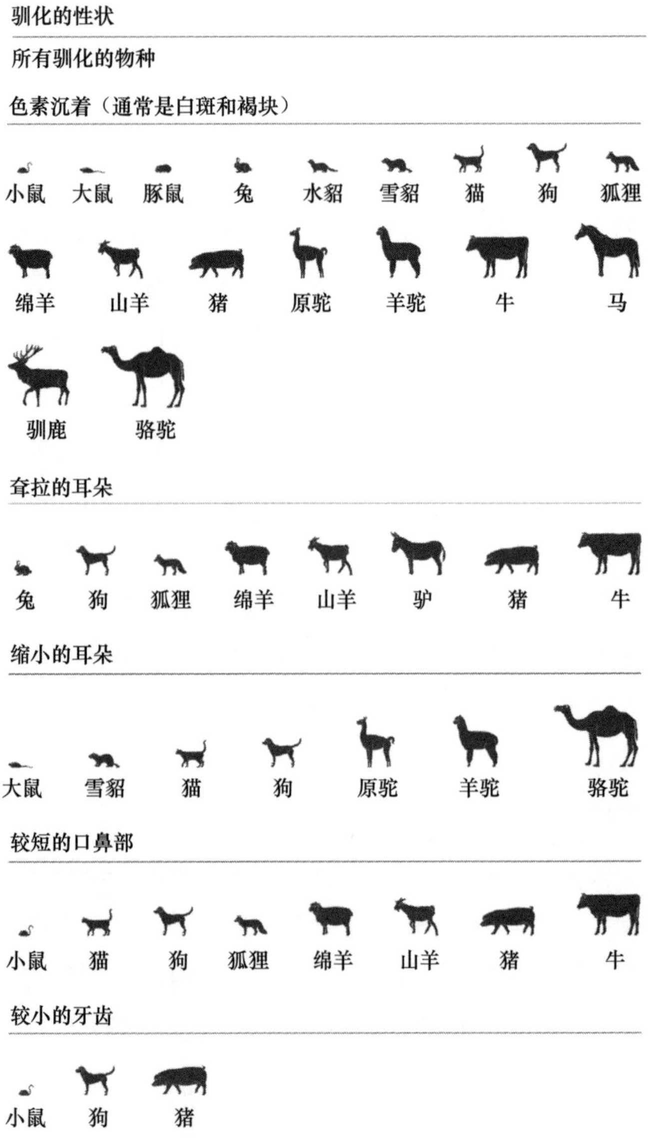
驯化的性状
所有驯化的物种
色素沉着（通常是白斑和褐块）
小鼠
大鼠
豚鼠
兔
水貂
雪貂
猫
狗
狐狸
绵羊
山羊
猪
原驼
羊驼
牛
马
驯鹿
骆驼
耷拉的耳朵
兔
狗
狐狸
绵羊
山羊
驴
猪
牛
缩小的耳朵
大鼠
雪貂
猫
狗
原驼
羊驼
骆驼
较短的口鼻部
小鼠
猫
狗
狐狸
绵羊
山羊
猪
牛
较小的牙齿
小鼠
狗
猪

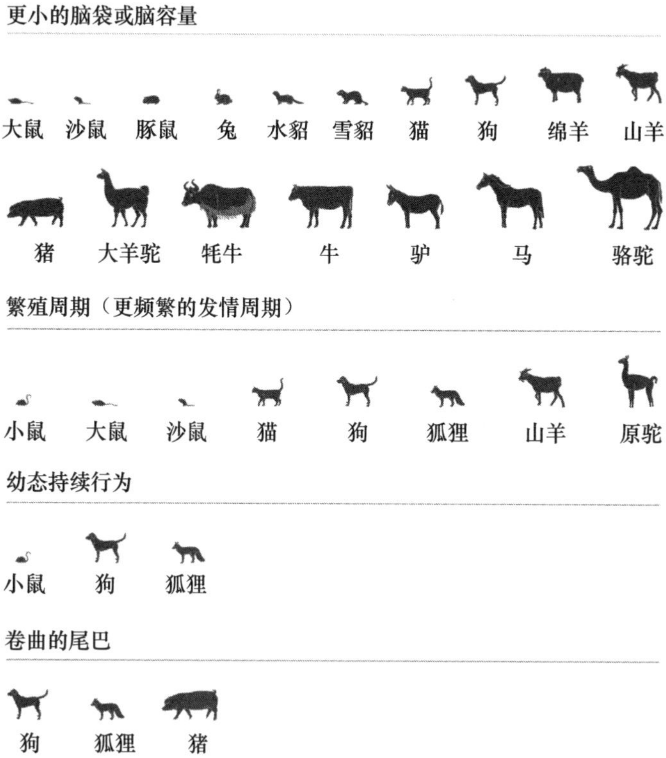
更小的脑袋或脑容量
大鼠 沙鼠 豚鼠 兔 水貂 雪貂 猫 狗 绵羊 山羊
猪 大羊驼 牦牛 牛 驴 马 骆驼
繁殖周期（更频繁的发情周期）
小鼠 大鼠 沙鼠 猫 狗 狐狸 山羊 原驼
幼态持续行为
小鼠 狗 狐狸
卷曲的尾巴
狗 狐狸 猪

坚持认为，为了获得驯化资格，一种动物必须满足所有这些标准。其他研究人员补充说，有资格的动物还应该是多配偶制[㊀]，容易被控制在一个小家范围内，而且雌性应该能够与雄性一起生活在大的群体中。

根据后来的主流理论，驯化一直是一个以人类为中心的过程，在这个过程中，动物受到我们控制并变得有经济价值。这一理论从文化和经济的角度（如果不是从生物学的角度）解释了为什么特定的动物会被驯化，以及为什么一些社会发展了农业而另一些社会仍然依赖狩猎采集。但它有一个大问题——狗。显然，狗是被驯化的，但它们的野生亲戚狼，并不符合上述基本标准。人类很难供应给狼吃的食物。狼在围栏里肯定会惊恐，虽然它们通常不会攻击人，但在受到威胁时会咬人。

别利亚耶夫认为驯化只依赖于一个标准，他的理论有望为从达尔文到戴蒙德的所有人都没解决的问题提供一个答案。

通过实验驯化狐狸

友善组狐狸美丽又奇怪。它们有猫的优雅，却像狗一

㊀ 动物配偶制的一种。雌雄一方个体同对方多个个体结成配偶，通常是一雄多雌。——译者注

样吠叫。有些狐狸长着黑白相间的斑块和蓝色的眼睛，像边境牧羊犬。有些长着斑点，像斑点狗。还有一些是红白黑三色，像小猎犬。当柳德米拉带着我在现场转悠时，它们都站立起来，奔向我，摇着尾巴，兴奋地呜咽和吠叫。

柳德米拉打开了它们住的其中一间房舍的门，一只腿上好似穿着黑色短袜、额头上有颗白星的赤褐色雌狐跳进我怀里，舔着我的脸，高兴地尿了出来。

友善组狐狸最初的变化之一是皮毛的颜色。它们的皮毛越来越多地开始呈现出红里带黄，然后是黑色和白色的斑点。在繁殖了 20 代之后，友善组狐狸大都很容易被识别。一颗白星出现在少数狐狸的额头上，然后突然间星星出现得更频繁。接着是耷拉的耳朵和卷曲的尾巴变得更多。友善组狐狸在较短的口鼻部长着较小的牙齿，雄性和雌性的头骨在形状上变得更加相似。在狗的驯化早期阶段，其头骨上也同样发生了这些变化。[10，11]

发生改变的不仅仅是狐狸的外表。常规组狐狸每年只繁殖一次。许多友善组狐狸的交配季持续时间更长，有些出现了两个繁殖周期，这意味着它们 1 年中有 8 个月可以交配。它们的性成熟期比常规组狐狸早了 1 个月，产下的幼崽也更大。

像狼一样，常规组狐狸在出生后只有很短的窗口期——从第 16 天到第 6 周——来面向人类进行社会化。像狗一样，友善组狐狸有更长的窗口期进行社会化，从第 14 天开始，到第 10 周结束。[10] 常规组狐狸体内的皮质类固醇（应激激素）在第 2 ～ 4 个月之间增加，到第 8 个月达到成年水平。越是友善的狐狸，皮质类固醇激增的初始时间就越迟，在 12 代之后，友善组狐狸体内的皮质类固醇水平已经减半，30 代之后又减半。50 代之后，友善组狐狸脑中血清素（一种与降低捕食和防御攻击性有关的神经递质）的含量是常规组狐狸的 5 倍。

为了证明这些变化是遗传的，别利亚耶夫和柳德米拉在友善组狐狸幼崽出生时进行了调换，观察它们是否受到新母亲的行为影响。他们还将友善组狐狸的胚胎植入常规组狐狸的子宫，反之亦然。但哪个母亲生下它们或抚养它们并不重要。友善组狐狸从受孕的那一刻起就比常规组狐狸更友善。[12]

遗传学家安娜·库柯科娃（Anna Kukekova）已经在VVU12染色体上分离出一个参与表达友善行为和攻击行为的基因，它和参与狗的驯化的基因组区域相似。[13] 其他研究人员已经鉴定了狐狸和狗身上改变的基因，人身上有同样的基因会导致威廉姆斯综合征，一种以过度友善为特征的疾病。[14, 15] 未来的基因组比较将准确地指出哪些基因被选择从而创造了友善的狐狸。

别利亚耶夫实验的天才之处，不在于它显示通过人工选择友善度可以创造出喜欢人的狐狸，而在于它揭示了在这一过程中发生了什么。他们并不是蓄意选择了耷拉的耳朵、较短的口鼻部、卷曲的尾巴、斑点状皮毛和较小的牙齿这些性状来繁殖，然而随着一代又一代的繁殖，这些性状变得更加普遍。在每一代狐狸中，柳德米拉和她的团队只选择了友善度，并看着生理和身体的变化代代积累。[16]

科学家已经能够用与狗关系较远的物种，比如鸡来重复这一实验。研究人员想培育一群友善（也就是愿意让人们接近或抚摸）的红原鸡（一个野生的亚洲物种，所有被驯化的鸡都是由它进化而来），并将它们与一个对照组进行比较。正如别利亚耶夫所预测的，在仅仅8代之后，对友善度的选择就使得实验用的红原鸡没那么害怕新异事物，它们的血清素水平和色素沉着水平更高、体型更大、大脑更小、繁殖力更强。[17]

别利亚耶夫和柳德米拉在他们的一生中完成了自然界通常需要数千代才能完成的工作，而且他们总结出了一个规则：当对人友善的动物在繁殖方面更加成功时，驯化就会发生。

我在哈佛时的研究生导师是理查德·兰厄姆。当我和他讨论那些长得像狗的俄国狐狸时，他从中看到了更深层的含义。一群怕生和好斗的狐狸，只是为了让它们讨人喜欢而被人工选择，在仅仅几代的时间里就开始显示出不是因被选择而发生的一些意外变化，那么，认知能力的变化会不会是另一种意外变化？

理查德的想法似乎是不成立的。我们不是在谈论耷拉的耳朵或卷曲的尾巴。解读合作交流的意图是人类婴儿展现的心理理论中最关键的方面之一。说得通的是，更善于解读合作交流意图的狗会更成功地进行繁殖，后者是这种技能提高的直接结果。还是说，正如理查德所怀疑的那样，它是一种意外进化出来的性状，就像斑点状皮毛一样？以前没有人做过这类测试。因此，理查德说服我前往西伯利亚，亲自测试狐狸。

西伯利亚之行只存在一些小问题，我此前从未见过狐狸。我一句俄语也不会说。没有人曾在任何地方测试过任何狐狸的认知能力。我花了几年时间来测试黑猩猩的心理理论，花了1年多时间来测试狗，而测试这些狐狸，我只有11个星期的时间。常规组成年狐狸很怕人。我必须对这两组狐狸进行测试。唯一对我有利的是时机，我碰巧在春末来到这里，农场里到处是狐狸宝宝。

理查德派我和他的一个本科生纳塔莉·伊格纳西奥（Natalie Ignacio）一起去，我让纳塔莉全权承担“拥抱”职责。她必须使一群常规组狐狸幼崽社会化。在仅仅几周大的时候，它们还没有发展出成年时的恐惧系统。纳塔莉尖叫着蹲在十几只好奇地嗅着她的银色毛球中。

“不惜一切代价让它们喜欢你，”我恳求道，“它们必须在两个月内准备好接受测试。”

我离开纳塔莉，艰难地穿过农场，来到三四个月大的狐狸身边，这些狐狸刚刚从它们的窝里分离出来，被分成两组，常规组狐狸和友善组狐狸各六只。每组都有自己的围栏，我坐在两个围栏之间观察它们。

我一坐下来，友善组狐狸就开始厉声尖叫和号叫。它们喘着气，挠着门，摇着尾巴。当我挠它们的耳朵时，它们就舔我的手，然后朝后躺下，闭上眼睛，让我揉它们的肚子。当我做手势时，它们紧跟着我的手的运动。

常规组狐狸静静地看着我。我没有做任何突然的动作或大声喧哗。我没有试图去碰它们，也没有跟它们玩耍。我只是观望并且等待着。它们躲在房舍的后方角落里。为了使我的实验顺利进行，我需要找到一些能够长时间诱惑两组狐狸的东西，以引起它们的注意。

几个星期过去了，我还没有找到。这时，一个答案从天而降。一只翼展一米有余的老鹰俯冲到狐狸的房舍上，狐狸们着迷地看着这只老鹰。然后，老鹰翅膀上的一根羽毛旋转着落到了地上，两个组所有的狐狸都冲过去盯着它。

第二天，我在去观察狐狸的路上捡到一根羽毛。

“你们这些家伙喜欢羽毛？”

每只狐狸的眼睛都盯着我。我在一只常规组狐狸面前晃了晃羽毛。它没有像往常一样跑到围栏后面，而是向我走来，拍打着那根羽毛。友善组狐狸同样这么做。

搞定！我有了所有狐狸都同样喜欢的东西。我在一只狐狸面前晃动着羽毛，直到它站在我面前。然后我指着两个玩具中的一个。我把这两个玩具推向狐狸，并记录下它玩的是其中哪一个。

常规组狐狸会玩其中一个，但它们不一定会选择我指点的玩具。它们只是随机进行选择。友善组狐狸则偏爱玩我指点的玩具。尽管常规组狐狸和友善组狐狸与我相处的时间一样长，但只有友善组狐狸追随我的手势。

经过 9 个星期的拥抱和训练，纳塔莉得到了一群能在碗下面找到食物的常规组狐狸幼崽。是时候开始测试了。

纳塔莉把食物藏在两个碗的其中一个下面，并指着食物的方向。像黑猩猩和狼一样，常规组狐狸的结果勉强高于碰运气。它们主要是在猜测。

然后我们测试了纳塔莉从未见过的友善组狐狸幼崽。她只是出现在它们的围栏里，把它们弄出来，然后把食物藏在碗下面。如果人类选择狗只是基于它们的合作交流技能，那么只是基于友善度性状而被选中的友善组狐狸，就不应该会具备追随我的手势所需的合作交流技能。但它们做到了。友善组狐狸不仅表现得和小狗一样好，甚至还略胜一筹。

理查德是对的。在从来没有玩过这种游戏的情况下，友善组狐狸可以像狗一样利用我们的手势来寻找食物，而即使经过几个月的高强度社会化，常规组狐狸在我们打手势时找到食物的概率也只是勉强高于碰运气。[18]

狗更像狐狸，而不像狼

如果你想要一只更聪明的狐狸，那就培育你能找到的最友善的狐狸。野生狐狸已经具备了对其他狐狸的社会行为做出反应的能力。别利亚耶夫培育的狐狸降低了它们对人的恐惧，这很可能使它们在相互交往中所使用的一种进化上古老的社交技能，在与人类产生联系的新环境中得到了施展。

没了恐惧的束缚，狐狸可以更灵活地使用诸如合作交流这样的社会技能。以前单独面对的问题现在变成了社会问题，在合作伙伴的帮助下很容易得到解决。合作交流得到了加强，但与大多数认知进化的假说所预测的相反，它只是一个意外。[19] 对狐狸的研究工作提供了强有力的证据，证明我们在狗身上观察到的合作交流背后的基本技能是驯化的产物。

我们还发现，我们在狗身上发现的这种技能并不仅仅是个别狗在成年之前与人类互动了成百上千小时的产物。我们在测试不同年龄和饲养史的小狗时发现，即使是最年幼的小狗也能很好地理解人类的手势。事实上，6 ～ 9 周大的小狗在利用基本的指向性手势以及它们从未见过的新异手势的实验中取得了完美的成绩。[20～22] 这令人印象深刻，因为在 6 周大的时候，小狗的大脑还没有发育成熟，还在学习走路。[23]而且它们的能力超出了利用视觉手势，小狗还能利用人的嗓音指向来寻找食物，它们甚至比成年狗更善于利用这种声音的指向性。[24]通过与人类的互动，这些能力只是得到了加强。在各种动物中，在没有丰富经验的情况下，这么早就形成如此灵活的认知能力的情况是很少见的。解读人类的手势似乎是人类婴儿和狗最早出现的社会性技能之一。

我们还了解到，狗并不是简单地从它们的狼祖先那里继承了与人类合作和交流的能力。狼必须熟练地读懂同伴以及猎物的信号，因此，这些技能似乎应该可以很容易地推广到它们与人的互动中。[25～27]正如我们对狗所做的，我们也将食物藏在两个杯子中的一个下面，并对正确的杯子做手势以帮助狼找到食物。然而，在追随人类的手势时，我们测试的狼看起来就像黑猩猩。[22]即使重复了几十次，狼仍然在猜测。我们发现，那些几乎没有接触过人类的小狗比成年狼更能看懂我们的手势。尽管狼很聪明，但它们无法自发地理解人类的合作交流意图。[28]

研究人员继续对狼和狗进行比较，以便更好地了解经验和训练是否也参与塑造了两个物种之间的差异，[29～33]但与我们做过实验的狐狸一样，狗进化出的不寻常的合作交流能力就是驯化的结果。

狗如何由狼进化而来

根据谷歌的数据，“如何阻止我的小狗吃大便”是 2015 年关于狗的十大搜索内容之一。[34]

大便其实是狗如何进入我们的生活这个故事的核心。[35]

大约 5 万年前，当我们带着投射武器来到欧亚大陆狩猎和采集时，我们消灭了冰期除了狼之外的几乎所有捕食者。[36]

人们普遍认为，几千年前，早期的农耕者捡到了一些狼崽，把它们带回家，然后让驯服的狼崽繁育成更驯服的狼。许多代之后，我们就创造了可爱的狗。根据遗传学研究，我们知道事情不可能是这样的，因为狼的驯化至少比人类播下第一颗种子早了 1 万年。狩猎采集者应该是第一批与最早的狗生活在一起的人。[37]

有意图地驯化冰期的狼让人联想到一种不切实际的场景。人类将不得不只允许最友善的、最不具攻击性的狼进行几十代的繁殖。这就意味着在数百年甚至更长的时间里，狩猎采集者要生活在这些大只的、具有冲动攻击性的狼群中，每天与成年狼分享大量来之不易的肉。更有可能的情况是，有一个驯化的阶段出现在人类控制狼之前，也就是自我驯化的时期。[38]

如果说我们创造了什么，那就是大量的垃圾。即便是今天，狩猎采集者也会在营地外排放食物垃圾和大小便。随着我们的人口变得更加定居，晚上会有更多诱人的食物残渣留给饿狼吃。丢弃的骨头固然好，但由于我们会把食物弄熟并迅速消化，人类的粪便也同样有营养。[39]我们遗弃的东西对任何冷静而勇敢地接近我们营地的狼来说都是难以抗拒的。这些狼本来就有生殖优势，而且它们一起拾荒觅食，就更有可能一起繁殖。友善的狼和怕生的狼之间的基因流动会减弱，即使没有人类有意的选择，一个新的、更友善的物种也会进化出来。

经过仅仅几代对友善度的选择，这个特殊的狼群就会开始变得不同。毛色、耳朵、尾巴都可能开始变化。我们会对这些长相古怪的清道夫越来越宽容，并很快发现这些原型狗具有读懂我们手势的独特能力。

狼能理解并回应其他狼的社交姿势，但它们忙于逃避人类而没有注意到我们的手势。一旦它们对我们的恐惧被喜爱所取代，它们的社交技能就可以用一种新的方式来与我们交流。能够对我们的手势和嗓音做出反应的动物，作为打猎伙伴和护卫是非常有用的。它们带来的温暖和陪伴也很有价值，[40, 41]渐渐地，我们会允许它们从我们的营地外移动到我们的营火边。我们并没有驯化出狗，是最友善的狼驯化了它们自己。[2]

这些友善的狼成为地球上最成功的物种之一。现在它们的后代数量有好几亿，与我们一起生活在各大洲，而剩下的少数野生狼群，不幸地一直生活在灭绝的威胁中。

如果自我驯化可以没有我们的参与就在狗身上发生，那么其他动物，特别是那些像早期的狼一样，今天正在侵扰人类栖息地的动物呢？

就像几千年前的原型狗一样，城市里的郊狼㊀也在捡拾我们的垃圾，它们食物中的 30% 是人类垃圾。[42] 这些城市里的郊狼在排水沟里、栅栏底下和管道里养育幼崽。它们穿过每天车流量超过十万辆的高速公路，并像行人一样漫不经心地在桥上溜达。[42]

我的学生詹姆斯·布鲁克斯（James Brooks）和我分析了来自北卡罗来纳州各地相机陷阱㊁的数据。[43] 我们预测，当我们对郊狼朝向相机的行为进行编码时，将看到郊狼性情与人口密度之间的联系。我们的初步结果表明，与生活在野外的郊狼相比，城市里的郊狼更有可能接近相机陷阱。郊狼能适应城市，不仅仅是因为它们的性情。当我们比较 36 个不同物种的自控能力时，发现郊狼不仅比狗和灰狼好，而且是唯一与类人猿㊂一样好的动物。[44]

㊀ 北美洲分布广泛的一种犬科动物，是前文提到的灰狼（通常简称“狼”）的近亲。近年来郊狼栖息地不断扩张，已成为美国和加拿大等国的城市问题之一。——译者注

㊁ 在不干扰状态下记录观察野生动物的拍摄装置。——译者注

㊂ Great apes 是人科动物的通称，包括黑猩猩、大猩猩、倭黑猩猩、红毛猩猩和人类，中文称为“大猿”。根据上下文语境，在其所指不包括人类时译作“类人猿”。——译者注

英国城市地区赤狐的密度比农村的高 10 倍。城市里的北极狐 1 岁多就开始繁殖，比农村的要早。[45] 欧洲的城市乌鸫的攻击性比它们的农村亲戚低。它们有更高的繁殖密度和更长的繁殖期。[46] 它们还比农村亲戚活得久，而且皮质酮（应激激素）水平更低。[47]

在佛罗里达群岛，有一种原产于该岛的鹿，名为礁鹿。与那些跟人类没有接触的礁鹿相比，生活在城市地区的礁鹿变得不那么怕人，体格更大，而且更具社会性和繁殖力。[48] 在其他城市地区，人们看到普通的白尾鹿出现不寻常的颜色，如花斑或白化的皮毛。还有一些关于花斑白化鹿身体"畸形"的轶事，包括腿变短，下颌变短，尾巴变长，这些变化与驯化综合征有关。[49]

在我们发现狗的认知能力很强之后，其他研究人员开始更普遍地重新评估关于被驯化的动物智力的假设。研究人员发现，越来越多的证据表明，友善度并没有让智力变得迟钝，反而给动物带来了认知上的优势，特别是在合作和交流方面。

约瑟夫·托帕尔（József Topál）发现，驯化的雪貂比野生雪貂更善于追随我们的手势。这一点很引人注目，因为与许多品种的狗不同，驯化的雪貂在其传统的狩猎角色（比如搜寻啮齿类动物）中不会与人类合作交流。这再次表明，读懂人类手势的技能的提高是雪貂对人越来越友善的副产物，因为人类没有动机根据这一性状来定向繁殖雪貂。[50]

冈野谷一夫（Kazuo Okanoya）比较了白腰文鸟和十姊妹㊀。他发现十姊妹的攻击性比白腰文鸟低，它们感受到的应激也更小，其粪便中的皮质类固醇水平低于白腰文鸟，对新异事物的恐惧感较小。令人惊讶的是，冈野谷发现十姊妹的鸣啭比白腰文鸟更复杂。十姊妹还能从其他鸟那里学会多种鸣啭，而白腰文鸟只能从它们的父亲那里学会比较简单的鸣啭。当两种鸟被交叉抚育时，十姊妹可以很容易地模仿白腰文鸟的鸣啭，白腰文鸟却永远无法掌握十姊妹更复杂的鸣啭。[51]

2008 年，我们的人口到了一个转折点：生活在城市地区的人比农村地区的人多。我们已经成为一个城市物种。[52] 到 2030 年，城市人口将从 30 亿增加到 50 亿。[52]

其他模型认为驯化只能发生在对人类有用的少数物种中，而别利亚耶夫的研究预测，我们不断上升的人口密度将足以通过自然选择推动下一个伟大的自我驯化事件。它可能会很快发生，这取决于选择压力的强度、初始种群的规模以及该种群与野生种群在遗传上的隔离程度。任何一个物种，只要从恐惧人类转为喜爱人类，从而得以探索人类空间，就不仅会生存下来，而且会发展壮大。

㊀ 十姊妹是一种观赏鸟，一般认为原产于中国，是由白腰文鸟驯化而来，18 世纪初传入日本，进行了品种改良，19 世纪中期又从日本传入欧洲，英语称作“孟加拉雀”（Bengalese finch）。——译者注

第3章

向倭黑猩猩学习

如果一个物种经历了不是针对人类而是针对同类的宽容度和友善度的自然选择，也会引起自我驯化吗？

如果狗和其他城市动物是通过变得对人类更友善和更讨人类喜欢来进行自我驯化的，那么我们不禁会想，要是把人类排除在外，同样的事情是否还会发生？当一种动物通过自然选择与其他同类物种互动时，会不会也进行自我驯化？

很少有动物比倭黑猩猩更友善，但倭黑猩猩一直是一个谜。倭黑猩猩和黑猩猩在大约 100 万年前有一个共同的祖先，他们与我们共享的基因比与大猩猩共享的多。这使得倭黑猩猩和黑猩猩成为我们最亲近的两个在世灵长类亲属。这就像有两个与你血缘关系等同的嫡亲表兄弟。他们存在相似之处，但在一些重要方面又有不同。

倭黑猩猩与黑猩猩的一些不同之处曾经是难以解释的，直到我们认识到这些不同相当于我们在被驯化的动物身上看到的变化。雄性倭黑猩猩的大脑比雄性黑猩猩的大脑小约 20%，而且两种性别的倭黑猩猩的脸都更小，牙齿则更小、更密集。一些倭黑猩猩的嘴唇缺少色素，呈现粉红色。他们屁股上长的一撮又扎又长的毛发也缺少色素。幼年黑猩猩身上同样长着这样一撮毛发，但在黑猩猩成熟后会消失。倭黑猩猩和黑猩猩在年幼时都很贪玩，但黑猩猩长大后就不再这样，倭黑猩猩则把这种生活乐趣带到成年期。成年倭黑猩猩的性生活也更丰富多彩，雌性倭黑猩猩利用性爱来联结彼此，以及解决雄性之间的冲突。[1]

人们曾试图分别解释这些性状的功能，就像他们对其他被驯化的动物做过的那样。理查德・兰厄姆是个例外。他派我去西伯利亚不是为了研究狗有多聪明。他想让我找出驯化对别利亚耶夫的狐狸造成的影响，因为他认为这可以解释发生在倭黑猩猩身上的状况。[2]

对同类残忍的黑猩猩

我早年和迈克尔・托马塞洛一起在耶基斯灵长类研究中心研究黑猩猩。我永远记得在耶基斯的一个可怕的日子，那是一个星期天，我是唯一在场的人。

我正在和一只叫泰的黑猩猩玩手势游戏。她很老，动作缓慢，但她就像一个宽容的祖母，迁就着我。她看着我把食物藏在一个杯子下面并指着那个杯子。泰皱了皱脸，好像在琢磨一个难解的字谜。她指了指，指错了。我拍了拍她的额头。

突然传来一声尖叫，声音大到震动了墙壁。泰和我都愣住了。我跳了起来，撞翻了桌子和上面的所有东西，然后跑到大厅。

一只名叫特拉维斯的雄性黑猩猩正被其他四只黑猩猩摁倒：一只摁住他的腿，另两只摁住他的胳膊，于是他四肢被撑开，俯卧在地上。

一只硕大而无牙的雌性黑猩猩，名叫索尼娅，正坐在他背上，把他钉在地上。通常情况下，索尼娅的体重让她看着很有喜感，但今天却让人感到害怕。特拉维斯在她身下挣扎，却无法站起来。

“放开他！”我尽可能大声地喊道，但我的声音淹没在了他们的惊声尖叫中。

抓着特拉维斯胳膊的两只黑猩猩轮流将他的头踢向水泥地面，同时发出可怕的尖叫。他们已经咬掉了他的两个指尖。他的母亲在不远处哀嚎，但她和我一样无能为力。

我以前见过黑猩猩打架。我见过它们互相撕咬和殴打，我见过一只黑猩猩随便就折断了一位女士的手，但这次情况不同，他们要杀了他。

在野外，雄性黑猩猩定期在它们的领地边界巡逻。在每次边界巡逻之前，它们都会挤在一起，互相搂抱。他们把手指放进其他黑猩猩的嘴里，触摸其他黑猩猩的睾丸，以示信任。他们沉默不语，排成一列行走。每隔一段时间，他们就会聆听和嗅闻边界附近的地面，看看敌人是否在附近，以及数量几何。[3]如果他们的数量是敌人的三倍，他们就更有可能发起攻击。他们把受害者钉在地上，咬掉受害者的手指，甚至进行肢解。在一些极端情况下，研究人员发现尸体的颈部被撕裂，睾丸也不见了。[4, 5]如果一个黑猩猩社群杀死了邻近领地中足够多的雄性黑猩猩，他们就会搬过去，吞并这个新领地，强占生活在其中的所有雌性。[6]理查德指出，许多人类社群，从狩猎采集者到芝加哥的街头帮派，都以类似方式进行边界巡逻和袭击劫掠，他还发现黑猩猩和狩猎采集者的凶杀率相近。[7]

不仅仅是雄性黑猩猩有暴力倾向。雌性黑猩猩也有严格的等级制度，她们在一棵果树上坐的位置就展示了这一点。等级高的雌性黑猩猩坐在向阳的树冠上，吃着最好的水果。中等地位的雌性黑猩猩必须坐在较低的树枝上。等级最低的雌性被推到群体领地的外围，容易受到邻近领地雄性的攻击。当雌性到了青春期，她们会离开母亲的社群，试图到其他地方寻找配偶。移居的雌性常常被新群体的雌性成员打得很惨，地位高的雄性不得不出面以防止她们受重伤。[8]

我还没有在野外见过黑猩猩，但站在耶基斯的围栏外，我知道特拉维斯遇到了大麻烦。地面上布满了一摊发乌的血迹。更多的血正从他大腿上的伤口喷出。

我抓起水管，对着索尼娅全力喷射。她愤怒地对我尖叫，并从特拉维斯身上跳下来，特拉维斯和他的母亲一起跑到另一间房舍。其余的黑猩猩就在他身后。我用水管挡住了他们，并用我全身的重量抵住门，把门关上了。

特拉维斯喘息着瘫倒在母亲的怀里，母亲仔细检查了他的伤口。谢天谢地，特拉维斯活了下来。但是，由于围栏的设计太差，耶基斯的管理人员为防止更多的暴力所能做的就是把这群黑猩猩分成两部分。一旦这些群体被分开，即使是朋友和家人也不会再互相接触。

这清楚地表明，攻击行为的代价有多大。它可能导致严重的伤害或死亡，还可能严重限制你的社交伙伴的数量。只有当攻击行为能带来更多或更高质量的后代时，才能抵消伴随攻击行为的风险。如果这种成本收益率出现任何细微改变，友善度都会迅速变得比攻击行为更有优势。

对同类友善的倭黑猩猩

倭黑猩猩天堂[㊀]是刚果民主共和国首都金沙萨郊外的一片隐蔽森林。它是一个拥有1000多万人口的庞大城市中的自然保护区。从你踏进去的那一刻起，你就感到自己处在刚果盆地的深处。这里有一个开满百合花的湖。植物上盛放着

㊀ 这个名称是对当地林加拉语名称Lola ya Bonobo的直译，下文在简称其为Lola（天堂）时，音译成洛拉。——译者注

鸟类形状的花朵。

当我走在林间小路上时，一个黑色的块头从天而降，用她的手臂缠住了我的脖子。

她用脚捏着我的腰。我说道："嘿，马卢，你妈妈伊冯娜知道你在这里吗？"

马卢笑了起来，这时，一个恼怒的声音划破了早晨的宁静。

"马卢！你在哪里？"

马卢从我的背上跃起，消失在树丛中。

马卢是在巴黎机场一对俄罗斯夫妇的手提行李中发现的，她是非法贩卖宠物的受害者。那是在圣诞节前不久，X光操作员看到包的底部有一个小孩大小和形状的东西，以胎儿的姿势蜷缩着，上面覆盖着芒果。机场官员为如何处理这个小家伙急得抓耳挠腮。她的肚子肿胀，血迹斑斑。她的脚上布满了烧伤的疤痕。一根绳子紧紧地绑在她身上，撕裂了她的腹股沟。她严重脱水，几乎不能动弹。

她看起来无法熬过当晚，原本会被安乐死，幸好成立了倭黑猩猩天堂的克洛迪娜·安德烈（Claudine André）听说了马卢的情况，于是来拯救她。通过她与法国环境部和大使馆的关系，她得以联系到当时的法国总统雅克·希拉克，让马卢飞回了刚果。

当这些孤儿们来到倭黑猩猩天堂时，会有一个兽医为他们治疗伤口。然后，他们会被送给一位女士抚养，如果他们的年龄足够大，则会被送到托儿所，与其他孤儿待在一起。他们长大后，白天会在一个大森林里与其他倭黑猩猩一起生活，到了晚上进入房舍中睡觉。像我们一样，他们会遭受痛苦，但也会得到平复。当马卢刚到这里时，她瑟瑟发抖，身上长满了寄生虫，大把大把地掉头发。马卢的人类看护者伊冯娜妈妈（她自己有孩子）温柔地照顾马卢，使其恢复了健康。

任何倭黑猩猩群体，无论是在野外还是在圈养环境中，都从没有过雄性首领。因此，许多科学家认为是雌性在统领。[9] 没有人想过婴儿扮演的重要角色。

婴儿黑猩猩从任何黑猩猩那里获取食物时都表现得很谨慎，尤其是对大块头雄性。因此，在评估每个黑猩猩的等级时，考虑黑猩猩群体中的婴儿并不能提供多少有用信息。然而，当我们观察洛拉的倭黑猩猩时，它们的自然行为和互动表明发生了一些不同的事情。令我们惊讶的是，当有婴儿倭黑猩猩坐在附近时，我们反复看到成年雄性倭黑猩猩从食物旁边跑开。我的学生卡拉·沃克（Kara Walker）和我决定进行系统性观察，但与其他研究不同的是，我们还将婴儿倭黑猩猩纳入每个群体的优势等级评估。我们由此发现，一些等级最高的倭黑猩猩是婴儿，他们的母亲也在这个群体中。在洛拉，由母亲抚养的婴儿等级高于一些成年雄性。即使一个成年雄性的等级比一个婴儿高，这个雄性在婴儿身边时也总是表现得非常良好。[10] 看着一个雄性倭黑猩猩从一个和他的脚一样大的婴儿倭黑猩猩身边跑开似乎很滑稽，但如果你从婴儿母亲的角度来看，这就说得通了。

对于一个雌性，最不利于她的生殖适合度的情况之一就是她的孩子被杀掉。不仅她的基因没有得到传承，而且抚养婴儿是一笔精力上的昂贵投资。在雌性怀孕和哺乳时，她的身体会将大量的卡路里转移到婴儿身上。让一个好战的雄性用一顿野蛮的乱拳杀死你的婴儿，会是生殖投资的毁灭性损失。

对雌性来说，消除这种风险将会成为一个巨大的优势。雌性黑猩猩与若干不同的雄性黑猩猩交配，以混淆父子关系，降低杀婴风险。但雌性黑猩猩却被自己的身体出卖了，雄性知道雌性什么时候在排卵，因为她下体的粉红色区域会肿胀，准确昭示着自己最有可能受孕的时间。所有等级高的雄性都会攻击一个处于排卵期的雌性，把她打得服服帖帖，这样她就会和他们而不是其他雄性交配。雌性的唯一防御措施是紧靠雄性首领作为保护伞，这意味着雄性首领在繁殖上是最成功的。这也意味着，如果在她的婴儿还小的时候，这个雄性首领失去了地位，新上位的首领可能会攻击她的婴儿。这就使得这个暴力循环延续了下去，在这个循环中，好斗的雄性具有优势，杀婴可以使哺乳期的母亲迅速恢复到生

殖状态，从而增加了雄性的适合度。[3，11]

雌性倭黑猩猩已经设法通过掩盖她们的排卵时间来打破这种循环。她们的下体在整个排卵周期都出现肿胀，使雄性更难准确地判定她们何时可以生殖。雌性还对开始表现得像黑猩猩的雄性具有攻击性。任何试图强迫雌性交配的雄性都会遭到激烈的反抗——有时是来自愤怒的雌性联盟。任何雄性，哪怕只是以错误的方式看着一个婴儿，也很快就会感受到雌性的满腔怒火。雌性会协同合作，因此，即使雄性可能在体格上占优势，雌性也总是在数量上占优势。[11～13]

雌性黑猩猩只会帮助自己的亲属，而雌性倭黑猩猩则会帮助所有的雌性。当一个新的雌性初来乍到时，她会受到善意和热情的对待。其他雌性会赶来迎接她，争相为她理毛并与她摩擦生殖器。这些原住雌性居民会保护新来的雌性免受她们认识多年的雄性伤害。她们甚至会保护她免受她们的儿子伤害。[14，15]

理查德提出，由于刚果河以南的食物资源更有保障，所以倭黑猩猩社群比黑猩猩社群进化得更友善。生态学研究表明，在倭黑猩猩的森林里，水果和草本植物更为丰富。倭黑猩猩也不必与大猩猩争夺这些资源。大猩猩常常生活在黑猩猩的森林里，但他们并不生活在靠近倭黑猩猩的刚果河以南。[3，16]

雌性倭黑猩猩无论等级高低，日常的能量需求都能得到满足，而黑猩猩中只有等级高的才能保证每天有足够的食物。雌性倭黑猩猩可以有同性朋友，而雌性黑猩猩必须相互竞争。友善的雌性倭黑猩猩可以相互支持，不必忍受雄性的攻击。她们也更愿意与攻击性最低的雄性交配。对雄性倭黑猩猩来说，友善度成为制胜的策略。[1，16]

从来没有人见过雄性倭黑猩猩杀婴。雄性倭黑猩猩不会成群结伙在边界巡逻，也不会对邻居实施致命的攻击。无论是圈养的还是野生的倭黑猩猩，都从未有过杀死同类的记录。[17] 事实上，邻近的倭黑猩猩群体共同旅行、分享食物和友好互动的可能性与互相表现出任何敌意的可能性一样大。[11，18]

雌性倭黑猩猩的胜利非常彻底，一个雄性想要接近雌性的最佳机会是通过他的母亲。雄性倭黑猩猩并不像雄性黑猩猩那样形成联盟来胁迫雌性，而是依靠母亲将其介绍给雌性朋友。[19] 雄性黑猩猩支配着自己的母亲，而雄性倭黑猩猩永远是妈妈的孩子。[20] 这种对雌性的友善度是一种非常成功的生殖策略，在生育后代方面，最成功的雄性倭黑猩猩甚至比最成功的雄性黑猩猩首领还要成功。[21，22] 这一发现支持这样的假设：雌性对雄性友善度的偏好是一种选择压力，以进化出更友善的社会。[11]

上一章讲过，那些喜爱人类的狼具有很大的优势，使得友善度成为一种强有力的选择压力。这种压力引起了行为、形态甚至认知能力的进化。如果一个物种，比如倭黑猩猩，经历了不是针对人类而是针对同类的宽容度和友善度的自然选择，也会引起自我驯化吗？

雄性倭黑猩猩

雄性黑猩猩

比较两种黑猩猩的差异

马卢无惧权威。即使没有母亲，她似乎也知道，作为一个婴儿倭黑猩猩，她几乎可以做任何她想做的事情。托儿所里的所有婴儿都是如此。在午餐时，我们会听到树上的沙沙声，一个黑色的块头会掉到桌子上，踢翻餐具，离开时顺手抓起几把食物。我们会在去厨房泡茶时，发现婴儿倭黑猩猩正在翻箱倒柜。一个婴儿钻进了一罐奶粉里，出来时看着就像一个迷你喜马拉雅雪人㊀。另一个婴儿喝了一整瓶洗洁精，整个下午都在打嗝吐泡泡。婴儿倭黑猩猩享受纯粹的放纵和鲁莽的快乐。

如果倭黑猩猩是自我驯化的，那么我们应该能够在他们身上，找到一些与我们在其他被驯化的动物身上看到的相同的自我驯化综合征的标志。基于自我驯化假说，我们可以通过比较倭黑猩猩和黑猩猩来检验一些预测。倭黑猩猩具有自我驯化综合征的一些生理特征。但如果倭黑猩猩真的是自我驯化的，我们应该能够通过实验证明以下几点：

1. 较之于黑猩猩，倭黑猩猩应该对同类更宽容，即使在应激状态下也是如此。
2. 倭黑猩猩应该具有防止攻击行为的生理机制。
3. 作为其更宽容和友善的生理性状的副产物，倭黑猩猩应该有比黑猩猩更灵活的合作交流技能。

我们的预测清晰反映了我们在狗和狐狸身上所做的测试。问题是，以前从来没有人在实验中把黑猩猩和倭黑猩猩进行过比较，任何测试都没有做过。一些科学家对倭黑猩猩和黑猩猩非常不同的观点表示怀疑。[23] 不过倭黑猩猩天堂保护区拥有为数众多的倭黑猩猩，为测试我们的预测提供了完美的机会。

㊀ 据说是生活在喜马拉雅山脉的一种介于人和猿之间的神秘生物，英语称作 abominable snowman，可参考动画片《雪人奇缘》（2019）中的卡通形象。——译者注

我们的第一步是看看倭黑猩猩是否比黑猩猩更宽容地对待同类。有一个简单的方法来测试宽容度：只要让他们坐下来和同类分享食物就可以了。在倭黑猩猩吃早餐之前，我们在一间房舍里放了一堆水果，然后把一个倭黑猩猩放进房舍。这个饥饿的倭黑猩猩可能会吃完所有的水果，也可能会通过打开分隔房舍的一扇单向门与另一个倭黑猩猩分享。黑猩猩只吃水果不会开门，但值得注意的是，倭黑猩猩打开了门，分享了他们的食物。倭黑猩猩偏好一起进食，即使这意味着自己会失去一些食物。[24]

然后我们创造了一个更复杂的情境。我们再次把一个饥饿的倭黑猩猩放进一间有一堆漂亮水果的房舍，不过这一次他们可以选择与谁分享水果。他们可以与自己群体的成员分享，也可以与来自其他群体、从未见过的倭黑猩猩分享。绝大多数时候，倭黑猩猩打开了自己和陌生倭黑猩猩之间的单向门。相较于已经熟悉的同伴，他们更喜欢与新的倭黑猩猩分享食物和互动。[25] 在其他测试中，倭黑猩猩也愿意帮助陌生的倭黑猩猩，即使他们没有因此获得任何奖赏。[26] 由于没有理由害怕陌生同类，倭黑猩猩似乎渴望开启新的友谊。就算是好心的撒玛利亚人㊀也会对他们愿意帮助那些需要帮助

㊀ “好心的撒玛利亚人”喻指不求回报地帮助他人的人。典出《圣经》中耶稣基督讲的一则寓言：有个人被强盗打劫，受了重伤，躺在路边。一个祭司和一个利未人先后路过却不闻不问，反倒是一个撒玛利亚人路过时救了他。——译者注

的陌生同类之举留下深刻印象。

在黑猩猩群体中尚未发现这种陌生同类之间的友善互动。成年雄性黑猩猩被雄性陌生同类杀死的可能性大于其他任何死因。[5] 但我们发现，倭黑猩猩不仅对陌生同类没有攻击性，还被他们所吸引。倭黑猩猩比黑猩猩要宽容得多。[11]

我们还在他们分享食物时的应激生理反应中观察到了这种差异的进一步证据。在给雄性倭黑猩猩做分享食物的测试之前，我们发现他们的皮质醇（应激激素）增加了，这可能是因为他们预期接下来在食物上可能发生冲突。当我们观察雄性黑猩猩对于分享食物的激素反应时，我们发现了一种不同的反应。由于预期接下来可能会争夺食物，他们的睾酮增加了，而不是皮质醇。他们的激素已经为竞争做好了准备。[27]

看上去黑猩猩的睾酮水平甚至在胚胎期就已经很高了。在哺乳动物中，如果母亲在怀孕期间产生高水平的雄激素（包括睾酮），她的孩子的第二根手指（食指，或 2D）可能会比第四根手指（无名指，或 4D）短。这个比率称作 2D∶4D。当我们测量黑猩猩和倭黑猩猩的 2D∶4D 时，我们发现黑猩猩的食指确实比无名指短，而倭黑猩猩的手指则没有显示出这种效应。这表明，甚至在倭黑猩猩出生之前，他们接触到的使黑猩猩雄性化的激素就已经少于黑猩猩。[28]

当神经科学家切特·舍伍德（Chet Sherwood）观察倭黑猩猩的杏仁核（对威胁做出反应的脑区）时，他发现倭黑猩猩杏仁核的基底核和中央核的血清素能神经元的轴突密度是黑猩猩的两倍。[29, 30]这意味着血清素水平在倭黑猩猩体内发生了变化，这种变化同样发生在狐狸以及其他动物基于友善度被选择时。在通过实验驯化的动物中，血清素水平的变化是伴随友善度提高而出现的首批变化之一。[31, 32]这意味着倭黑猩猩跟被驯化的动物一样，存在抑制攻击性和促进友善度的生理机制。

驯化也会影响交流能力。为了了解倭黑猩猩的合作交流技能是否比黑猩猩更灵活，我们开发了一个由 25 个游戏组成的认知测试套装，与 300 多个黑猩猩、倭黑猩猩、红毛猩猩和儿童一起玩。我们发现，黑猩猩和倭黑猩猩在几乎所有认知测试中的表现都很相似，只有在评估与心理理论有关能力的游戏中，倭黑猩猩比黑猩猩表现好。倭黑猩猩对人类的注视方向特别敏感。[33, 34]

就像十姊妹有着比白腰文鸟更复杂的鸣叫结构一样，倭黑猩猩也比黑猩猩表现出更强的嗓音灵活性。倭黑猩猩经常使用尖细的嗓音，可以表示不同的意思。其他倭黑猩猩必须利用当时的情境来推断尖细嗓音的含义，这种方式与我们学习语言的方式相似。而黑猩猩不是这样的。[11, 35]

为了测试倭黑猩猩和黑猩猩的整体合作能力，我们做了一个不同的测试。我们把一根绳子穿过一块木板两头的拉环，将食物放在木板上，木板放在伸手够不着的地方。拉动木板的唯一方法是与同伴同时拉动绳子（绳子的两端放在猩猩们够得着的地方，但两端相距太远，一个猩猩无法拉动）。如果一方拉得太用力，或试图独自拉动它，绳子就会从木板抽离，大家都得不到食物。想要成功就得合作。

我们测试了黑猩猩，只有几对黑猩猩表现得非常出色。他们第一次尝试就自然而然地解决了问题。他们知道什么时候需要帮助，也知道谁是更好的合作者，而且他们可以成功地进行协商——即使没有规则和语言。[36, 37] 但我们不能把成功的几对黑猩猩拎出来与其他黑猩猩重新配对。他们彼此之间太不宽容了。[38]

黑猩猩也不能分享食物，除非将食物分成两堆。黑猩猩合作破裂的原因是放在木板中间的食物只有一堆。一只黑猩猩最终会吃掉所有的食物，而另一只黑猩猩要么退出，要么通过把绳子从环里拉出来蓄意破坏游戏。尽管这两只黑猩猩先前成功合作过，但它们无法就那一堆食物的分割问题进行协商。

不同于黑猩猩为这次测试要做数月的练习和准备，倭黑猩猩可以立即进行合作。当我们把食物从两堆并成一堆时，他们也会合作。当我们把已经配对的倭黑猩猩打散重组，他们还是会合作。在所有情况下，他们都一起愉快地进食。[39] 他们不仅分享食物，当一方先够到食物时，他们还会给同伴留下足够的食物，这样双方最终都能分到一半。

在解决这个合作问题上，倭黑猩猩打败了黑猩猩，尽管与受过良好知识教育的黑猩猩相比，倭黑猩猩完全是幼稚的。然而在需要合作的时候，宽容战胜了知识。[40]

倭黑猩猩才是人类的榜样

自我驯化引发了各种变化，有些是可爱的，有些是迷人的，有些则是怪异的。但是，连接所有其他变化的那一个变化是友善度的提高，它也是最先发生的、最重要的、存在于每一种被驯化的动物中的变化。

倭黑猩猩被誉为“做爱不作战”的嬉皮士猿，也因此受到嘲笑。他们被忽视了，因为许多人把更熟悉的黑猩猩当成更适合我们自己的一面镜子。毕竟，黑猩猩几乎拥有我们的一切：光明与黑暗并存，温柔与谋杀同在，集聪明的智力与邪恶的念头于一身。

但我们忽视了倭黑猩猩的榜样力量，这会给我们带来危险。在我们的类人猿亲戚中，倭黑猩猩已经摆脱了困扰我们其他猿类的致命暴力。他们不互相残杀。这样一项壮举，尽管我们很聪明，却还没有达成。[11]

第 4 章

寻找人类自我驯化的证据

如果自我驯化假说是正确的，那么我们的发展壮大不是因为我们变得更聪明，而是因为我们变得更友善。

我们会不会是自我驯化的？驯化可以解释我们独特的认知能力吗？乍一看，这些想法似乎难以置信。尽管狗和倭黑猩猩很了不起，但是跟我们这个物种在进化过程中必然发生过的变化相比，我们观察到的狗与狼、倭黑猩猩与黑猩猩从其共同祖先开始的进化过程中所发生的变化似乎相形见绌。

不过，我们对自我驯化影响动物认知的机制了解得越多，这些想法就显得越有道理。毕竟，我们在狗和倭黑猩猩身上观察到的合作交流技能的进化代表了我们需要解释的人类的认知进化类型。幸运的是，我们对人类发展和神经科学的了解已经足够深入，使得我们可以测试这个想法。

别利亚耶夫是基于狐狸对人类的情绪反应方式（友善还是害怕）进行选择，由此塑造了它们的交流能力。这种关联在人类中存在吗？心理学家杰罗姆·凯根（Jerome Kagan）是研究人类情绪反应性的先驱，他系统测量了数百人从婴儿期到上大学这段时间内对新情境、物体和人的反应。在第一次测试四个月大的婴儿的情绪反应性时，他发现他们的反应存在巨大差异。当他向婴儿介绍新事物时，一些婴儿反应强烈，拱起背哭泣；另一些则反应温和，平静地咿咿呀呀，伸手去摸陌生的物体。凯根对这些婴儿进行了数十年的追踪，每隔几年对他们进行测试。他发现，他们四个月大时的情绪反应的特性和强度常常能预示他们成年后的状况。[1]

我们大脑两个半球的深处各有一个杏仁核，这是我们受到威胁时会激活的脑区。凯根预测，跟动物一样，人们的情绪反应性会受到杏仁核的影响。凯根发现，不仅情况确实如此，而且人们的情绪反应性还与他们在婴儿期的反应水平相一致。[2]

心理学家亨利·威尔曼读了我们关于驯化的研究论文，好奇地想知道，凯根所发现的那种情绪反应性的差异是否与儿童心理理论的发展存在相关性。同我们一样，威尔曼推断，如果狗和狐狸的情绪反应性的变化改变了它们解读同类交流意图的方式，也许在人类儿童中也存在着同样的关系。

心理理论包含一种非常复杂的能力：错误信念，它使你能够理解别人的某些想法是错误的。儿童通常要到 4 岁才能完全理解错误信念。㊀威尔曼发现，情绪反应性较低的害羞儿童比情绪反应性较高的儿童更快地发展了对错误信念的理解。[3] 更早理解错误信念与更早发展语言能力相关，因此反应性低的儿童在合作和交流方面都更有优势。反应性低甚至似乎会影响我们发展合作和交流能力的速度。[4~8]

对这种联系的进一步支持证据来自当我们使用心理理论时被激活的脑区：内侧前额叶皮层（mPFC）、颞顶联合区（TPJ）、颞上沟（STS）和楔前叶（PC）。[9~12] 有证据表明，这些脑区的活动会受到情绪反应性的抑制或增强。杏仁核也与大脑的心理理论网络相连，在调控我们对他人的反应方面起作用。[13]

一组女性做了惊吓测试，即在观看令人不安的照片时，会有刺耳的白噪声响起或突然的气流冲击她们的脸。然后她们在功能性磁共振成像（fMRI）扫描仪中玩一个竞争性游戏，赢家可以选择用突然的气流来惩罚输家。在惊吓测试中表现出高反应性的女性，在决定如何惩罚游戏中的其他女性时，TPJ、mPFC 和 PC 的激活程度最低。换句话说，惊

㊀ 用一个经典的“错误信念任务”来具体解释：录像显示，一个小男孩把巧克力放到蓝盒子里，然后他出去了。接下来他妈妈把巧克力从蓝盒子转移到了绿盒子里，然后也出去了。录像放完后实验者提问：“小男孩回家后会到哪里找巧克力？”3 岁儿童一般认为他会到绿盒子里找，而 4 岁儿童认识到，尽管小男孩本人关于巧克力地点的信念是错误的，但他还是会按照自己的错误信念到蓝盒子里找。这表明 4 岁儿童能够理解错误信念，拥有了心理理论。——译者注

吓测试中反应最强烈的女性在受到威胁时，其负责共情的脑区变得不太活跃。相反，即使在受到挑衅后，情绪反应性低的女性也拥有更丰富的心理理论，对受到挑衅的宽容度更高。[14]

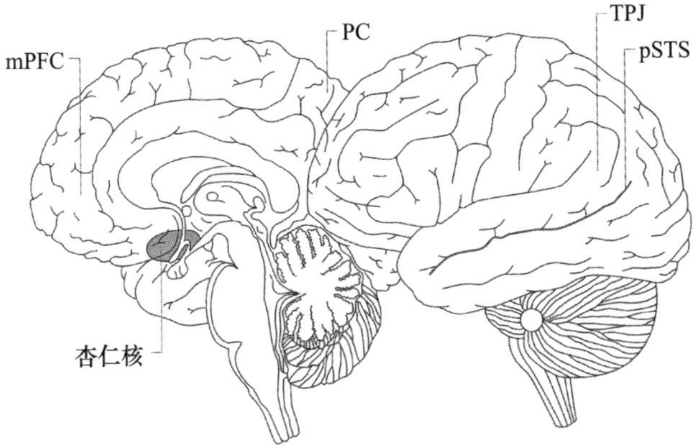

人类性情和心理理论之间的这种联系意味着，在我们的进化过程中，对情绪反应性的选择可能增加了我们的宽容度以及我们合作交流的能力。根据人们对彼此做出反应的不同方式，自然选择可能对于塑造我们的文化认知起到核心作用。这表明存在人类自我驯化的可能性。[15～17]

从自我控制到友善度：人类为何一枝独秀

我们提出的人类自我驯化假说（这个名称是理查德取

的）存在一个问题。[17] 我们认为，跟其他被驯化的动物一样，情绪反应性和心理理论之间的联系可能解释了我们的认知进化。问题在于，我们的认知能力，尤其是我们的心理理论技能，比起其他动物的认知能力有个飞跃。如果自我驯化对我们物种的成功如此关键，那为什么其他自我驯化的物种没有出现同样的认知飞跃？尤其是在基因上与我们如此相似的倭黑猩猩？就像迈克尔说的："为什么倭黑猩猩不会驾驶汽车？"

我花了近十年的时间才跌跌撞撞地找到了答案。

有一些认知能力，你直到失去才会珍惜，自我控制就是其中一种。它源于前额叶皮层（PFC）。[18] PFC 有时被称为大脑的执行中心，因为它就像一名优秀的首席执行官，能阻止你造成适得其反的结果或犯下危险的错误。

自我控制抑制了诱使我们赌博的伏隔核，抑制了在沙漠中看见海市蜃楼的视皮层，还抑制了让我们在黑暗中听到声音就吓一跳的杏仁核。它是思想与行动之间的缓冲，是三思而后行的慎重。如果没有自我控制，我们大概都会离婚、坐牢或送死。

有些人比其他人的自我控制更强，通过研究这些差异，研究人员已经证明了这种性状对我们的生活多么重要。有关于自我控制的一个著名测试是棉花糖实验：研究人员给 4 ～ 6 岁的儿童一颗棉花糖，并告诉他们可以马上吃掉，但如果能等到研究人员回来后再吃，就可以获得更多棉花糖。一些孩子立即吃了棉花糖，另一些孩子则等了10分钟甚至15分钟，抵抗住了诱惑。[19]

马上吃掉棉花糖的孩子更可能出现学业问题，注意力难以集中，并且难以维持友谊。在后续的各种研究中，当这些孩子长大后，他们更可能超重、挣钱少，并有犯罪记录。[20～22]

非人类动物在做决定时的自我控制同样重要，有些动物物种似乎比其他物种的自我控制水平更高。生物学家埃文·麦克莱恩和我想出了一个简单的方法来比较亲缘关系较远的物种的自我控制水平，也就是动物版本的棉花糖实验。[23]

我们在一个两端开口的塑料圆筒里放了一块食物，但圆筒上裹着一块布，因而不透明。动物可以看到并记住我们把食物放在了里面。在向动物展示了这个简单的藏匿游戏后，我们引入了自我控制测试。我们改变了圆筒的设置，让问题乍看上去更容易解决：就是简单地移除了布，使圆筒变透明。这意味着动物在去取食物的时候可以看到食物。

我们从世界各地招募了50多名研究人员，对来自36个不同物种的550多只动物进行了圆筒测试，包括鸟、猿、猴、狗、狐猴和大象。

所有参加测试的物种都很容易地取回了它们稍早看到的藏在圆筒里的食物。但是，通过使圆筒变透明来给它们提供更多的信息，实际上让问题变得更难了。现在，正确的解决方案需要动物抑制直接穿过透明圆筒抓取食物的冲动。

这听起来很简单，有些物种第一次尝试就自然而然地解决了这个问题，但大多数物种无法控制它们的冲动。它们直接冲上去抓食物，撞上了坚固的圆筒，尽管它们在展示环节就知道，它们只能从两端的开口取食。一些物种，比如类人猿，在犯了一两次错误后，很快就学会了抑制这种伸手的反应，但其他物种，比如松鼠猴，即使有十次机会也无法学会。我们用这些结果来检验一些大胆的想法：是什么导致了一些物种比其他物种的认知能力更复杂？

我原本以为，正如人们长期以来所争论的，生活在更大群体中（创造了更复杂的社会关系）的动物会需要通过更多的抑制来成功地驾驭生活。与我以为的不同，我们发现，那些通过了棉花糖实验的动物只是大脑具有更强的原始计算能力。我们测试的脑袋小的动物在自我控制方面很吃力，而脑袋大的动物几乎立刻就掌握了实验。[23]

神经科学家苏珊娜·埃尔库拉诺-乌泽尔（Suzana Herculano-Houzel）有一个理论可以解释这个结果。埃尔库拉诺-乌泽尔是准确计算动物大脑中神经元数量的第一人。

她将一个大脑溶解成一碗浓稠均匀的汤，并计算已知容积的一份样本中的神经元数量。她发现，随着哺乳动物的大脑变大，它们的大脑皮层中的神经元也会变多。神经元数量的增加可能解释了更强的自我控制能力，但大多数哺乳动物必须做出一个权衡：随着哺乳动物的大脑变大，它们的神经元膨大，密度变低，就像水稀释了汤一样。对于大多数哺乳动物来说，仅凭大脑容量的增加，计算能力的提高是存在限度的。

但灵长类动物打破了这一规则。随着灵长类动物的大脑变大，它们会生长出更多的神经元，即使它们的大脑变大，它们的神经元也保持原来的大小。为了使它们的神经元保持连接，灵长类动物的大脑必须在生长过程中填充更多的神经元。随着灵长类动物的大脑变大，它们的脑汤始终保持浓稠。例如，像猪一样大小的啮齿类动物水豚和像猫一样大小的恒河猴，它们的大脑容量相似，但恒河猴的大脑皮层中的神经元数量是水豚的近六倍，这可能意味着恒河猴的大脑具有更强的计算能力和自我控制能力。[24] 大脑容量、神经元密度和自我控制这三者之间的关系表明，智力可以通过一种非常令人惊讶和直接的方式得到提高——再一次地，作为一种副产物。[24，25]

人类将灵长类动物的规则发挥到了极致。[26] 在过去的200 万年里，人类的大脑容量基本上翻了一番，几乎是黑猩猩或倭黑猩猩大脑容量的三倍。这使得我们大脑皮层中的神经元密度高于其他任何动物。这也解释了我们在我们这个物种中观察到的前所未有的自我控制水平。似乎随着人类自我控制水平的提高，我们的其他认知超能力，包括心理理论、计划、推理和语言，都自然地出现了，我们物种独有的行为和复杂文化传统也随之而来。

上述设想的第一个问题是，至少在 20 万年前，我们的大脑就已经达到现代人类的容量范围，但有关现代人类独特行为方式的证据直到大约 5 万年前才广泛地出现在化石记录中。[15] 第二个问题是，我们并不是唯一拥有大脑袋的人族动物。正如导言中提到的，当时至少还存在着其他 5 个人类物种，其中一些的大脑容量也在我们今天看到的现代人类的大脑容量范围内。[27] 所有这些大脑袋的人类物种在 50 多万年前就已经进化出来了，他们很可能都有与我们类似或超过我们的自我控制能力，但他们全都灭绝了。即使在他们的鼎盛时期，他们的人口也很稀少，他们的技术虽然令人印象深刻，却仍然有限。与此同时，我们自己的世系在现代大脑容量和自我控制能力出现 10 多万年后才发展出爆炸性的文化复杂性。

大脑容量、神经元密度和自我控制这三者之间的关系，促使我以一种新的方式来思考那些灭绝的人类物种。饮食并没有将我们与其他人类物种区分开来：所有生活在过去 50

万年内的人族动物可能都会控制火、烹饪、长途奔走，并使用工具杀死和屠宰动物。我们并没有因为大脑的容量或密度而有所区别。其他人类物种，比如尼安德特人，有与我们相当的文化，甚至语言能力也可能与我们相当。几千年来，我们的技术也不比别人的好。我们和其他所有人类物种之间只剩下一个重要差异：在 5 万多年前，我们经历了社会网络的快速扩张。

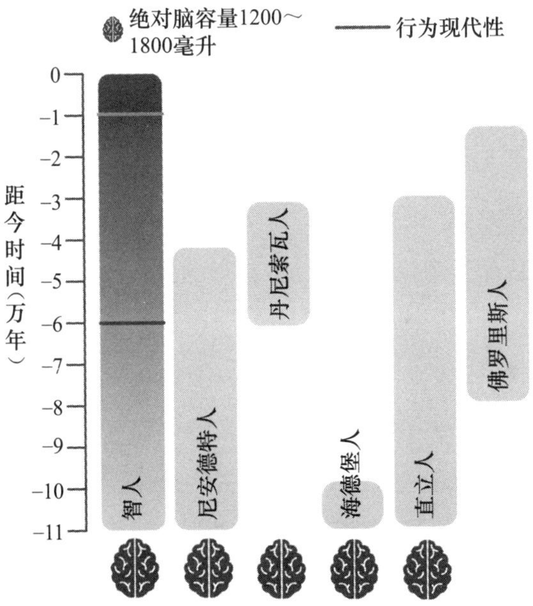

自我驯化早于行为现代性，至少发生在8万年前。

社会网络在很多方面都至关重要，对技术的发展更是必不可少。当群体失去与更大的社会网络的联系时，技术不仅会停止发展，甚至会消失。迈克尔·托马塞洛说过，一个独自在荒岛上生活的孩子会形成与黑猩猩非常相似的文化。[28]塔斯马尼亚原住民大约在 1.2 万年前就与澳大利亚大陆相隔了。在此之前的化石记录显示，他们的工具的性质和数量与人口更多的澳大利亚原住民的工具基本相同。但 1 万年后，大陆原住民的工具箱扩展了很多，塔斯马尼亚原住民的工具箱却萎缩到只剩几十种工具。[29]

类似地，几百年前，一群因纽特人在北极圈内定居。当一场流行病将人口减少到几百人时，该社群失去了制造皮艇、弓箭和渔叉的能力。他们陷于困境，无法有效地狩猎驯鹿或捕鱼。但他们被另一个因纽特人部落发现后，很快就恢复了失去的技术。[29]

我们社会网络的扩展启动了一个强大的反馈环路。[30]随着社会关系的扩大，我们可以开发更好的技术。更好的技术让我们能够以更少的努力猎取更多的食物，这反过来又让我们能够养活更多的人并生活在更密集的群体中。更密集的群体又带来更胜一筹的技术，如此循环。[31～33]

不过，是什么让这个反馈环路运转起来的？人口密度可以引发创新，但它也同样容易导致暴力，因为人们要争夺稀缺的资源。即使在 21 世纪，利用我们所有的技术，快速的人口增长也会损害环境和公共健康，增加暴力发生率。在技术赶上我们的需求的同时，是什么让冲突得到了控制？为什么其他大脑袋、有文化的人类物种没有这个反馈环路？人类自我驯化假说认为，更新世的友善度是点燃智人技术革命的火花。[34]

人类自我驯化假说指出，作用于我们物种的自然选择青睐更友善的行为，以增强我们灵活合作和交流的能力。经过若干代繁育，那些具有能够提高友善度的激素特征和发育特征，并由此促进了合作交流的个体会更加成功。

这一理论预测，我们将会找到证据证明：（a）存在对降低情绪反应性和提高宽容度的选择，这种选择与人类新型的合作 – 交流能力相关；（b）我们的形态、生理和认知上的变化，类似于其他动物身上出现的驯化综合征。

就智人而言，这种选择发生在一个已经长着大脑袋，而且有文化的人类祖先身上。其他动物可能会被自我驯化，而只有我们在这个过程开始时已经拥有了极强的自我控制能力。通过自我驯化造成的反应性降低，进一步加强了我们精细权衡自己行为的能力。

人类自我驯化假说还预测，就像倭黑猩猩和狗那样，我们提高的宽容度增加了社会互动的回报；但它也预测我们是独特的，因为我们可以切实地抑制我们的情绪反应，并有意识地计算宽容度带来的好处。正是这种自我控制与降低的反应性相结合，使得人类能够以其特有的方式适应独特形式的社会认知。

驯化狼或猿的大脑的过程令人印象深刻，但驯化人类的大脑才是真正魔法的开始。一个超文化物种诞生了。我们的物种一定进化出了一种独特的友善度，允许更大的群体规模、更高的人口密度，以及相邻群体之间更友好的关系的存在，这反过来又创造了更大的社会网络。这鼓励了更多的创新者之间传递更多的创新发明。文化发展的棘轮转动从缓慢分散到快速激烈，其结果是技术的指数式增长和行为现代性的涌现。

如果自我驯化假说是正确的，那么我们的发展壮大不是因为我们变得更聪明，而是因为我们变得更友善。尽管不存在跟别利亚耶夫的狐狸实验等价的人类实验，但我们有一个方面是幸运的——化石中保留了驯化的证据。我们观察到在大约 5 万年前发生了文化革命，如果自我驯化对于推动这场文化革命发挥了核心作用，那么我们应该会看到在这个时间段之前的化石证据。所以我们就从这之前，从 8 万年前这个节点，开始寻找自我驯化的证据。[35]

从化石中寻找证据

对友善度的选择引发了被驯化的动物的身体变化。如果人类是自我驯化的，那么应该有证据表明我们的祖先存在这类身体变化。对于友善的狐狸，基于行为的选择引发了它们在发育过程中的激素变化。反过来，这些激素改变了狐狸的生长方式。

事实上，人类也有调控外貌和行为发展的激素。随着你的生长，你的脸以及眉脊的长度都受到睾酮调节。你在青春期拥有的睾酮越多，你的眉脊就越厚，脸就越长。男性往往有比女性更厚、更突出的眉脊和略长一些的脸，[36, 37] 所以我们把有厚眉脊的长脸描述为男性化的。

睾酮在你的身体里有许多不同的作用，从启动青春期到生成红细胞，但最著名的是它与攻击性的关系。睾酮并不直接导致人类的攻击性。被人工给予睾酮不会让人变得更有攻击性，尽管在一些动物身上已经看到了这种效果。然而睾酮水平及其与其他激素的交互作用似乎确实可以调节攻击性反应，特别是在竞争状态下。[38] 相反的效果出现在有稳定伴侣或新生婴儿的男人身上。忠贞的男性和父亲显示出睾酮的减少，这被认为促进了对他人的照顾而不是竞争或攻击性行为。[39]

有证据表明，女性会下意识地判断长着更男性化面孔的男性更不诚实、不合作、不忠贞，[40] 而且是坏父亲。[41] 在实验中，男性也会下意识地通过观察对手面孔的男性化程度来估计其实力。[42] 所有这些发现都有助于我们解读过去的面孔。由于行为的发展和身体的外观之间存在相关性，我们可以在化石记录中寻找身体的变化来标记过去的行为变化。

回忆一下，我们的预测是，对友善度的选择必须在至少8万年前开始产生影响，也就是在我们的人口爆炸和技术进步之前。为了检验这一观点，我们可以比较这段时间之前和之后的人类头骨。少年的行为是友善的行为。如果我们的预测正确，我们会在离我们更近的成年祖先身上看到更稚嫩的面孔。化石记录中这些更友善的面孔可能是一个族群的鲜明特征，这个族群能够发展出复杂的合作交流，从而使我们的人口和技术都得到快速增长。[43]

为了检验我们的预测，史蒂夫·邱吉尔（Steve Churchill）和他的学生鲍勃·切里（Bob Cieri）分析了1421个头骨的眉脊突起和脸型，包括20万至9万年前的13个中更新世头骨和3.8万至1万年前的41个晚更新世头骨。[34]为了测量脸的宽度和高度，他们使用了从一侧脸颊到另一侧脸颊以及从鼻子顶部到牙齿顶部的距离。为了测量眉脊，他们取了眼睛上方的骨头从面部伸出的长度以及它高于眼睛的长度。随时间发生的变化是巨大的。

头骨最明显的变化出现在眉脊。平均而言，晚更新世头骨的眉脊从面部伸出的长度减少了40%。晚更新世头骨的脸也分别比中更新世短10%和窄5%。虽然这种模式不尽相同，但它一直在持续，因此现代狩猎采集者和农人的脸在外

观上甚至比晚更新世的祖先更稚嫩。㊀

友善度的标记不单单存在于化石头骨上。[44]我们研究中使用的若干古代头骨来自以色列斯虎尔洞穴中发现的人类遗骸。我们比较的是他们的眉脊和面孔长度，古生物学家艾玛·纳尔逊（Emma Nelson）则测量了他们的手指长度。[45]跟所有的灵长类动物一样，人类母亲如果在怀孕期间雄激素水平高，她的孩子的无名指就会比食指长。这造成了我们之前看到的黑猩猩的 2D∶4D 比率低于倭黑猩猩。男性的 2D∶4D 比率通常低于女性，所以我们称低比率是男性化的。在人和动物中，更男性化（雄性化）的 2D∶4D 模式与更强的冒险行为倾向和潜在攻击性存在相关性。[45]

纳尔逊发现这些中更新世人类的 2D∶4D 比率低于现代人，也就是更男性化，这表明他们母亲子宫内的雄激素水平更高。纳尔逊还指出，4 个尼安德特人的 2D∶4D 比率是所有样本中最男性化的。这表明我们偏女性化的 2D∶4D 比率并不是我们与其他人类物种共享的。它出现得很晚，差不多与我们的女性化面孔同时出现。

动物驯化的另一个标志是更小的大脑。平均而言，被驯化的动物的大脑比它们的野生亲戚小 15% 左右。[46]较小的大脑被安置在较小的头骨中，那么，如果我们是自我驯化

㊀ 该模式的唯一例外是最早的农民的脸长略有增加。

的，我们应该在较近的人类化石中发现较小的人类头骨。

当史蒂夫和鲍勃比较化石头骨的大小时，他们发现有证据表明我们的头骨（即绝对脑容量）在过去的 2 万年里一直在缩小，而这正是我们智力成就最高的时期。假定身体大小保持不变，史蒂夫和鲍勃发现在农业出现之前的 1 万年里，人类的脑容量减少了 5%，然后随着农业的发展，脑容量继续减少。[34，47]

对于被驯化的动物，血清素是最有可能造成大脑缩小的物质。随着被驯化的动物变得不那么具有攻击性，我们首先看到了血清素利用度的提高。[48] 还有证据表明，哺乳动物的血清素参与了头骨的发育。

服用过毒品摇头丸的人会很熟悉血清素的效果。摇头丸的活性成分是 MDMA（3,4－亚甲基二氧基甲基苯丙胺），它能提高血清素的利用度。MDMA 使大脑充斥着血清素，占到人体储存总量的 80%，并阻止血清素在大脑中的重复吸收。服用者会感到友善度爆棚，有拥抱眼前所有人的冲动。

不幸的是，服用者也变得常常缺乏血清素，因为 MDMA 阻止了新的血清素产生。于是，在周六晚上用掉大脑中所有的血清素，通常会导致被一些人称作“自杀星期二”的情况。服用摇头丸的人报告说，在使用完摇头丸之后的几天，他们感觉自己更有攻击性，而且在经济学博弈中表现得更有攻击性。[49] 血清素异常还与暴力犯罪者、冲动纵火犯和人格障碍者联系在一起。[50]

选择性血清素重摄取抑制剂（SSRI）是一类抗抑郁药，可以阻止大脑对血清素的重吸收，使更多的血清素得到利用，漂浮在受体周围。在实验中，服用SSRI西酞普兰的人显示出合作行为的增加，而且不愿意伤害他人。[51，52]

这就是有趣之处。服用西酞普兰的女性更有可能生出头骨较小的婴儿。[53]被给予西酞普兰的怀孕小鼠生出的宝宝口鼻部较短、较窄，头骨被描述为球状。[54]血清素不仅会改变行为，如果在发育早期有更多可利用的血清素，它似乎也会改变头骨和面部的形态。[55]

与其他人类物种相比，我们的头骨和大脑缩小了，并且我们的头骨还改变了形状。每一个其他人类物种都有着低平的额头和厚厚的头骨。尼安德特人的头形状像橄榄球，直立人的头像一块三明治面包。只有我们的头骨像气球，人类学家称之为球状头骨。[56，57]这种形状表明在我们的发育过程中，血清素的利用度有可能提高了。像被驯化的动物和西酞普兰婴儿一样，我们的头骨缩小了；像西酞普兰小鼠一样，我们的头骨变得更圆。根据化石记录，这些变化是从我们与尼安德特人的共同祖先分离后开始的。[58，59]

既然我们的脸、手指和头骨都显示出驯化的标志，那驯化的“商标”——色素沉着呢？经过若干代，别利亚耶夫的友善组狐狸越来越多地呈现红里带黄，额头上出现白星，身上出现黑色和白色的斑点。许多倭黑猩猩的嘴唇和屁股上的毛都缺少色素。

除了偶尔的异常情况，如斑驳病和白癜风，人们往往有着相当一致的肤色。但是在我们身体的一个部位上，色素沉着所发生的变化带来了巨大的差异：只有人类和被驯化的动物的瞳孔会在一生中呈现各种不同颜色，这与年龄或性别无关。[60] 我们自己的彩色虹膜之所以看得见，是因为它们显示在一块独特的白色画布——巩膜上。我们的巩膜是白色的，因为它们缺少色素。

黑猩猩、倭黑猩猩和所有其他灵长类动物都会产生色素，使其巩膜变暗，从而与虹膜融为一体。这种降低的对比度使我们很难看清他们在看向哪里或者在看什么。

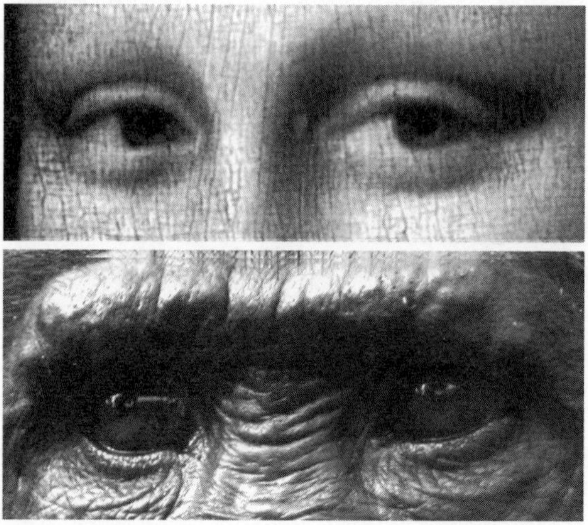

我们是唯一具有白色巩膜的灵长类动物。我们的眼睛是杏仁形的，使我们的巩膜更明显，让别人能够探测眼睛朝向的细微变化。在某个时间点上，我们的眼睛从伪装对象变成了宣传对象。[61]

从出生的那一刻起，我们就依赖于目光的接触。[62]我们生来就比其他动物无助得多，哪怕只是须臾的独处也可能很危险。为了寻求我们生存所需的帮助，我们要使用眼睛。婴儿的注视会触发父母释放催产素，使他们感到爱和被爱。父母看向婴儿的眼睛也会触发婴儿释放催产素，使婴儿更想盯着父母看。[63]如果没有这些，我们的父母就不会有那么大的动力让我们度过生命中的头三个月，直到我们开始微笑或大笑。

我们的眼睛也是为了合作交流而设计的。作为婴儿，当我们第一次认识到父母具有意图、感受和信念时，我们就开始注意他们看向的地方和他们指向的东西。[64，65]我们最早的有意义的经历就是建立在这些早期的文化互动之上的。

一个婴儿看着某个方向，就可以传达他要玩某个玩具或向某个方向移动的意图。接下来婴儿可以协调他们的动作，以期参与玩玩具或被抱起。当蹒跚学步的孩子学习语言时，他们会将成人发出的声音与成人正在看的物体联系起来。[66]但做到这一点有赖于成人眼睛的颜色。即使在只有几周大的时候，婴儿也更喜欢有白色巩膜的眼睛。他们盯着有白色巩膜和深色瞳孔的卡通眼睛的时间比盯着有深色巩膜和白色瞳孔的眼睛的时间长。儿童更喜欢玩有白色巩膜和深色瞳孔的毛绒动物玩偶。甚至成年人也更喜欢有白色巩膜和深色瞳孔的玩具，尽管他们意识不到自己存在这种偏好。[67]

我们是唯一偏爱白色巩膜或依赖目光接触的物种。人类婴儿可以追随别人的注视方向，即便那个人只是转动他们的眼睛。黑猩猩和倭黑猩猩只有在一个人转动整个头部时才会追随他的注视方向，甚至在他闭着眼睛转头时也会追随。尽管黑猩猩和倭黑猩猩知道一个人能看到什么和不能看到什么，但它们似乎并不知道视线依赖于眼睛。[68]

我们的大脑中有专门的神经元，它们只在我们看到眼睛时才会有反应。这些细胞位于颞上沟（STS），是心理理论网络的一部分，与包括杏仁核在内的皮层下情绪中心相连。这个神经网络发展得很早。[69] 在四个月大的时候，婴儿已经可以专注于别人眼睛的巩膜形状来了解他们的情绪。这个大脑皮层网络的神经元会自动激发，不需要我们投入注意力。你在开车时可曾感觉旁边车道有人在看你，然后你一转头发现果然如此？这种令人毛骨悚然的感受来自当你眼睛的周边视觉检测到这些眼睛时，你的 STS 向杏仁核发出的无意识警告。[70, 71]

大多数动物都会隐藏它们的巩膜，以防止对手猜测它们下一步可能做什么，但白色巩膜赋予了人类婴儿优势。经济学家特里·伯纳姆（Terry Burnham）和我推断，我们独特的眼睛也可能会提高我们成年后的合作能力。为了检验这个想法，我们组织了一场公共品博弈：我们给参与者一定数量的钱，问他们想捐其中多少给一个共同基金。好的合作者会捐出更多的钱给基金，而背叛者会留下大部分的钱。

在他们做决定的时候，一半的玩家由一个有着巨大白色巩膜的机器人 Kismet 给出指导语。另一半玩家也以完全相同的方式获得指导语，但他们看不到 Kismet。Kismet 产生了惊人的效果。当 Kismet 在场时，玩家的捐款量增加了约 30%。这种“ Kismet 效应”在实验室外也得到了复制。如果人们得到一张印有眼睛的传单，他们就不太可能在公共场所留下垃圾。如果办公室休息区的自愿投币箱上方画着眼睛，公司职员在取牛奶时就更有可能投入一些钱。自行车架上贴着的愤怒眼睛照片使自行车盗窃案件发生率降低了 60%。

白色巩膜似乎在我们的一生中都在促进合作。[70, 72, 73] 自我驯化假说预测，我们应该在 8 万多年前就进化出了白色巩膜，这是对友善度进行选择的结果。越来越多的目光接触会促进催产素的表达，鼓励相互联结和合作交流，也会阻止背叛者的出现。[15]

我们的眼睛不仅是独特和明显的，而且也具有普遍性。我们有不同颜色的皮肤、头发甚至指甲，我们的虹膜可以是绿色、灰色、蓝色、棕色或黑色，但我们的巩膜总是白色。

拥有一个完全没有变异性的性状是很罕见的。

我们把白色巩膜作为一个生物是人类或类人的鉴别标准。当米老鼠的造型从《汽船威利》中的点状黑色眼睛改成《魔法师的学徒》中的巨大白色眼球后，它变得流行起来。[74] 艺术家在重新构建灭绝的人类时，总是赋予他们白色巩膜，尽管在化石记录中没有这方面的证据。他们似乎凭直觉认为，他们的模型如果有一双和我们一样的眼睛，就会感觉更像人类。有趣的是，将一个人非人化的最快方式就是将其眼球涂黑。恐怖片里常常把恶魔和怪兽的眼白设定为红色或黑色。即使是眼球颜色的一点轻微变化也足以让我们感到不舒服，就像长着白色巩膜、毛茸茸的可爱小魔怪变成了红眼睛的小精灵。[㊀]

如果我们是对的，那么只有智人具有白色巩膜，这是自我驯化的结果。其他人类物种，比如尼安德特人，会像其他灵长类动物一样，用色素隐藏自己的眼睛。当我们第一次遇到这些其他人类时，他们的深色巩膜会释放一个强烈的信号：他们和我们不一样。

㊀ 这里说的是美国经典恐怖片《小精灵》（1984）及其续集（1990），主角小魔怪最终会变身成小精灵。——译者注

Survival of
the
Friendliest

第5章

自我驯化让我们成为赢家

我们的发展进程是使我们与其他已灭绝的人类物种不同的重要原因。

我们已经看到了人类友善度的增加与我们认为由它造成的意外变化之间的联系，这些变化包括我们女性化的脸、白色巩膜以及合作交流等认知技能。我们知道，友善度的增加引发了自我驯化综合征，但这些变化究竟是如何发生的？

关键在于发育。动物生长模式的变化可以成为一个强大的进化引擎。[1,2] 即使对发育速率或时间的轻微调整也可以导致完全不同的体形。例如，小蝾螈有鳃、鳍和尾巴，就像小蝌蚪。当它们成年时，鳃会消失，尾巴会取代鳍，并长出腿，使它们能够在陆地上爬行。但是有一种名为美西螈的蝾螈，会留住鳃，并且不长后腿。即使在成年后，它看着仍然像一只从未完全长大的蝾螈。[1]

发育也会影响社会行为。蟑螂幼虫是非常社会化的。它们成群结队、互相清理，还会吃彼此的粪便，作为真感情的标志。直到成年，它们才会变得反社会并独处。

蟑螂幼虫没有翅膀，眼睛也没有发育成熟，却拥有强大的肠道细菌，可以消化任何东西，甚至是木材，就像白蚁。事实上，白蚁是它们最亲近的亲戚，基本上等同于被冻结在超级友善的幼年状态的蟑螂幼虫。白蚁生活在蚁巢中，不育的工蚁们为可生育的蚁后服务，它们的合作能力确保了它们的成功。[3]

显得年幼可能具有优势。有一种乌鸦，其幼鸟的喙上有一个白点，在成年后白点会消失。成年乌鸦彼此之间可能相当具有攻击性。但是当研究人员在一些成年乌鸦的喙上涂了白点后，其他成年乌鸦就不会攻击它们了。移除白点后，它们又成了攻击对象。[4]

不仅看起来年幼可以保护你免受攻击，表现得年幼也有同样的作用。一只幼年小鼠感到害怕时，会站在原地发抖。其他小鼠看到它发抖时，通常会通过抚摸或舔舐来安抚它。与德米特里·别利亚耶夫一样，心理学家让 – 路易·加里皮（Jean-Louis Gariépy）也根据友善度来繁育小鼠。不过别利亚耶夫繁育狐狸是根据狐狸对人的友善度，而加里皮繁育小鼠是根据小鼠对其他小鼠的友善度。

在繁育了六代后，加里皮的友善组小鼠变得比常规组小鼠宽容许多。成年小鼠通常对陌生同伴具有攻击性，但是友善组小鼠在看到一只陌生小鼠时，并不具有攻击性，而是像幼年小鼠那样发抖，这样其他成年小鼠就不太可能攻击它们。与狐狸一样，成年小鼠因对友善度的选择而保留了友善的幼年行为，减少了对彼此的攻击性。[5]

甚至在鱼类身上也有证据展示对友善度的选择、发育变化以及身体和认知变化这三者之间的关系。清洁工濑鱼的体形很小，它们清理大鱼身上的寄生虫。享受服务的大鱼可以很轻易地吃掉清洁工濑鱼，但它们从不这样做。对清洁站（鱼聚集在一起接受清洁的地方）的观察表明，伴随着濑鱼的清洁，那些平常具有捕食性的服务对象会变得被动和无攻击性（对濑鱼和清洁站的其他所有鱼都是如此）。[6]一种美丽的合作关系已经进化出来：一条鱼换得一餐饱食，另一条鱼换得一身轻松。

在幼年时，所有的清洁工濑鱼都长着独特的嘴。成年后，它们的嘴会改变形状，并以其他方式觅食。有一个名为蓝纹清洁工濑鱼的物种，将其幼年的嘴形保持到成年，继续通过给其他鱼做清洁来获得食物。[7]跟狗一样，这种濑鱼进化成了与其他物种友善互动的专家。这种清洁工的生活也影响了它们的认知能力。在实验中，蓝纹清洁工濑鱼比其他亲缘关系很近但成年后不再做清洁工的濑鱼更善于合作。这使得蓝纹清洁工濑鱼能够抑制自己而不去咬它们的客户——即便这样做能获得更多营养，而专注于吃客户身上的寄生虫。[8，9]与延长幼态发育保持一致的是血清素和催产素水平的变化，这种变化调节了蓝纹清洁工濑鱼的友善行为，这一点与那些被实验驯化的物种相同。[10，11]

狗和倭黑猩猩不仅在其一生中保持幼年行为，还和獭鱼一样，比它们的亲戚更早地发展出与合作交流有关的行为。

小狗在睁开眼睛后不久，就准备好与其他狗和人建立联结。[12] 在同一时期，它还有动力探索新地方和新事物。[13] 有更多的时间用于发展，使它有更多时间去获得各种经验。这些经验让狗有信心应对不断出现的新人、新地方和新事物，而城市里的狼面对同样的情况时只会不知所措。

社会化的窗口期也会持续更长时间。这个精力过旺的探索期在狼身上只持续数周，而在狗身上会持续数月甚至数年，随着它们的成熟，它们会保持甚至增强对新异事物的幼态反应。[14]

就连狗的发声方式也受到延长的发展窗口期的影响。虽然狗和狼的幼崽都会通过吠叫吸引母亲的注意，但是只有成年狗会非常频繁地在许多不同的情境中继续吠叫。[15]

延长的发展窗口期让狗形成了这些合作行为，我们认为窗口期的延长是基于对友善度的选择，因为别利亚耶夫的狐狸也表现出同样的发展模式。[16] 跟狼一样，常规组狐狸只有一个很短的窗口期（从第 16 天到第 6 周）来面向人类进行社会化。跟狗一样，友善组狐狸有延长的社会化窗口期，早在第 14 天就开启，迟至第 10 周才关闭。[17] 而且友善组狐狸一生都保持着小狗般的发声。即使在完全成熟后，它们也会像狐狸幼崽一样见到人就叫唤，常规组狐狸则不会这么做。

倭黑猩猩在很小的时候就表现出一种社会行为。在刚果倭黑猩猩保护区的午餐时间，所有的婴儿倭黑猩猩正在玩耍，有人将一篮巨型水果沙拉带到托儿所。篮子里堆满了芒果、香蕉、木瓜和甘蔗。婴儿倭黑猩猩一看到水果，就开始尖叫。随着他们变得更加兴奋，倭黑猩猩会抓住离自己最近的倭黑猩猩，把生殖器放在一块儿摩擦。这不是真正的性交，更像是狂野的摩擦癖。这些婴儿都是孤儿，在很小的时候就与母亲以及其他成年倭黑猩猩分离，没有学会性交。我们在黑猩猩保护区中没有看到这种行为。倭黑猩猩在婴儿期就有性行为，而黑猩猩直到青春期前后才出现性行为。[18]

有一些证据表明，这种性行为背后的机制与激素有关。婴儿倭黑猩猩的睾酮水平已经与青春期黑猩猩相当。倭黑猩猩将这种幼年的睾酮水平一直保持到成年。[19，20]

这种激素水平可能与倭黑猩猩的快速繁殖有关。虽然倭黑猩猩的大多数性行为不是为了生殖，但是雌性倭黑猩猩就像被驯化的动物一样，能够比她们更具攻击性的亲戚更早地生孩子。[21] 不过雌性倭黑猩猩终其一生都会利用她们的性行为来消除争斗，安抚不高兴的婴儿倭黑猩猩，以及加强与其他雌性同伴的友谊。[18]

对友善度的选择实际上是对延长的社会性发展窗口期的

选择。在狗和倭黑猩猩中，这意味着社交灵活性的关键性状发展得比较早，并且之后会继续发展。

基因控制的发育

支持动物发育的基因究竟是如何进化出自我驯化综合征的？有些基因在决定一个有机体如何发育方面所起的作用比其他基因大得多。这些基因可以控制数以百计的其他基因，指导它们完成工作。

这些不是我在高中生物课上所学的内容。我学过孟德尔的豌豆有显性和隐性基因，显性性状是那些最常表达的性状。孟德尔发现，不同的性状是分别遗传给后代的，相互之间没有依赖。每个基因都有不同的工作，比如控制豌豆花的颜色或形状。这种独立性为形式和功能的多样性创造了机会，让豌豆可以产生不同的颜色或形状组合。选择则是基于这种遗传变异来起作用的。

但几十年的研究表明，发育使上述机制变得更加复杂。孟德尔遗传学仅仅揭示了一种非常简单的产生可遗传变异的方式。不同的基因可以有不同的工作，一个或一组基因也可以有多种工作。例如，一个基因可以同时参与骨骼生长和色素沉着。在你的一生中，这些多任务的基因可能同时或在不同时期做着两种工作。

还有一类基因就像图书管理员。基因如书籍，写满了关于如何制造不同蛋白质的指令。这些蛋白质是我们身体（包括大脑）中每一种液体和组织的构件。我们身体每个细胞中的图书管理员基因对应该阅读哪些书和多长时间读一次提出建议，一些图书管理员基因控制着我们基因图书馆的大部分内容。图书管理员基因可以产生很大的影响，因为它们不仅控制着蛋白质的生产，而且控制着蛋白质生产的速率和时间。

一个多任务基因或图书管理员基因的微小变化，可以同时对许多性状产生巨大影响。对于帮助控制发育的多任务基因和图书管理员基因来说尤其如此。它们启动得越早，作用时间越长，基因变化就越会被放大。因此帮助控制发育的微小基因变化能极大地改变一种动物，以至于让它变成一种完全不同的动物，正如我们在白蚁、蝾螈和濑鱼身上所看到的。[2, 22] 对于我们在狗、倭黑猩猩甚至我们自己身上看到的变化，也有人提出了类似的解释。

神经嵴细胞对发育的影响

性状可以作为友善度的副产物出现，这是 20 世纪最了不起的发现之一。别利亚耶夫和他的团队只选择了对人类更友善的狐狸，而未考虑任何其他认知、生理或形态学特征。

然而，选择行为友善的狐狸使得更多的后代狐狸具有更短而卷曲的尾巴、花斑的多色皮毛、更短的口鼻部、更小的牙齿、耷拉的耳朵、每年更长的繁殖期、更高水平的血清素，以及更强的合作交流能力。由于在狐狸身上看到的变化再现了其他被驯化的哺乳动物以及我们怀疑是自我驯化的物种身上常见的变化，故而这些变化更加引人注目。

在试图解释友善度与构成哺乳动物驯化综合征的一系列性状之间的联系时，理查德·兰厄姆和遗传学家亚当·威尔金森（Adam Wilkinson）对神经嵴细胞特别感兴趣，这种细胞在发育中发挥着巨大作用。[23] 神经嵴细胞在所有脊椎动物胚胎中出现的时间都很短。这些细胞在后来长成大脑和脊柱的神经管的背面发育。神经嵴细胞是干细胞，也就是说随着胚胎的发育，神经嵴细胞可以转变为各种类型的细胞。它们还具有迁移性，随着胚胎的发育，这些特殊的干细胞走遍了整个身体。研究人员认为有一组图书管理员基因能够强有力地影响这些干细胞转变为哪种类型的细胞，以及它们在何时何地迁移。

迁移的神经嵴细胞在与驯化综合征相关的一系列性状的发育中发挥了作用。驯化的核心是减少恐惧和攻击性，而神经嵴细胞参与了释放肾上腺素的肾上腺髓质的发育。[23] 被驯化的动物的肾上腺比它们的野生表亲小，而较小的肾上腺会分泌较少的应激诱发激素。神经嵴细胞还在很大程度上参与了与友善度选择相关的全部组织改变，包括尾巴和耳朵的软骨、皮肤色素、口鼻部（或面部）的骨骼和牙齿的发育。

头部的神经嵴细胞也被认为会影响大脑的发育。[24] 这可能是脑容量变化的原因，也是大脑不同区域对血清素和催产素等神经激素反应不同的原因。[25] 这些大脑变化可能还与生殖周期的变化有关。较小的脑容量可能影响控制生殖周期的下丘脑 – 垂体 – 性腺轴（HPG 轴）。限制 HPG 轴的功能会引发更早的性成熟和更频繁的生殖周期。

兰厄姆和威尔金森预测，在被驯化的哺乳动物（也许还有鸟类）中，最初对友善度的选择会对改变神经嵴细胞发育方式的图书管理员基因有利。我们在从狗到倭黑猩猩的每个物种中所看到的作为驯化综合征一部分的变化几乎都是由此引起的。控制神经嵴细胞发育和迁移的图书管理员基因的变化，有力地解释了友善度和与驯化有关的其他性状之间存在着看似不可能的联系。[26] 巴塞罗那大学的神经生物学家康斯坦丁娜・泰奥凡欧普洛（Constantina Theofanopoulou）和锡德里克・伯克斯（Cedric Boeckx）利用古 DNA 检验了人类是否可能也存在这种联系。他们发现，在许多被驯化的动物中进化的那些基因也在人类中进化，[27] 其中包括在我们与其他已灭绝的人类物种分开后才得到修饰的神经嵴基因。[28] 这为人类的自我驯化提供了第一个遗传学证据。

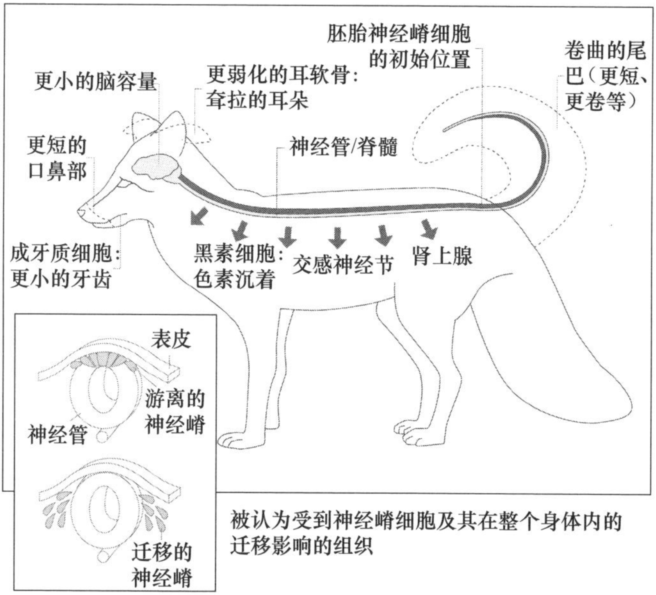

被认为受到神经嵴细胞及其在整个身体内的迁移影响的组织

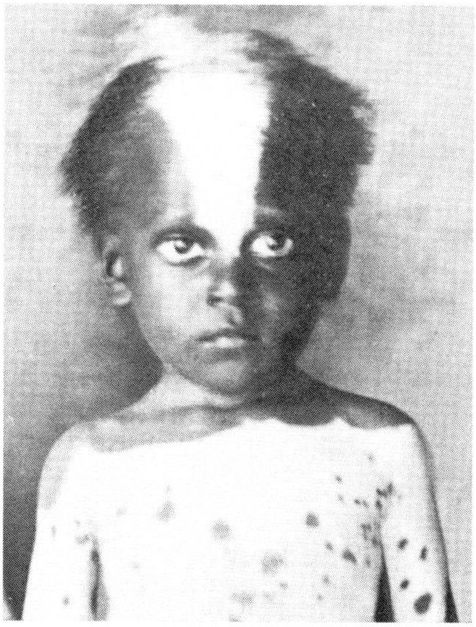

1913年，5岁的利斯贝表现出神经嵴病，这是在人类中因神经嵴细胞发育变化而引起的一种病。神经嵴病的一种症状是斑驳病，其特征是长出白斑，非常像我们在被驯化的动物身上所看到的斑点

出生太早成为我们的优势

血清素改变了我们头骨的形状。睾酮等雄激素改变了我们的脸和手。我们眼睛中色素的缺失大大增强了我们的合作交流。所有这些变化都表明，在人族动物进化的后期发生了对友善度的选择。

我们的发展进程是使我们与其他已灭绝的人类物种不同的重要原因。[29] 与他们以及其他灵长类相比，我们有一个不寻常的生命轨迹。我们出生得太早了，要经过很长时间才能生育。不过之后我们能够更快地进行生育，两胎之间的间隔时间更短，女性在绝经后还能活几十年。[30] 我们的认知能力，无论是其早期表现还是与合作交流和宽容有关的性状的延长发展，都是我们与众不同的标志。

我们出生时的脑容量只有成年大脑的 1/4，而其他猿类出生时的脑容量几乎是成年大脑的一半。这意味着作为婴儿的我们是格外无助的。[31] 然后，在我们能跑或爬之前，在 9 ～ 12 个月大时，我们开始琢磨他人的想法，起初方式很简单，后来越来越复杂。

我们怀疑这种发展模式是人类特有的。我们没有在其他成年大猿身上看到同样的合作交流技能，不过，在没有直接比较人类和类人猿婴儿的发展过程之前，我们无法确定这一点。因此，我们对倭黑猩猩、黑猩猩和人类的婴儿进行了研究，从两岁开始。我们对这三个物种的将近 100 名婴儿进行了为期三年、每年约 20 项的认知测试，以了解他们的认知能力是如何发展的。我们测试了对他们的年龄来说有意义的每一种认知类型：计数、因果关系、工具使用、自我控制、情绪反应性、模仿、手势、目光追随，等等。这是第一次有人直接比较来自这三个物种的这么多婴儿的这么多不同能力。我们发现，两岁的人类婴儿在非社会性任务（比如计数和理解物理世界）方面表现并不突出。他们的表现看起来就像同龄的倭黑猩猩和黑猩猩。

当我们把目光投向人类婴儿如何解决社会问题时，差异出现了。在两岁时，大脑完全没有发育好的人类婴儿比大脑更成熟的猿类拥有更多的社会技能。到了四岁，人类婴儿在每项任务上都超过了其他猿类婴儿。那些不能把饮料稳当地放下，或者不能及时大小便的学步儿童，却有一套理论来解释别人的心理如何运作。[32]

这些早期涌现的社会技能给我们带来了优势，使大脑尚未发育好的我们也能利用他人来解决复杂问题。我们在年幼时具有的了解他人的能力也使我们能够继承代代相传的知识，让我们具有独特的生存优势。

我们独有的气球形头骨

为了纪念我们驯化自己的历史时刻，我们需要确定我们是在什么时候发展出这种无与伦比的社会智能的。使之成为可能的是提示大脑发育情况的智人头骨化石。

我们的大脑发育有两个相关的物理性标记。第一个是在我们出生时头上有一个巨大的洞。与大多数哺乳动物出生时拥有发育完全的头骨不同，智人和尼安德特人婴儿的头骨没有合拢，这样他们才可以从产道挤出。我们形状可以变化的婴儿头骨和其中所包含的尚未发育好的大脑进化得很晚，但这在人类物种中并不是独有的。[31]

第二个形态学特征是头骨的形状。不同于其他人类物种的婴儿有着低平的额头和厚厚的头骨，我们的婴儿长出了气球形状的头，以适应奇特形状的大脑。[33]

其他动物在出生后不久就停止了大脑的生长，但我们在出生后两年内都保持着胎儿的大脑生长速度。[34]这种出生后的快速生长尤其影响我们的头顶和后脑勺，形成了气球形状的头。[31]在大脑的顶部和后部，即顶叶区，坐落着我们大脑心理理论网络的两个中心节点：颞顶联合区和楔前叶。[35]当婴儿开始注意他人的目光和手势时，这些区域就会变得活跃。[36]我们可以基于头骨化石推断，这些早期涌现的社会技能是智人独有的。

但早期发展的社会认知类型是非常特殊的。除了合作交流技能，其他技能的发展似乎被推迟了。直至 4 ～ 6 岁，人类的自我控制能力才开始超过其他猿类，正好赶上他们参加棉花糖实验。[37, 38] 自我控制能力的发展非常缓慢，以至于我们直到 20 岁出头才完全达到成人水平。这可能是青少年时期我们会承担更多风险的原因，所以 16 岁司机的汽车保险比 21 岁司机的要贵。㊀幸运的是，青少年对失败的感受也更深，所以我们学得很快。[39]

这样的发展进程是突触修剪的结果。当我们的大脑生长时，我们制造的神经元比我们需要的多。当我们安排生活、解决问题和适应不同环境时，我们会更多地使用特定的神经元网络。这些常用的网络就形成了更多的神经元，能够更好地计算信息；然后它们精简连接，变得更有效率。到我们成年时，我们的大脑网络已经被修剪好和专门化。我们失去了可塑性，但我们的认知能力在解决我们最可能面临的问题方面变得更强。[39]

其他动物出生时，其大脑在闭合的头骨中迅速发育。小牛羚在几分钟内就能站起来行走，几天内就能跟上羊群的脚步。甚至婴儿黑猩猩起身走动的时间也比我们早得多。

正如诗人威廉·布莱克所言，我们出生时是“无助的、

㊀ 与我国不同，美国大部分州规定年满 16 周岁即可获取普通机动车驾照。——译者注

赤裸的、尖叫的”，而且我们会保持这种状态好几年。但靠着我们早期涌现的社会认知能力，我们可以接入别人的想法。我们可以读懂别人的意图、信念和情绪，这使得我们能够利用照看者的汗水和爱，让他们在我们的大脑继续发育和蓬勃发展的同时保障我们的安全。

当我们还是婴儿时，我们的心智就有能力读懂他人的意图、信念和情绪，我们用这种能力来弥补身体上的无助——单薄的肌肉和未成形的头骨，与此同时我们的大脑慢慢赶上，生长然后修剪，到 20 岁出头完工时，它们已经成为超级计算机，专门用于在我们所处的文化环境中学习和创新。

群体内的陌生人

我们已经看到了经过选择变得对人更友善的狗和狐狸，以及对雌性更友善的雄性倭黑猩猩。那么是哪种类型的友善度推动了人类的自我驯化？

像坦桑尼亚的哈扎人这样的狩猎采集者每天都要觅食，然后回到营地烹饪、吃饭、社交和睡觉。女人们分享挖掘的块茎和采集的水果，男人们带着殊为珍贵的肉和蜂蜜回来。[30] 猿类有时会在觅食途中分享食物，只有人类会把食物带回家。

在狩猎采集者社群中，食物的分配是相对平均的。[40] 最有生产力的觅食者家庭不会得到最大份额的食物。他们分享食物，作为回报，他们会结交一些朋友，让他们在饥饿、受伤或生病时能得到照顾。由于没有庄稼、冰箱、银行或政府，这些社会联结是他们唯一的保险。[30]

最有生产力的哈扎猎手在带着食物返回营地之前，已经吃够了满足他们每天所需热量的食物。[41] 分享他们的剩余食物是一种互惠，因为他们在喂养别人的同时，也加强了大家的联结，使自己未来免受食物短缺之苦。[42] 分享所带来的前景也激励了合作，因为分享意味着每个人都有更多的食物。经过几百代人的努力，这些紧密联结的群体形成了一种竞争优势，胜过那些合作性不强、社会保险不可靠的暴虐专横群体。

这种保险改变了社会关系的计算方式。黑猩猩的合作受到恐惧和专制的束缚，而狩猎采集者的合作奖励了每一个人。不同于雄性黑猩猩努力试图支配对方，狩猎采集者利用攻击性来防止个人支配群体。当人类群体内的攻击性被用来防止攫取权力，而不是宣扬统治地位时，[30, 43] 分享、宽容和合作就会以指数方式增加。

这种新的社会规则意味着新的社会伙伴带来的收益通常远大于成本。这包括来自群体外的新社会伙伴。类似的计算方法解释了为什么倭黑猩猩会被陌生同类所吸引。由于没有来自邻近社群雄性的致命攻击的风险，雌性倭黑猩猩可以与邻居互动并扩大其社会网络。

在我们身上也发生了对友善度的选择，不同的是，我们并没有像倭黑猩猩一样，在整体上变得更加宽容。我们扩大了对谁能被我们视作群体成员的定义。黑猩猩和倭黑猩猩根据熟悉程度来识别陌生同类。在他们的领地内，与他们一起生活的同类属于群体成员，其他的都是陌生同类。黑猩猩可能会听到或看到他们的邻居，但互动几乎总是短暂和敌对的。倭黑猩猩对不熟悉的同类要友好得多。

我们也一样，以不同的方式对我们熟悉和不熟悉的人做出反应，但与任何其他动物不同的是，我们能立即识别一个陌生人是否属于我们的群体。与倭黑猩猩或黑猩猩不同，人类群体不是按地域定义的，而是按一种更广泛的身份认同。

人类进化出一个新的社会类别——群体内的陌生人。我们可以认出我们从未见过的，却属于我们群体的人，因为他穿着相同的运动衫，打着相同的兄弟会领带，或者戴着相同宗教符号的项链。每一天，不需要思索，我们就以各种方式打扮自己，使我们能够被其他成员识别。我们甚至准备好为群体内的陌生人提供关怀、与之联结、牺牲自己。

这种能力主导了我们的现代生活。我们周围都是不认识的人，然而我们不仅容忍这些陌生人，还积极地互相帮助。这种友善度鼓励我们做出各种善举，大到捐献器官，小到扶人过马路。

人们确实更愿意帮助与他们共享群体身份认同的陌生人，特别是当他们知道陌生人也知道这种联结时。[44] 玻利维亚的提斯曼人是狩猎采集者。当研究人员向提斯曼人展示他们群体中的陌生人和其他群体中的陌生人的照片时，他们愿意与自己群体的陌生人分享更多食物。[45] 同样，在 15 个工业经济体国家中，有 14 个国家的人与来自自己国家的陌生人分享要多于与不同国籍的陌生人分享。[46]

当我们开始认识群体内的陌生人时，我们还是婴儿，这与我们最早的心理理论能力出现的时间差不多。9 个月大的婴儿偏爱和他们喜欢同样食物的木偶，也偏爱对这些木偶好的人。[47] 7 个月大的婴儿偏爱别人用他们的母语介绍的乐曲。[48] 就在婴儿开始注意他人的交流意图的时候，他们也开始选择将注意力集中在哪里。甚至在生命的早期，我们对某些陌生人的想法、感受和信念的想法、感受和信念，已经比对其他陌生人的更强烈。心理学家尼亚姆·麦克洛克林（Niam McLoughlin）向一年级学生展示了一张玩偶的脸渐变成人脸的图片。一年级学生要让研究人员知道他们什么时候认为这张图片“有思想”。当孩子们被告知图片上是他们社区的人时，他们会比被告知图片上是来自远方的人时更快地说图片上的人有思想。[49,50] 孩子对他们认为与自己共享群体身份认同的人也更慷慨。[51] 作为成年人，如果我们相信别人来自我们的群体，我们也更可能承认别人有和我们一样的思想。[52]

尽管我们生来就被那些与我们共享群体身份认同的人所吸引，但构成这种身份认同的因素却受到社会力量的高度影响。即使对婴儿来说，群体身份认同也不光是有熟悉感就够了。随着我们的成长，它几乎可以由任何东西来定义：服装、食物偏好、仪式、身体性状、政治归属、祖籍，以及支持的运动队。虽然我们似乎在生物学上准备好了识别群体身份认同，但我们的社会意识使我们对这些身份认同的构建具有灵活性。

人类学家约瑟夫·亨里奇（Joseph Henrich）认为这种可塑性对社会规范的涌现至关重要。[53] 规范是指支配哪怕最小的社会互动的隐性或显性规则。它们是我们所有制度成功的核心，它们一定是在我们人类驯化自己之后才出现的，使我们能够识别和拥抱我们直系亲属以外的人类。

感觉像大家庭的群体

对这种新的社会类别的进化起主要作用的分子可能是神

经激素催产素。[54] 催产素与血清素和睾酮的利用度密切相关，我们推断后两种激素因人类的自我驯化而发生了改变。更多可利用的血清素会影响催产素，因为血清素能神经元及其受体的活动会介导催产素的效果。基本上，血清素提升了催产素的影响。可利用的睾酮的减少也增强了催产素与神经元结合的能力和改变行为的能力。[29] 在人类自我驯化的过程中，随着可利用的血清素的增加和睾酮的减少，我们可以预测催产素的效能会提高。很可能正是催产素对我们行为的影响力增加，解释了我们的物种如何进化出将我们的群体视为大家庭的能力。

当研究人员给受试者吸入催产素时，受试者更容易共情，能更准确地识别他人的情绪。催产素的作用通路似乎经过了大脑的内侧前额叶皮层（mPFC），这是大脑心理理论网络的一部分。[55] 催产素可能会破坏 mPFC 和杏仁核之间的连接，让 mPFC 有更大的影响力，并抑制杏仁核的恐惧和厌恶反应。换句话说，催产素减少了威胁感，使信任成为可能。当研究人员给人们吸入催产素时，人们倾向于合作，更慷慨地捐赠，并在金融和社会游戏中更加信任对方。[56]

催产素在分娩时涌入母亲体内，它促进了乳汁的分泌，并通过母乳传递给婴儿。父母和婴儿之间的目光接触创造了一个催产素循环，使父母和婴儿都感到爱与被爱。我们的眼白，既显而易见又普遍存在，有助于启动这个循环。虽然这个循环可能起源于加强父母对婴儿的照顾，但它对加强所有人类之间面对面的互动联结都起着作用。即使是狗也可以利用这种联结方式（狼不行），在它们自己和主人之间创造一个催产素循环。[57]

根据人类自我驯化假说，当我们看到群体内的陌生人时，催产素应该帮助我们像倭黑猩猩那样向他们释放善意，而不是像黑猩猩那样充满攻击性。[58，59] 目光接触会使催产素进一步激增，强化情感联结。当你遇到一个新人时，与他进行时间足够长的目光接触的意愿可能比你握手的力度更重要，因为前者能让催产素发挥作用。与群体内的陌生人结交的本领可以增加我们的适合度，因为正如我们在因纽特人和塔斯马尼亚人身上所看到的，与世隔绝的人群会失去文化知识。人类的文化创新是超强的，因为成千上万的创新者都有独特的能力接纳陌生人并与之合作。[60]

我们认为我们这个物种中群体内陌生人这一新类别的出现，是在 8 万多年前的旧石器时代中期，它让社群变得更大，人口密度更高。人类学家金·希尔（Kim Hill）认为，这种宽容水平是由于男人和女人都移居到邻近的社群，以一种我们在其他灵长类动物中没有观察到的方式将跨群体的家庭结合在一起而达成的。[61]

随着人口越来越密集，技术创新也会爆炸性增长。随着技术的改进，我们可以扩张到比其他人类物种更广阔的生态环境中。在共享各种仪式或交流系统的相邻群体的网络中进行贸易，使我们能够将创新的技术传得更远、更广。即使发明者相互不见面，奇异的想法也会相遇。人们可以以物易物，换取广布的自然资源，并跨越领地的边界获取水的使用权。

这种新出现的协调能力会造就集体行动的潜力，比如多个群体共同猎取大型哺乳动物或捕鱼。一旦社会计算转向有利于友善度，不断扩展的思想网络将使我们比其他人类物种有更大优势。

最友善的人类成为赢家

友善度引导我们成功，这个想法并不新鲜。作为一个物种，我们变得更加聪明，这个想法也不新鲜。我们的研究贡献在于找到这两个想法之间的关系：是社会宽容度的增加引发了认知上的变化，特别是那些与交流和合作相关的变化。

就像那位俄国天才精心选择的狐狸，或者在它们的野生表亲身边呜啭着循环旋律与和声的十姊妹，我们的心智是驯化而来的。就像在刚果河腹地的雨林中定居的第一批倭黑猩猩，或者在我们的垃圾堆上拾荒的原型狗，我们是靠自己实现了这种改变。

然而，驯化人类与驯化鸟类、狼甚至类人猿是不同的。只有人类有巨大的大脑、密布的神经元，加上其他的认知能力，它们赋予我们前所未有的自我控制能力。我们与其他能够制造基本工具的人类物种共享这种自我控制能力。与我们更亲近的亲戚，比如尼安德特人，拥有复杂的文化、武器，甚至可能拥有语言，但他们从来不是顶级捕食者。他们在食肉动物的等级体系中处于胡狼或鬣狗的级别，时而狩猎，时而拾荒，还经常受到大型食肉动物的摆布。

我们这个物种的情况也好不到哪里去。特大干旱、火山爆发和冰川推进威胁着我们的生存，我们可能曾经濒临灭绝。然后，在旧石器时代中期，我们，也只有我们，经历了激烈的对友善度的选择。

这种对友善度的选择给了我们一个新的社会类别，一个其他动物没有的类别——群体内的陌生人。这个类别是由催产素引发和维持的，这种激素在婴儿出生时大量涌入母亲体内。有了催产素，即使隔着一定距离，我们也能对一个正在靠近、看着和我们一样的陌生人感到亲切。[50] 也许他们的身体上画着特定的赭石图案，或者戴着我们海岸线上的贝壳制成的项链。当他们靠近到足以握住我们的手时，目光接触会让我们双方都释放另一道催产素脉冲。我们会减少恐惧感，增加信任与合作。再加上我们与所有人类物种共享的非凡自我控制水平，我们可以权衡合作带来的好处。我们能够更好地思考我们行动的后果。

人类在 8 万年前的自我驯化引发了我们在化石记录中看到的人口增长和技术革命。友善度通过其他人类物种无法做到的方式将创新者群体联系在一起，从而推动了这场技术革命。自我驯化给了我们一种超能力，在进化尺度上一眨眼的时间里，我们占领了这个世界。

其他所有人类物种则一个接一个地灭绝了。

我们对陌生人表示友善的能力不断增强。心理学家史蒂芬·平克认为，随着时间的推移，人类的暴力水平已经稳步下降。[62] 尤瓦尔·赫拉利写道："丛林法则即使没有被废除，也终于被打破了……越来越多的人觉得不可能发生战争。"[63]

对此我们要感谢人类的自我驯化。群体内陌生人的概念使我们能够将我们的爱扩展到那些我们从未见过的人身上。这种大家庭的概念帮助我们在过去取得成功，也是我们未来的巨大希望。随着我们人口的增长和更多资源的使用，我们必须不断扩大我们的信任圈，以图发展壮大。

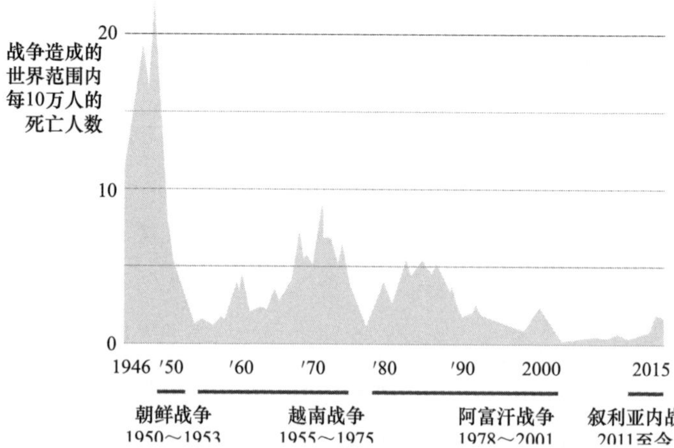

资料来源：PRIO Battle Deaths Dataset, Uppsala Conflict Data Program

然而，这种对我们自己的乐观看法与我们仍在对彼此造成的苦难和伤害存在矛盾。[64] 我们的心理理论赋予我们独特的同情能力，但有时它似乎不见了。

我们知道人类的自我驯化如何解释了我们身上最好的品质，但它是否也解释了最坏的品质？我们如何调和我们独特的友善度与我们表现出残忍的能力？

Survival of
the
Friendliest

第6章

非人化：自我驯化的黑暗面

我们根据群体身份认同来判断陌生人的身份。对我们自己群体的爱增加了我们对具有不同身份的陌生人的恐惧和攻击性。

我们的保姆蕾切尔唱着歌，把一只鞋轻轻地套到我们女儿脚上。女儿在拍手和蹦跶时，踢到了蕾切尔的裙子，露出一道从膝盖延伸到小腿底部的疤痕。

“蕾切尔，你的腿怎么了？”我问道。

伤口没有被很好地缝合，组织肿胀扭曲。蕾切尔看着地板，耸了耸肩。

“大砍刀。”

她把裙子往后一拉，另一条腿上露出了同样的疤痕。

蕾切尔出生在米内姆布韦，一个位于可以俯瞰坦噶尼喀湖的高山上的小村庄。她像其他女孩一样长大，上学，在溪边玩耍，和朋友们在家附近奔跑。她的父母开了一家商店，由于蕾切尔心算能力很强，她在放学后和节假日充当收银员，会趁机偷偷给她的朋友们塞糖果。

蕾切尔属于刚果东部的巴尼亚穆伦格部落。巴尼亚穆伦格人的血统可以追溯到卢旺达的图西人，并一直追溯到埃塞俄比亚的希巴女王。16 世纪时，他们游荡于卢旺达的火山之间，为牛群寻找牧场。他们在海拔 900 米的瑞兹平原上定居。这里的空气凉爽而潮湿，没有采采蝇的叮咬，山上长满了茂密的草。

随着蕾切尔年龄渐长，她意识到作为巴尼亚穆伦格人，这个世界对她的开放程度与对她的一些朋友不同。巴尼亚穆伦格人被称作非洲的黑犹太人。他们仍被视为移民，尽管他们 400 年前就来到了刚果，而且只是曾经出入该地区的许多支移民之一。蕾切尔不能上大学。她不被允许住在离她最近的城市乌维拉。她永远不能成为一名政治家或当地政府的一员。当她偶尔冒险离开她的社群时，有人会在她经过时咕哝

“肮脏的卢旺达人”。

在19世纪和20世纪初，当比利时人奴役数百万刚果人在橡胶种植园工作时，他们看了一眼外表光滑的巴尼亚穆伦格牛，就知道瑞兹平原是块黄金宝地。比利时人对每头牛都征收重税，而巴尼亚穆伦格人拒绝支付，这正中比利时人的下怀，于是比利时人把他们从他们的土地上赶走了。

在卢旺达另一侧的边境地区，比利时人提高了图西人的地位，巴尼亚穆伦格人在很久以前离开了这个部落。蕾切尔的细鼻子和高脖子都源自她的图西族血统。甚至在欧洲人到来之前，图西人就比皮肤更黑、脸盘更圆、鼻子更扁的胡图人拥有更高的社会地位。但在比利时人到来之前，这两个部落之间存在着一定的流动性。他们有混合婚姻，图西人可以变成胡图人，反之亦然。

比利时人带着测量面部特征的仪器来到卢旺达，并决定图西人更像欧洲人，因此是高级部落。每个人都获颁了身份证，图西人获得了更好的职位，更容易获取资源和受教育。胡图人则被贬为收入微薄的劳工。双方之间的分歧越来越深，足以煽动几次大屠杀，最终引发了1994年惨绝人寰的卢旺达大屠杀。

1960年，比利时人突然放弃了刚果并使其独立，他们撤走了侨民，让这个国家陷入混乱。刚果人分裂成数十个叛乱团体。在随后的几十年里，巴尼亚穆伦格牛成了饥饿的士兵垂涎的目标，巴尼亚穆伦格人则一再受到攻击，直到年轻的巴尼亚穆伦格人加入叛乱团体，保护他们的家园和家人。

在比利时人的撤离所引发的对刚果的争夺战中，巴尼亚穆伦格人从未取得立足之地。其他部落开始嘀咕说巴尼亚穆伦格人甚至都不是刚果人。蕾切尔在23岁时，被剥夺了公民权，禁止旅行，也不许投票。

尽管有这些不利条件，但在云端之上的山中家园里，在社群的保护下，蕾切尔很快乐。她嫁给了一个她喜欢的男人，生了两个小女孩，她们和曾经的她一样，在山路上狂奔着长大。

蕾切尔和她的家人在1996年的刚果战争中幸存下来。他们饱受打击却满怀希望。因为巴尼亚穆伦格族士兵帮助推翻了独裁者，让新总统上台，全国各地的巴尼亚穆伦格人觉得他们终于要被接纳了。然而新总统很快就与他们反目，当下一场战争在1998年到来时，情况比之前的战争还要糟糕。㊀

叛乱团体在刚果东部成群结队，见人就开枪，在田间强奸妇女。蕾切尔和她的家人逃到布隆迪的一个难民营。

不幸中的万幸是，加通巴难民营离家很近，相距仅25公里。蕾切尔的父母、兄弟和兄弟的家人、表亲，以及她的

㊀ 后文还会多次提到这两次战争，即爆发于1996年的第一次刚果战争和爆发于1998年的第二次刚果战争。——译者注

大多数邻居都只拿着他们能带走的东西离开了家。他们搬进了帐篷。这里有淋浴间和厕所。他们分享食物、炊具和衣物。孩子们在田野上一起玩耍。大人们互相告诉对方，战争很快就会结束，他们想知道情况是否足够安全到能让人回去取物资。如果他们走上几公里，穿过沼泽到坦噶尼喀湖岸边的一个渔村，就能看到他们的家。

联合国难民署对加通巴的难民离刚果边境如此之近感到不满，希望将他们转移到更远的内陆地区，让他们与其他巴尼亚穆伦格人一起宿营。蕾切尔和其他难民拒绝前往。他们希望离家近一点，而且他们害怕叛军，并对内陆营地的拥挤状况感到不安——听说那里充满了疾病。[1]

联合国难民署警告说，该难民营即将关闭。他们雇用了10名警察来看守营地，但他们开除了营地管理员，并停止了食物供应。不过蕾切尔和她的家人仍然拒绝转移。

然后，一切都太迟了。

袭击他们营地的叛乱团体被称为PALIPEHUTU，即胡图人民解放党。胡图人民解放党是唯一没有与布隆迪政府签署和平条约的叛乱团体，尽管他们已经被布隆迪军队（大部分是图西人）击溃。当时他们只剩下1500名叛军，其中一些人是儿童，年纪太小，连步枪的枪托都拖在地上。由于损失惨重，感到丢脸的叛军四处寻找目标进行破坏。

2004年8月13日，叛军潜入难民营时，蕾切尔、她的丈夫和两个女儿正在睡觉。她被尖叫声和烟熏味惊醒。在一片混乱中，她听到有人在唱《哈利路亚》，还有鼓声、铃声和口哨声。有一个清澈的嗓音唱得最大声："上帝会告诉我们如何去找你，在哪里找到你。"

这些人用大砍刀砍开了帐篷。他们当着蕾切尔的面杀死了她的丈夫和两个女儿，并把她拖出了帐篷。天空是红色的。几乎所有帐篷都在燃烧。

258 名死伤者都是巴尼亚穆伦格人。叛军事先得到名单，上面有名字和帐篷编号。他们在安置其他部落难民的帐篷外派驻人手，警告他们不要出来。100 名布隆迪士兵和几十名警察驻扎在附近，足以听到尖叫声。但他们什么也没做。联合国维和部队在屠杀结束后才得到消息。第二天早上，联合国难民署的官员们在阴燃的土地和烧焦的尸体旁目瞪口呆地徘徊。后来，他们将发生的事情称作加通巴大屠杀。[一]

叛军把蕾切尔拖进丛林，强奸了她一年。在某个时候，其中一个人用大砍刀砍了她的双腿，要么是为了阻止她逃跑，要么就是无缘无故。有一天，当大多数人都出去后，蕾切尔逃走了。她来到赞比亚的一个难民营，离家有 1000 多

[一] 作者对加通巴大屠杀的叙述存在不确切之处，在此补充说明：文中提到的唱歌的和打鼓吹口哨的都是叛军；死伤者不全是巴尼亚穆伦格人，有 14 名是本巴人。——译者注

公里。她到达时已经奄奄一息。在难民营里，一个肮脏的针头使她受到感染，几乎要了她的命。有四个月的时间她不知道自己接下来是生是死。她奇迹般地没有因叛军的强奸而怀孕，但是他们让她感染了艾滋病毒。

蕾切尔（右）在赞比亚的难民营。在营地，蕾切尔帮助其他感染艾滋病毒的女性，解释这种疾病的含义以及如何服药。她于2009年移民美国。

友善带来的攻击

当两群人感到彼此的威胁时，两个群体的黑暗面就会被打开。更强大的那个群体会发起攻击，就像胡图人攻击巴尼亚穆伦格人一样，被攻击的群体则会进行报复。自我驯化指出了我们最坏的攻击形式的起源。

作为自我驯化的结果，狗和倭黑猩猩变得更加友善，但这两个物种也都进化出了新的攻击形式，来对付那些威胁它们家庭的动物或人。狗对靠近它们人类家园的陌生人发出攻击性的吠叫。雌性倭黑猩猩的保护性母亲风格以及雌性之间的联结导致她们对雄性的攻击性比雌性黑猩猩更强。我们猜想这些攻击性的增加出现在自我驯化过程中，是催产素系统变化的结果。[2]

由于催产素似乎对亲代抚育行为至关重要，它有时被称为拥抱激素。不过我更愿意称它为熊妈妈激素。当母亲生下孩子时，催产素会涌入她体内，[3]而当有人威胁婴儿时，让她感到愤怒的同样是催产素。例如，给仓鼠母亲提供额外的催产素，它们就更有可能攻击和撕咬有威胁的雄鼠。[4]催产素也参与相关形式的雄性攻击行为。当雄性大鼠与它的配偶联结时，可利用的催产素会增加。它对配偶更加关心，但也更有可能攻击威胁配偶的陌生大鼠。[5]社会联结、催产素和攻击性这三者之间的关系在各种哺乳动物中都可以看到。这意味着北极熊妈妈最有爱的时刻——当它和它的幼崽在一起时——也是它表现得最危险的时刻。对其幼崽的威胁，即使是无意的，也会让它变身梦魇中才会出现的家伙。它对幼崽的爱使它愿意以死来保护它们。

由于我们的物种是通过自我驯化塑造的，我们友善度的增加也带来了一种新的攻击形式。在人脑的生长过程中，血清素的利用度较高，这增加了催产素对我们行为的影响。[6]群体成员有能力相互联系，他们之间的联结非常紧密，感觉就像家人一样。随着大脑心理理论网络的连接在发育早期的细微变化，照顾行为的范围扩展到了直系亲属以外的各种社会伙伴。[7]随着这种新增的对他人的关心，人们变得愿意用暴力保护跟自己不相干的群体成员甚至是群体内的陌生人。当我们更强烈爱着的人受到威胁时，我们会变得更暴力。

普遍存在的非人化

社会心理学的基本原理之一是人们偏爱自己群体的成员。[8]我们在对来自敌对群体的陌生人做出反应时，会变得非常排外，特别是在冲突时期，而且只需要很短的时间就可以触发这种群体心理。[9]基于几乎任何武断的差异将陌生人分成不同的群体，都会导致对立：给一个群体戴上黄色臂章，而另一个群体不戴；根据人们是蓝眼睛还是褐眼睛将他们分开；数屏幕上闪现的圆点，把一组受试者称作“高估者”，另一组称作“低估者”。[10]

我们偏爱那些更像自己的人，这是不教就会的。我们对最像我们的人的偏爱首先出现在婴儿期。[11, 12]在 9 个月大时，婴儿更喜欢那些为在某些方面与自己相似的木偶（比如喜欢同样食物的木偶）提供帮助的木偶。他们也更喜欢那些对喜欢不同食物的木偶造成伤害的木偶。[13] 当违反规范的那个孩子是外人而不是群体成员时，孩子们更愿意在他们中间执行规范。[14] 到 6 岁时，如果作弊者是外人而不是群体成员，孩子们更愿意付出代价（糖果）来惩罚他。[15]

在 1954 年著名的罗伯山洞实验中，穆扎费尔·谢里夫（Muzafer Sherif）在俄克拉荷马州的一个夏令营将一群 11 岁的白人男孩随机分成两队。每队的营地辅导员都将另一队描述成一个威胁。在一个星期内，两队男孩互相焚烧对方的队旗，袭击对方的小屋，并制造武器。这种在生命早期出现的将负面特征归于外群体的倾向，被认为是推动从歧视到种族灭绝的各种行为的原因。

社会科学家传统上把这种倾向称作偏见，通常将其定义为对一个群体的负面感受。[16] 人类自我驯化假说表明，我们对其他群体做出的最坏的行为不能仅仅解释为对他人的“负面感受”。该假说还表明，对于形成我们独特的心理理论的心理网络，我们已经进化出了抑制它的活动的能力。这使得我们在感到威胁时，能对我们群体之外的人所具有的人性视而不见。这种失明是一种远比偏见更黑暗的力量。由于无法唤起对外人的共情，我们感受不到他们的痛苦。攻击得到允许，人道待遇的规则、规范和道德不再适用。[17]

如果这个假设是正确的，那么我们应该找到证据证明，当我们认为我们的群体受到威胁时，大脑的心理理论网络的活跃性会降低。这种抑制应该与向威胁我们的外人施加痛苦的意愿存在相关性。人们在非人化的倾向性上可能存在差异，非人化的水平可能受到社会化的严重影响，但我们的假设预测，所有人类的大脑都具有非人化的能力。[18]

非人化的大脑机制

我们大脑的心理理论网络活动的减少与我们消极对待外人有关。第 5 章已经讲到，杏仁核对威胁做出反应，它的反应性影响我们大脑的心理理论网络（mPFC、TPJ、STS、PC）。[20] 催产素对于调节两者的关系起到重要作用。通过与 mPFC 的神经元结合，催产素会放大杏仁核的威胁信号，并降低 mPFC 在社会互动中的反应。[21～23]

神经科学家拉萨纳 • 哈里斯（Lasana Harris）和苏珊 • 菲斯克（Susan Fiske）测试了人们如何基于一个人的相对热情和能力来对彼此进行分类。一个热情的人有好想法，而一个有能力的人可以执行这些想法。这两种性状是各自独立的。一个人可以能力很强而热情不足，反之亦然。例如，大多数人认为老年人热情高但能力弱，而富人能力强却热情低。

哈里斯和菲斯克在 fMRI 扫描仪中向受试者展示能力弱、热情低的一组人的照片，比如流浪汉和瘾君子。他们发现这些照片在大脑中被加工的方式不同于其他组别的照片，能力弱、热情低的人的照片对杏仁核的激活程度更高。这表明这些照片让受试者感觉到威胁，不太可能认为照片中的人具有完整的人类心智。[24]

通过让受试者吸入催产素气体，研究人员发现催产素可以调节人们对外人的反感。[25] 在竞争性的经济学博弈中，吸入催产素的男性更有可能向他们的群体成员捐款，并且更有可能想要挑衅地惩罚那些捐款不足的外人。[26，27]

有一个实验让一群荷兰人面临一个道德两难困境，最为戏剧性地展示了催产素如何影响我们对待外人的行为。在实验虚构的场景中，受试者是一个由六人组成的团队的一员，在海边探索一个洞穴。其中一个人卡在了很窄的洞口。如果不把这个人弄出来，上涨的潮水就会淹没洞穴，其他人都会被淹死，只有卡住的那个人会幸免，因为他的头已经钻出了洞口，高于水位线。困在洞穴里的人有一根炸药棒。参加实验的荷兰人被问及他们是否会使用炸药扩大洞口以拯救这群人，即便这样做会炸死那个卡在洞口的人。

在这个两难困境的一个版本中，卡在洞口的人有着荷兰名字，比如赫尔穆特（Helmut），而在另一个版本中，这个人有着阿拉伯名字，比如艾哈迈德（Ahmed）。当给参加实验的荷兰人吸入催产素时，如果被卡者有着荷兰名字，他们牺牲他的可能性比有阿拉伯名字的情况低25%。[28]

我们心理理论网络的每个区域的活动减少都与我们消极对待外人有关。当我们不公平地惩罚他人时，mPFC和TPJ会变得平静。瑞士陆军军官在玩合作游戏时，被fMRI扫描仪扫描他们的大脑。在游戏中，他们会看到其他排的成员或者自己排的成员作弊。当军官看到其他排的成员作弊时，他们的mPFC和TPJ相对不活跃，同时他们很容易惩罚作弊者。当他们看到自己排的成员作弊时，这些区域变得更加活跃，同时他们没有惩罚作弊者。最能预测心理理论网络激活程度的指标不是对规则的破坏，而是群体身份认同，由此导致宽容或惩罚。[19]

其他研究人员发现，给某个族群的人施用催产素后，他们会更难感知其他族群的人恐惧或痛苦的面部表情。[29，30]在所有参与测试的族群中，都出现了这种对外人的恐惧和痛苦的敏感性降低的情况。最后要说的是，在冲突环境中长大可能会进一步扩大这种效应。在长期有族群冲突的地区长大的青少年，体内催产素水平较高，对敌对族群的共情减弱。[31]

跨越时间和文化的非人化

除倭黑猩猩外，所有现存的大猿家族成员通常都会对同类产生恐惧或攻击性，只因为他们是陌生的同类。除倭黑猩猩外，其他大猿都有杀死陌生同类的记录。我们与其他猿类物种的最后一个共同祖先可能会对陌生同类产生高度恐惧或攻击性。后续进化的所有人类物种都可能具有这种性状。

虽然我们的物种在对陌生人的友善度方面与倭黑猩猩趋同，但在人类中，这种友善度只延伸到某些陌生人身上。我们根据群体身份认同来判断陌生人的身份。对我们自己群体的爱增加了我们对具有不同身份的陌生人的恐惧和攻击性。

这与我们对狩猎采集者的认识是一致的。在研究人员所调查的每一个狩猎采集者群体中，男人都会先发制人地对外人进行袭击，以保护自己的群体。致命袭击是成年人死亡的首要原因。[32，33]

虽然“种族灭绝”这个词直到第二次世界大战（以下简称“二战”）后才出现，但在迦太基和米洛斯就有古代屠杀的记载，在古代的波斯、亚述、以色列、埃及和远东都记录过达到种族灭绝程度的暴行。[34]即便是现代工业文明的世界也容易出现这类暴行。在过去的200年里，除了南极洲，每个大陆都发生过许多大型的种族灭绝事件。

我们研究过的每一种文化中都存在非人化的证据。[35] 社会心理学家努尔·科特利（Nour Kteily）和他的合作者最近开始利用一幅跨度2500万年的人类进化示意图“进步的行进”做了一系列开创性研究。

“进步的行进”是1965年受时代－生活图书公司委托创作的，它是对我们这个物种进化的错误描述，却像“适者生存”一样引起了公众共鸣。这幅图暗示进化是一个线性发展进程，而人类是进化的顶峰——这两个说法都是错误的。㊀尽管这幅示意图所配的文字明确指出事实并非如此，但是编辑F.克拉克·豪厄尔（F. Clark Howell）无奈地承认：“图像盖过了文字。它是如此富有感染力。”[36]

尽管这幅图对公众理解进化论造成了损害，但科特利意识到，它可以成为针对非人化的有力测量工具。他把它改名为“人类的前进”量表，并对500多名美国人进行了调查，向他们提出一个让许多人颇感震惊的问题。首先，他要求

㊀ 值得一提的是，我国现行的人教版初中历史教材（七年级上册）在2021年重印时删掉了这幅示意图。——译者注

172 名美国人（大部分是白人）评估以下陈述："人们在看起来像人类的程度上存在差异。一些人看起来高度进化，而另一些人看起来与更低等的动物没有区别。使用下面的图片，用滑块标示你认为每个群体的全体成员的平均进化程度。"其中完全进化的人类（全人）得分是 100 分。

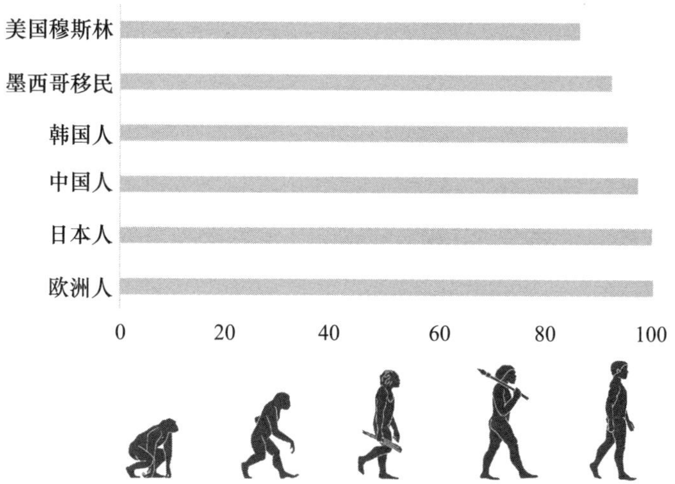

他发现他所测试的这群美国人，给一半的族群评分低于全人。美国穆斯林的非人化程度最高，得分比全人低了整整 10 分。这里报告的任何分数差异都违背了几十年来的生物学研究结论和现代平等准则。很明显，所有这些不同的群体都是全人，却有相当一部分受访者看到了并不存在的差异。[37] 这种非人化并不是抽象的。将穆斯林非人化的人最有可能准许在中东实施酷刑和无人机袭击。

科特利发现，随着人们对某一特定群体感到更多的威胁，对其非人化的程度也在增加。他在两名美国极端伊斯兰教徒在波士顿马拉松终点线引爆炸弹的之前和之后分别测量了人们对穆斯林的非人化程度，结果发现在袭击发生后，对其非人化程度飙升了将近 50%。[38] 在英国，一名穆斯林男子杀死一名英国士兵后，也出现了同样的飙升。再一次地，那些最不把穆斯林当人看的人更有可能支持无人机袭击和反恐行动。这两起袭击事件也预测了人们倾向于将单个袭击者的行为概化为全体穆斯林的行为。[37]

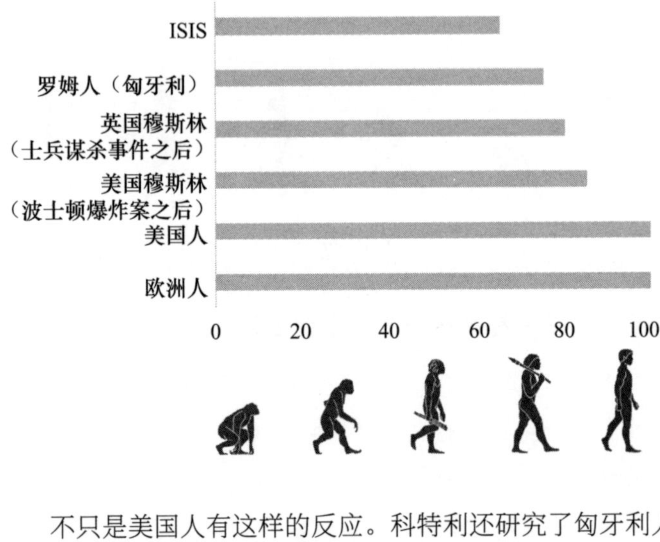

不只是美国人有这样的反应。科特利还研究了匈牙利人对罗姆人（以前称作吉卜赛人）的非人化，罗姆人是欧洲的

一个族群，几个世纪以来一直受到迫害。罗姆人在中世纪欧洲受到奴役，后来被强行安置，并被剥夺了他们的文化身份认同。纳粹分子屠杀了他们 1/5 的人口。罗姆人大多数生活在贫困线以下，是受骚扰和歧视的对象。科特利和他的合作者让匈牙利人做了滑块测试，发现他们对罗姆人的非人化程度甚至超过了美国人在恐怖袭击发生后对美国穆斯林的非人化程度。事实上，匈牙利人对罗姆人的评分介于直立人和南方古猿之间。

科特利在比较 2014 年加沙战争发生后巴勒斯坦人和以色列人的非人化水平时，也发现了类似的结果。这两个群体对他们的敌对群体都表现出同样极端的非人化水平。[31，39]

在所有这些研究中，科特利还进行了喜欢或讨厌某个群体的内隐测量，以检验偏见感是否比非人化能更好地解释我们对他人的暴力态度。这种测量不需要公然对其他群体进行非人化，更为内隐。[㊀]结果反复表明，他的非人化测量最能解释人们对其他群体造成伤害和痛苦的意愿。[37，40]

科特利还发现，当我们判断其他人是否为人类时，我们大脑的部分心理理论网络会被选择性激活。当美国受试者判

㊀ 上述“人类的前进”量表属于外显测量，受试者明白测量目的，进行自我报告，但可能会不如实作答。内隐测量则会隐藏真实的测量目的，以避免受试者不如实作答，常用于测量一个人对特定群体的歧视态度。——译者注

断来自不同群体（美国人、欧洲人、美国穆斯林、流浪汉）的个体是否应该被视作全人时，楔前叶会或多或少变得活跃。[41]之前已经讲过，楔前叶的爆炸性生长对我们头部呈独特的球状负主要责任，这是在我们与尼安德特人分离后才出现的特征。

常识似乎认为，对资源、声望或其他一些有经济价值的商品的威胁，最有可能鼓励我们对另一个群体进行非人化。也许是不同群体相互竞争的政治意识形态，或者是一个群体在更大社会中的相对地位，使他们或多或少会对另一个群体进行非人化。然而，科特利发现，虽然这些因素可能起作用，但最能够预测一个群体对另一个群体进行非人化的因素，是他们觉得自己已经被对方非人化了。这被称为相互的非人化。[42，43]

例如，美国人在读到一篇虚构的《波士顿环球报》文章《在伊斯兰世界的大部分地区，美国人被视为动物》（文中提到这个标题是大多数穆斯林的观点）后，对阿拉伯人在“人类的前进”量表上的非人化程度增加了一倍。相互的非人化还影响了冲突群体之间对待和平的态度。以色列人和巴勒斯坦人都更倾向于支持针对对方群体的惩罚性和反社会政策，因为他们认为对方群体对自己的群体进行了非人化。[42]每一个被研究的族群和文化都呈现相同的模式，即群体感受到威胁导致他们对具有威胁性的群体进行非人化。

我们都很容易陷入非人化

当我看到纳伊拉赫作证说伊拉克士兵冲进科威特的一家医院，把早产婴儿从保温箱里扔出来时，我才 14 岁。[㊀]纳伊拉赫只比我大 1 岁。在描述自己怎么看到婴儿被丢在冰冷的地板上死去时，她声音都变了。我对科威特一无所知，但纳伊拉赫的话让我感到惊恐。我记得我当时在想："那些伊拉克士兵是禽兽。我们必须做点什么。"

我不是唯一这么想的人。乔治·H.W. 布什总统为了推销出兵干预的必要性，在随后的几周内引述了这个保温箱的故事十次。七名参议员在投票支持开战时引用了这个故事，而动议仅以五票之差获得通过。将萨达姆·侯赛因与希特勒相提并论的发言比比皆是。许多人认为纳伊拉赫的证词激发了美国公众反对萨达姆及其入侵武装的舆论。

最后的事实证明，纳伊拉赫的证词是伪造的。她是科威特大使的女儿，她的证词是希尔和诺尔顿公关公司开展的造势活动的一部分，目的是说服美国公众支持对科威特的保卫。希尔和诺尔顿公关公司清楚地知道应该按下哪些按钮来为自越战以来最大规模的军事行动创造支持度。[44，45]

我们大多数人都会对陷入悲伤的孩子做出反应，帮着

㊀ 这起事件的背景是 1990 年伊拉克入侵科威特，之后美国领导发起了针对伊拉克的海湾战争。——译者注

安慰丧偶的同事，以及照顾生病的亲戚。我们都与原本陌生的人交过朋友。我们的同情心有着巨大的潜能，我们独特地进化到对群体内的陌生人表示友善。但我们对彼此的残忍也与这种友善联系在一起。我们大脑中用于驯服天性和促进合作交流的部分，同时也为我们自身的黑暗面播下了种子。

第 7 章

种族主义、非人化与优生学

对一个人或一群人的猿化会导致道德上的排斥和对基本人权保护的否定。它比偏见更能解释美国现有的种族差异。

2007年，一群巴卡俾格米人被安置在布拉柴维尔动物园，他们是生活在刚果盆地雨林中仅存的狩猎采集者群体之一。

班图人是刚果的主要族群，他们常常不人道地对待俾格米人。班图人对俾格米人的称呼是ebaya'a，意思是"奇怪的低等生物"，[1]班图人有时还把俾格米人当作奴隶。在1998年的刚果战争中，班图族士兵甚至把俾格米人当成动物一样猎杀和食用。

这群巴卡俾格米人是音乐家，刚果政府官员把他们带到布拉柴维尔的一个音乐节上表演。其他音乐家都被安置在酒店，而20个俾格米人，包括带小孩的女士，却挤在动物园的一个帐篷里。政府官员坚持认为俾格米人在那里会更舒服，因为动物园更接近他们的"自然环境"。[2]

这并不是俾格米人第一次被展示在动物园里。1906年，一个名叫奥塔·本加（Ota Benga）的俾格米人被放在纽约布朗克斯动物园的猴子馆里展出。19 世纪和 20 世纪初，在欧洲和美国很流行将原住民作为展品展示。衣着光鲜的游客会惊叹于人类动物园中的“落后种族”[3]，他们有时单独展示，有时数以百计；有时在模拟其家乡的环境中，有时与动物一起关在笼子里。

23 岁的奥塔·本加身高 1.5 米，体重 47 千克。他的牙齿被锉得很尖，在展示时，他只穿了一块遮羞布。每周一，遮羞布会被拿去清洗，留下他一丝不挂。

围栏让本加无处躲避涌入动物园看他的成千上万游客。他不得不请求不懂他语言的饲养员允许他进出围栏，而饲养员有时答应，有时不答应。个别时候，本加被允许在动物园附近溜达，然后他受到骚扰并被赶回展览区。动物园的游客喜欢看本加与一只小黑猩猩玩耍，惊叹于本加和那只黑猩猩何其相似。在他们看来，本加和黑猩猩说的是同一种语言，有时很难区分谁是谁。

本加从动物园放出来后，先是被送到一家孤儿院生活，然后在一家烟草厂工作。他戴上了牙套，买了美式衣服，并学会了英语。他没有留下关于他的经历的书面记录。但我们知道的是，在 33 岁时，奥塔·本加生了一堆仪式用火，削掉了他的牙套，朝自己的头开了一枪。

自中世纪以来，来自美洲、亚洲和非洲的猴子一直是购买它们的富人的身份象征，[4]并因其喜欢恶作剧和诡计多端而受到青睐。早至亚里士多德时代的哲学家们就说过，猴子可能是人类和野兽之间的缺失环节，但似乎没有人感到这种密切关系的威胁。

类人猿则不同。直到几百年前，对于远离类人猿自然栖息地的人们来说，它们还只是一个传说。在 17 世纪，探险家带回了关于能直立行走和使用武器的巨猿的故事。所有的类人猿都被称为 orang hutans——马来语"森林中的人"的意思，它们经常被与俾格米人以及生活在"黑暗"非洲大陆未知丛林中的源自幻想的怪物混为一谈。[5]

直到18世纪，一些类人猿——既有死的也有活的——才开始被运到欧洲。它们被解剖学家解剖，让皇室成员看呆了。[6]这些不是可以被打扮、嘲笑、用项圈和皮带圈住的小猴子。它们是笨重的黑猿，当它们长大并用两只脚站立时，可以坦然直视一个人并把他扔到房间的另一头。

机器人学家森政弘认为，机器人看起来越像人类，就对我们越有吸引力。但他还说，相似度存在一个区间，在这个区间里，机器人几乎就是人类，但又不完全是人类，所以它们会给人造成阴森和厌恶的感受。森政弘把这个区间称作恐怖谷。[7]

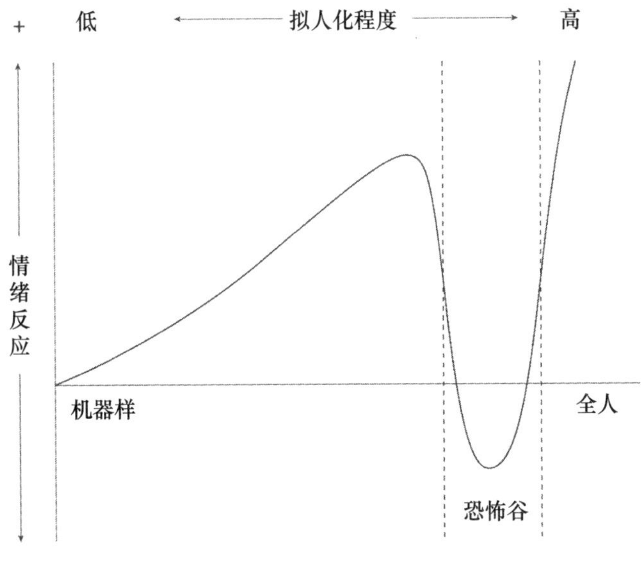

森政弘的恐怖谷

“恐怖谷”几乎可以描述欧洲人第一次看到类人猿时的感受。他们以迷恋和惊恐的心情描写类人猿，作为人类怪诞、堕落的镜子，具有骇人的性欲和破坏的嗜好。有些人推测，类人猿是人和猴子非自然结合的产物。

猿化与种族主义

当 18 世纪伟大的瑞典分类学家卡尔·林奈试图将类人猿与人类归为一类时，其他科学家提出抗议，被迫“捍卫人类的权利，并对人类与真正的猿类的荒谬联系提出异议”。[8] 这场辩论在 19 世纪不断重新上演，尤其是在达尔文的《人类的由来》一书出版后。

Simianization（猿化）一词源自拉丁文 simia（猿），意为将人与猿或猴进行比较，是非人化的一种常见形式。类人猿是这种招数的完美工具，因为与其他被用来贬低人的动物（比如老鼠、猪和狗）不同，类人猿落入了恐怖谷，引起人们深深的不适甚至厌恶的感受。

早在 14 世纪，欧洲人就把埃塞俄比亚人描述成有猴子一样的脸，[9] 而在 15 ～ 19 世纪的奴隶贸易中，对黑人和类人猿所做的比较得到关注。当类人猿首次被运到欧洲时，已经有数以百万计的人被从非洲运到大西洋的另一边。在 17 世纪的大部分时间里，许多欧洲精英声称他们无法分辨俾格米人、倭黑猩猩和大猩猩之间的区别。[10]

欧洲科学家不知道该把类人猿放在他们错误的进化阶梯上的什么位置。他们把白人放在顶端，而类人猿与人类明显的相似性意味着，正如林奈和达尔文所认为的那样，合乎逻辑的思路是把所有人类和类人猿归入人属。[8]

当时严格的社会等级制度让许多人难以接受这一主张。为了使我们与类人猿的关系更容易被接受，19 世纪的人类学家在阶梯上又插入了一级台阶。人类学家詹姆斯·亨特（James Hunt）在 1864 年写道："对类人猿和黑人所做的类比在数量上远多于对类人猿和欧洲人所做的类比。"[11] 如果类人猿是人类和动物界之间的中介，那么黑人就可以成为白人和类人猿之间的中介。

这种看法的好处是解决了另一个难题，即如何调和奴隶贸易的可憎与上层精英的道德。猿化使他们能够在道德上证明，将黑人排除在他们坚持认为是所有人类固有权利的生命权、自由权和幸福权之外是合理的。[12]

猿化并没有随着奴隶贸易的终结而终结，也不仅仅针对非洲人。19 世纪，爱尔兰人在英国和美国都被猿化，而日本人在"二战"期间被猿化。日耳曼人、华人、普鲁士人和犹太人都曾在 20 世纪一些主要冲突的造势阶段的某个节点上被猿化。[13]

然而，在这些被塑造的角色时过境迁之后，美国的黑人却继续被描绘成猿类，通常带着对女人或鲜血的欲望。1933年的电影《金刚》对性爱狂类人猿的展现受到了广泛欢迎。现在回想起来，其蕴含的种族色彩是显而易见的。一位白人女子去了一个丛林岛，遇到了一群野蛮黑人，他们受到一只巨大的黑色大猩猩的支配。大猩猩对白人女子产生了非自然的性趣，而白人女子将大猩猩带回了白人文明中，但它却无法欣赏这种文明。男人们在大猩猩破坏白人文明之前将其杀死，白人女子无助地投入领头的白人男子的怀抱，自然秩序得以恢复。[14]

1933 年，九个黑人青年因在亚拉巴马州的火车上强奸两名白人女子而被捕。指控是不实的，但在几乎没有任何证据的情况下，其中八人被判处电椅死刑。在给最小的那个 12 岁的男孩判处死刑还是无期徒刑的决议上，陪审团的意见没有达成一致。在这一时期的一幅版画中，其中一个男孩攥着一个赤裸的白人女子瘫软的身躯，显然参考了《金刚》。

甚至在“二战”之后的民权运动时期，像猿一样的黑人男子向白人女子示爱的漫画仍然很常见。1959 年，南卡罗来纳州卡尔霍恩县的一家乡村商店外，写着“黑人与猿不得入内”的标语。[15]

文化经常被用来解释这种将他人猿化的倾向性。[16] 文化具有无限的可塑性，因此很容易受到错误的信念、滥用的规范和可疑的道德的影响。文化的衰败常常被归咎于无知或经济困难，但它应该是可以补救的。

“二战”后，学者们得出结论，认为某些文化更有可能实施种族灭绝。据说德国的等级文化使其公民更容易受到权威的影响。[17] 有些人说“德国社会的重要领域是根本不同的”，[18] 还有些人说“撒谎已经成为德国民族性格的一个组成部分”。[19] 日本在“二战”期间的战争罪行被归咎于“道德沦丧的政治和军事战略，军事上的权宜之计和习惯，以及民族文化”，[20] 或者归咎于日本人“相信日本人精神上的优点可以弥补物质上的弱点”。[21] 在柏林发生的对数百万女性的强奸，是因为“传统的俄国文化中隐藏着深刻的专制主义色彩”[22] 以及父权制和习惯性酗酒。[23]

许多社会科学家把“二战”后偏见的减少，特别是公然的种族偏见的减少，归结为西方进步文化的胜利。根据这种说法，当美国成为一个超级大国时，世界的道德指南针就会指向正南。现在美国“没有故意的歧视”，[24]“公开和隐蔽的种族主义都在减少”。[24～27]

有些人认为，种族主义相对比较新，“在中世纪晚期和现代早期之间的这段时期里，欧洲本身并没有受到种族主义感染”。[26]在美国，民权运动“粉碎了种族隔离和政治排斥的法律机器”。其他人则认为，宽容度的提高是知识增加的结果。“现在种族偏见不像过去那样得到思想上和文化上的支持，”一位研究人员认为，“白人种族优越性的说法已经被遗传学家和生物学家彻底驳斥，并且由于它与纳粹法西斯主义和大屠杀的强烈联系，在政治和社会上也被边缘化了。”[28]

2000 年，一些社会科学家宣布，种族主义文化在美国已经死亡，至少那种导致私刑、隔离和拘留营的种族主义已经死亡。“旧种族主义”或者说对黑人的负面感受，以及认为黑人不如白人的想法，“随着时间的推移已经大大减少”。政治学家认为，在后奥巴马时代，种族主义不再是政治决策中的一个因素，[29]“白人拒绝为黑人候选人投票的现象，跟分隔的饮水池㊀一样成为了历史”。[30]

㊀ 《分隔的饮水池》是艾略特·厄威特于 1950 年拍摄的一张经典照片，照片上白人和黑人的饮水池是分开的，而且白人饮水池很精致，黑人饮水池很简陋。——译者注

新偏见文化的社会心理学

然而，在心理学家菲利普·戈夫（Phillip Goff）所提出的“态度与不平等的错位”问题中，生活在据说是“后种族社会”中的少数族裔仍然在就业、教育、住房、收入和健康方面经受着巨大的不平等。“与英国白人相比，非裔和亚裔英国人……就业率更低，工作更差，住的房子更差，健康状况更差。”[28]“在德国的各个族群中，土耳其人仍然处于他们一直所在的位置，处于敌意的最前沿。”[31]“与澳大利亚的其他社会群体相比，土著人的失业、贫困、监禁和疾病水平高得不成比例。”[32]

这种差异在美国的监狱系统中表现得尤为明显。在20世纪90年代的“毒品战争”中，更多的人被关进监狱，而且刑期更长。美国现在的监禁率比包括俄罗斯和伊朗在内的任何其他国家都高，尽管黑人只占美国总人口的13%，[33]但他们却占了监狱人口的40%。[34]在1991年的任何一天，居住在华盛顿特区的所有黑人男青年中有42%在接受惩教监督。在巴尔的摩，这一比例为56%。[35]

为了解释这种错位，有研究人员提出，（可以导致种族灭绝的那种）旧偏见已经被新偏见所取代。“学者们几乎一致认为，更现代的偏见形式已经普遍取代了‘陈旧的种族偏见形式’。”[36]现在，种族主义是“不明显的”[37]“弥散的”[38]和“路径依赖的”[24]，它可以被称作“象征性的”“讨嫌的”“现代的”或者“隐蔽的”[39]种族主义。[40]

还有人认为，黑人目前所面临的问题主要归咎于他们自己的道德失败。安德鲁·麦卡锡在《国家评论》上发文写道：“一个简单的事实是，黑人，尤其是黑人男青年，从事违法行为特别是暴力行为的比例（按人口百分比）明显高于其他种族或族裔。”[41，42]

在“二战”结束，纳粹的“最终解决方案”被全部揭露出来时，最让人震惊的是其官僚政治的效能。然而大规模的暴行不只发生在纳粹德国，还有日军的南京大屠杀、匈牙利的死亡行军、苏军的柏林强奸暴行、罗马尼亚的大屠杀。心理学家无法对此做出解释。把大部分责任归咎于几个心理变态的领导人是很方便的，但大屠杀的规模之大使它不太可能只是几个坏家伙的“功劳”。社会心理学这个领域的建立主要就是为了了解让普通人做出可怕事情的原因。

社会心理学家通过研究给出了三种主流解释：偏见、从众的欲望和对权威的服从。戈登·奥尔波特将偏见描述为“一种基于错误的和死板的概化而形成的厌恶”。[43]他主张，偏见在我们很小的时候就开始了，并且顽固地持续下去。儿童接触到他们的父母和家庭成员的偏见，随着身份认同感的增强，他们开始发展出对自己群体的偏爱和对其他群体的排斥。根据奥尔波特和后来一代研究人员的观点，偏见是造成社会、政治和经济不平等的根源。为了减少偏见，补救措施应该集中在那些能塑造偏见并可能减少偏见的文化影响上。

在奥尔波特的偏见理论之外，所罗门·阿希又提出了人类从众的欲望来解释。阿希是一个波兰犹太人，在第一次世界大战期间俄国和德国军队的残酷入侵中幸存下来，1920年，13岁的他和家人移民美国。

阿希想知道为什么数百万人平静地接受了纳粹政权并走向死亡，或者当朋友和邻居在他们面前遭到谋杀时袖手旁观。阿希开始着迷于探索“是什么让群体行为成为个体心理的推动力”。[44]

阿希最著名的从众实验很简单。他给坐在一个房间里的十个人看了两张卡片。

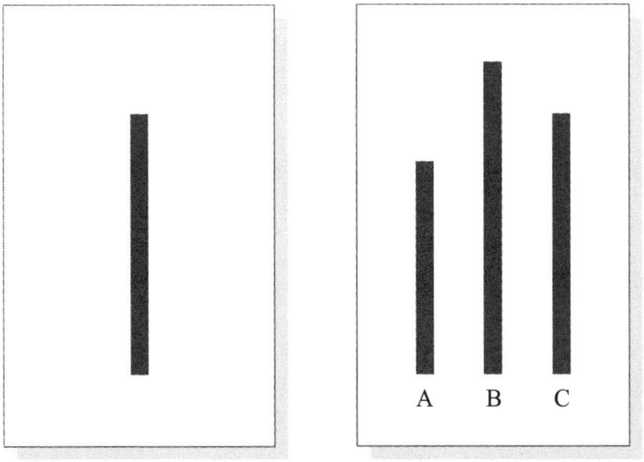

然后他问他们，右边卡片上的哪条线段与左边卡片上的线段等长。这十个人中有九个跟阿希串通，他们都给出了相同的错误答案。问题在于，第十个人在听到他们的回答并且不知道实验目的的情况下，会怎么回答。如果第十个人选择了正确的答案，他就必须与房间里的大多数人持不同意见。阿希发现，在 75% 的情况下，人们站在了错误的多数人意见一边。[44]

将近十年后，奥尔波特和阿希共同的学生斯坦利·米尔格拉姆对阿道夫·艾希曼的审判产生了兴趣，这个纳粹分子组织了将数百万犹太人运送到集中营并处死。米尔格拉姆注意到，一位参加过艾希曼审判的记者将他描述为一个“没有想法的官僚，只是坐在办公桌前做他的工作”。[45] 这促使米尔格拉姆进行了他那著名的实验来测试我们服从权威的愿望的极限。[⊖]

拼图似乎完整了。虽然种族主义文化、道德体系、教育和经济在塑造群体行为方面都起着关键作用，但偏见、从众和对权威的服从才是对“二战”骇人暴行的主流心理学解释。可是这些分析中却忽略了人类最糟糕的弱点。

⊖ 这个经典实验命令受试者作为老师给作答错误的学生施加电击，电击强度随着答错次数增加而逐渐提高，实际上仪器并没有通电，而电击反应是由假扮成学生的实验人员表演的，随电击强度提高而越来越严重。实验结果发现，大多数受试者会施加最高强度、足以致命的电击，而不是违反命令停止施加电击。——译者注

被遗忘的非人化实验

在米尔格拉姆发表了他著名的关于服从权威的论文一年后，发展心理学家阿尔伯特·班杜拉发表了他对非人化所做的开创性实验研究。班杜拉想知道当普通人不是听命于别人，而是对做出惩罚的决定负有共同责任时，是否会变得残忍。班杜拉认为，当决定权被分配给多个人时，人们会更加残忍，因为这样残忍行为就无法归咎于任何一个人。[46]

参加实验的人被赋予监督者的角色，并被要求通过使用电击来管理工人的培训。监督员的主要工作是在工人每次回答错误时决定电击的水平，从轻度到重度一共 10 个等级。

一些监督员被告知他们全权负责决定电击等级，另一些监督员则被告知他们的决定将和几个监督员的决定合在一起取平均值。实验声称的目的始终一样，即通过增加正确回答的数量来提升工人的表现。正如班杜拉所预测的，那些不觉得需要对自己的行为全权负责的监督员倾向于选择更高强度的电击。

但还有一个关键的实验操纵。就在培训开始前，实验者离开了房间，故意忘记关闭他们的房间和监督员房间之间的对讲机，因此监督员可以听到实验者如何谈论工人。一些监督员听到实验者将工人描述为“思维敏捷”和“善解人意”，另一些监督员则听到实验者将工人描述为“腐朽堕落”和

"兽性野蛮"。

出乎班杜拉意料的是，对工人进行微妙的非人化所产生的效果比分散责任要强得多。监督员对被描述为人性化的工人只使用了最温和的电击，而对非人化的工人使用了两倍甚至三倍强度的电击。

更令人震惊的是，当电击不能改善工人的表现时，监督员开始对被描述为人性化的工人降低电击强度，而对非人化的工人提高电击强度。当班杜拉问监督员对工人进行惩罚是否正当时，80% 以上的监督员赞成对非人化的工人进行惩罚，而只有 20% 的监督员赞成对人性化的工人进行惩罚。

人们不仅能够为自己伤害非人化的工人的做法进行开脱，还相信这些人对疼痛不太敏感，只有施加更强的电击才管用。班杜拉由此得出结论，非人化是解释人类残忍行为的核心。

每个心理学学生都知道米尔格拉姆的服从权威实验，但很少有人听说过班杜拉的非人化实验。即使对于研究人员，引用米尔格拉姆的论文次数也比班杜拉的多出近 20 倍。我们倾向于认为对其他群体进行公开的非人化是遥远过去的遗迹——远远早于我们文明的现代社会的时间范围。[47] 于是乎研究焦点已经转移到对更隐蔽的"新偏见"形式的干预上。

但是理解我们为什么要把别人非人化，对于理解人类的残忍至关重要。[48] 这一点在菲利普·戈夫关于美国司法系统如何对待黑人的研究中表现得再清楚不过了。[49,50] 在美国，未成年黑人按成人量刑的比例是未成年白人的 18 倍，他们占所有按成人量刑的未成年人的 58%。[51]

戈夫还发现，如果媒体在描述黑人被告时使用了会让人联想到猿类的词汇，如“体毛多”“丛林”“野蛮”，这些黑人被告就更有可能被处决。戈夫认为，偏见不足以解释未成年黑人受到的数量不成比例的异常残酷的惩罚。它不能说明非人化的语言和量刑之间的联系，也不能预测针对黑人的极端暴力，比如种族灭绝。[50]

戈夫认为关键在于非人化，尤其是猿化。对一个人或一群人的猿化会导致道德上的排斥和对基本人权保护的否定。它比偏见更能解释美国现有的种族差异。

如今猿化大行其道。它甚至发生在最著名和最有影响力的非裔美国人身上。黑人运动员经常被用形容猿类的词汇描述，比如“好斗”“巨大”“怪物”“庞大”或“暴躁”，而白人球员更可能被用“聪明”“有担当”或“过人”等词汇描述。[52] 2006 年，一名 NBA 比赛的观众把迪肯贝·穆托姆博唤作“猴子”。2014 年，一名观众向巴西足球运动员达尼·阿尔维斯扔了一根香蕉。2008 年，勒布朗·詹姆斯登上了《时尚》杂志的封面，摄影师是安妮·莱博维茨，他是有史以来第一个登上该杂志封面的黑人男子。不幸的是，这张照片描绘了尖叫状的詹姆斯紧紧搂着白人超模吉赛尔·邦辰的细腰，与 1933 年的《金刚》海报非常相似。2017 年，美国国家橄榄球联盟的球员们在奏国歌时单膝下跪，和平抗议美国的种族不平等，批评者频频将他们猿化。

甚至总统也不能幸免。在巴拉克·奥巴马竞选期间，很多猴子 T 恤和猴子玩偶被生产出来。佐治亚州一个酒吧老板出售的 T 恤上画着好奇猴乔治在吃香蕉，下面印着“OBAMA’08”。[53] 2009 年，《纽约邮报》的一幅漫画画着一个黑猩猩死在两名美国警察面前，身上有三个弹孔。警察头顶上的对话框写着：“他们不得不找其他人来制定下一个经济刺激法案了。”[54] 这类猿化还被延伸到奥巴马的家人身上。[55]

有些人可能立马会认定，这种对美国黑人的猿化是那些没有读过大学、住在农村、上了年纪、支持共和党的白人男性干的。[56] 但故事并没有这么简单。

政治学家阿什莉·雅尔迪纳（Ashley Jardina）调查了 2000 人，她进行了精心的抽样，以获得各个人口统计学群体中具有代表性的美国白人群体。[57] 她向他们展示了科特利的“人类的前进”量表，并问他们与白人相比，黑人的进化程度如何。

平均而言，白人的回答是，在进化量表上，黑人的进化程度低于白人，或者说更接近猿类。比如，63% 的受访者认为白人是完全进化的，而只有53%的受访者认为黑人是完全进化的。

当雅尔迪纳按人口统计学群体——民主党人和共和党人、保守派和自由派、男性和女性、高收入和低收入、南方和非南方、年轻人和老年人——对回答进行细分时，所有群体中都有一部分白人认为黑人比白人进化程度低，更像猿类。这些群体对黑人的非人化程度各不相同，而且绝大多数都比科特利观察到的对穆斯林和罗姆人的非人化程度要轻，但是每个白人群体中都存在这种情况。

为了确认她的结果，雅尔迪纳问同样的调查对象，他们是否同意黑人可以是野蛮的、原始的，或者像动物一样缺乏自我约束的观点。只有44%的受访者强烈反对对其美国同胞的这些描述。大多数白人的态度属于从有点不同意到强烈同意的范畴。雅尔迪纳还给人们提供发表评论的选项，以下是其中一些回答：

> “我认为黑人离动物界更近。他们比其他种族更快、更强、更有运动能力。他们还缺乏其他种族所具有的智力和道德。”
>
> “每个人都有一套为人处世的总体方式。在行为的光谱上，有些人表现得非常接近动物，而另一些人相当文明。”

“哪个种族的谋杀率最高，而且杀人者毫无悔意？像动物一样行动的人。”

“当我开始看调查结果时，”阿什莉·雅尔迪纳在2017年说，“它看起来并不像新的和不明显的种族主义。它看起来像是黑人被剥夺了人性。”[57]

这种公然的猿化也不能用缺乏教育来解释。2016年，心理学家凯利·霍夫曼（Kelly Hoffman）发现，40%的大二医学生（包括黑人、白人、拉丁裔和亚裔）认为黑人的皮肤比白人的厚。[58]

这种误解支持了一个自蓄奴制以来一直存在的迷思，即黑人对疼痛没那么敏感。认为黑人皮肤较厚的医学生对黑人进行的止痛治疗会没那么充分。[58] 医生更可能低估到急诊室就诊的黑人患者的疼痛。肢体骨折的黑人会更少得到止痛治疗，黑人癌症患者、有偏头痛或背痛的黑人也是如此。[59] 甚至患有阑尾炎的黑人儿童得到止痛治疗的可能性也比白人儿童低。[59]

从威胁到暴力

每个社会中的儿童都比成年人得到了更多的保护。他们被认为更无辜，威胁更小，更值得照顾。[50] 然而，当菲利普·戈夫向白人大学生展示黑人儿童的照片时，他发现他们往往会把黑人儿童的年龄高估 5 岁左右。这意味着，当一个黑人孩子 13 岁时，大学生们会认为这个孩子已经 18 岁了，足以作为成年人在法庭上受审。[50] 这些大学生并没有高估白人儿童的年龄。

在另一个实验中，戈夫将一张黑人或白人儿童的照片与一个场景配对，比如“基肖恩·汤姆金斯被逮捕并被指控虐待动物。他企图在自家后院淹死邻居的一只猫”。戈夫发现，人们不仅判断黑人儿童年龄更大，而且认为他的罪行更应该受到谴责。[50]

戈夫认为这种倾向性与不断有警察被指控对黑人儿童使用不必要的武力存在相关性。他查阅了芝加哥警察的记录，发现几乎一半的警察都对未成年人使用过武力。使用武力的程度从擒拿锁腕到挥舞武器不等。戈夫发现，对儿童使用最强武力的警官最有可能对黑人进行猿化。而对偏见的标准测量并不能预测他们使用武力的情况。

雅尔迪纳发现，那些认为黑人比白人更像猿类的人更可能支持死刑。[57] 当告知抽样调查的白人“大多数被处决的人都是非裔美国人”时，他们对死刑的支持度就会提高。[60] 律师萨比·高斯雷（Saby Ghoshray）说：“一个被告的生死取决于他是否能在其同胞眼中成功地变得人性化。”[61]

相互的非人化

认为自己正在被非人化的群体会反过来对他人进行非人化。就像以色列人和巴勒斯坦人如果被告知对方群体不把他们当人看，就更有可能相互进行非人化一样，人类自我驯化假说预测，黑人也会对他们认为威胁到自己的群体进行相互非人化。

实验证据确实表明，黑人和白人对自己种族的陌生人的身体疼痛表现出更多的共情。在一项研究中，[62] 黑人看到一张照片显示黑人或白人的拇指和食指之间的敏感区域被针扎。他们看到黑人的手被扎时有更强烈的共情反应。对白人来说，情况正好相反。

在另一项研究中，一个有代表性的美国人样本使用“人类的前进”量表来判断美国其他族群的进化程度。当他们被要求根据种族和宗教来判断他人时，白人、亚裔、拉丁裔和黑人将美国穆斯林高度非人化。一部分白人和黑人也将对方非人化。[63] 这与我们所预期的一致，相互的非人化普遍发生着。

人类自我驯化假说有助于解释我们的友善度和我们潜在的残忍。我们对外人的非人化能力是我们友善对待看上去是自己群体成员的人的副产物，但不同于耷拉的耳朵或多色的皮毛，这种副产物可以产生灾难性后果。如果我们把与我们不同的人视作一种威胁，我们就有能力把他们从我们的心理网络中除掉。原本存在的联系、共情甚至同情心，现在都没有了。当我们独特的友善、合作和交流机制关闭时，我们就有可能生出可怖的残忍。这种倾向性在现代的社交媒体世界中只会被放大和加剧。大型群体能够以可怕的速度从表达偏见转向相互非人化。

优生学注定要失败

每当我发表关于人类自我驯化的演讲时，总有人问道："我们就不能把人类培育得更友善吗？"似乎显而易见的是，如果我们这个物种成功的秘诀是友善度的增加，那么我们应该能够轻易地通过选择自己变得更加友善。如果你能把狗或者狐狸培育出冷静的气质和友善的性格，何不培育人类呢？按照这个逻辑，你何不培育出你想要的任何其他性状，逐一消除我们天性中最黑暗的部分？

不幸的是，这条路径上的所有道路往往都通向优生学。当英国科学家弗朗西斯·高尔顿爵士创造"优生学"（eugenic）一词时——来自希腊语 eu（好）和 genos（家族）[64]——选择性繁育的想法已经存在了几千年或更久。柏拉图写道，生育应该由国家控制。罗马法律规定，畸形儿童要被处死。世界各地的狩猎采集者，从因纽特人到亚契人，都会杀死有身体残疾或明显心理障碍的儿童。

在20世纪初，优生学被视为科学的前沿阵地，可以解决世界上的所有问题。它可以采取防止人们生育的手段，例如无限期监禁或绝育，后者已经从一个复杂的外科手术变成了一个快速的门诊手术。

从1910年到1940年，美国人经常听说优生学。教师、医生、政治领袖甚至宗教领袖都在课程和谈话中提到优生学。[65]政治家们作为“优生学候选人”参加竞选，棒球明星就这一主题发表演讲，大中小学将其纳入课程，基督教妇女禁酒联合会举办“更棒的婴儿”竞赛。美国第一位女总统候选人维多利亚·伍德霍尔·马丁写道：“育种师技艺的首要原则是剔除劣等动物。”[66]问题是，谁是劣等动物？

一个明显的目标是犯罪分子。在20世纪初，犯罪分子被认为是天生的暴力堕落者，倾向于表现人性中的黑暗品质。[67]优生学运动的当务之急是阻止这些具有攻击性的犯罪分子生育，因为犯罪被认为是其本性的一部分，能够世代相传。毫不奇怪的是，第一批优生绝育手术就是在监狱里进行的。

疯癫也被看作天生的暴力。随着优生学运动的普及，其重点从暴力犯罪转向其他类型的精神疾病。患有癫痫、精神分裂症、痴呆或智商低于70的人都是“坏基因”的受害者，被认为对人类后代的良好品质构成威胁。

然而，那些站在优生学运动前沿的人感到表现出另一种精神疾病的人威胁最大，这种人几乎可以被当作正常人，却被认为通过将他们的精神缺陷传给下一代而拉低了人口的集体智力。“弱智”成了任何“不受欢迎”的人的通称。它被用来称呼荡妇、穷人、黑人、私生子、单亲妈妈……这个名单非常之长，如果有任何群体能逃脱这种羞辱，那简直是奇迹。

在美国，总共有六万多人接受了绝育手术。1983 年进行最后一次强制绝育手术的时间点离我们还很近。尽管美国绝育人数只有纳粹德国绝育人数的 1/7，但美国绝育计划的持续时间是其 6 倍。

美国的绝育计划被世界各地所效仿。有 40 个国家成立了优生协会，丹麦、挪威、芬兰、瑞典、爱沙尼亚、冰岛和日本等国都通过了绝育法。[68] 纳粹官员向加州绝育计划的高级成员进行了咨询，[65] 当他们回到德国并提出自己的绝育法时，他们提到了美国，将其作为这类法律可以实现的一个例子。

优生学总是注定要失败的——不仅仅是因为它在道德上不得人心。尽管在狐狸身上，针对攻击性的选择似乎很容易，但狐狸是一个极端选择的案例。在许多代中，只有 1% 的实验用狐狸被允许繁殖，依据是它们是否接近人类。[69] 在旧石器时代中期，当我们的物种经历对友善度的选择时，我们的人口规模很小，可能还不到 100 万，并且选择是在好几万年的过程中产生效果的。

今天，人类有 70 多亿人口，要创造与狐狸所经历的相当的选择压力，超过 69 亿人将不被允许生孩子。即便如此，也没有简单的方法可以像测量狐狸那样测量人类的友善度。更难的是，为了使选择发挥作用，你需要鉴定出一些人，他们携带着与你希望促进的友善类型相关的基因；如果仅仅基于由环境因素驱动的友善度的差异来选择人，在若干代人的时间里不会出现任何改变。

我们甚至都无法根据与身高这种相对简单的身体性状有关的一组基因来选择性地培育人类。尽管大多数人的身高都在 1.5 ～ 1.8 米之间，却有将近 700 个基因参与决定人的身高，而且这些基因只能解释我们最终身高变异的 20%（环境和其他因素解释 80%）。[70]

行为性状要复杂得多。对于任何行为，都有数以千计的基因参与，而且它们存在交互作用并共同发挥作用。任何一个基因都只能解释行为变异中的一小部分。[71] 我们仍然不知道如何确定哪些人类基因网络与哪些类型的人类行为存在相关性。我们无法鉴定哪些人具有相关的基因，能够带来我们想要选择的友善度类型。有意图地针对友善度进行培育显然是行不通的。

自从我们的工具和投射武器让我们成为冰期的顶级捕食者以来，我们几乎义无反顾地拥抱了技术。今天，我们创造一个庞大的创新者网络的能力正在推动一次前所未有的技术爆炸。技术能成为驯服我们黑暗面的关键吗？

令人头晕目眩的创新速度有时被称为加速变革的速度。比如晶体管——由电力触发的微小开关——为我们的大部分技术提供了动力。1958 年，第一块计算机芯片有两个晶体管。2013 年，一块芯片有 21 亿个晶体管。[72] 20 世纪 80 年代，当互联网在两年内从 2 万个节点增加到 8 万个节点时，几乎没有人注意。十年后，当它在相同的时间内从 2000 万个节点增加到 8000 万个节点时，它影响到了每一个人。[73] 2004 年，我们花几亿美元完成了人类基因组的首次测序。现在一台仪器每年可以测 1.8 万个基因组，每个只要 1000 美元。[74] 未来学家雷·库兹韦尔预测，在接下来 100 年里，我们将经历相当于 2 万年的进步。

随着技术充斥了我们生活的方方面面，我们自然而然地认为，在不久的将来，新技术将使我们的社会运转得更好。千年计划（Millennium Project）[75] 是一个智库，每年列出 15 项最大的全球性挑战。几乎对于每一项挑战，千年计划都会提出涉及技术的解决方案。气候变化造成浩劫？那就转向可再生能源，改造化石燃料工厂以重复利用二氧化碳。人口过剩让地球爆裂？那就建立智慧生态城市，用干细胞在培养皿里培育牛排，并对高产抗旱作物进行基因改造。需要把教育传遍世界？那就开发可扩展性软件，让世界上任何地方的孩子都能在 18 个月内在线自学阅读、写作和数学。[76]

但正如苹果公司的首席执行官蒂姆·库克所说："单靠技术并不能解决问题。有时它甚至是问题的一部分。"因为技术是一把双刃剑，一向如此。我们用来合作猎杀猛犸象的投射武器也可以用来杀死我们的同胞。除非我们设法不引发核战争，核电才是解决我们能源危机的一个重要办法。自动驾驶汽车每年将拯救 10 万条生命，但是劫持网络的恐怖分子也可以制造一系列车祸杀死 10 万人。互联网是推动人类进步的一个神奇工具，但是外国政府也可以利用它来动摇民主选举。

为了使技术作为一种善的力量得到利用，它需要在预见到人性的最好面和最坏面的情况下进行开发，但这几乎从未实现过。一个更加友善的未来需要新技术提供解决方案，但技术不足以驯服我们的黑暗面。我们的社会问题需要社会解决方案。

第 8 章

人类冲突的解决之道

唯一能可靠地减少群体间冲突的方法就是接触。化解冲突的最好方法是减少群体之间感知到的威胁。

我们没有进化成暴君。我们进化到能生活在小规模的狩猎采集者群体中，只重视社交货币[㊀]，排斥或杀死任何试图垄断权力的人。经过几千代人的时间，这些平等主义群体迁徙到世界的各个角落，而所有其他人类物种都消失了。[1, 2]

专制主义的种子是与第一批农作物一起播下的。[3]当我们开始大量生产和储存食物时，我们的社会也随之发展。人们通过一起工作来垄断资源，在小规模的狩猎采集者群体中遏制专制主义的机制开始失效。原本在一百人的群体中会遭到揭露和惩罚的专制者，现在可以隐藏在更大、更具匿名性的群体中，煽动社会中的亚群体，让他们互相争斗。部落、王国、帝国、民族国家本质上都建立在这种模式之上：一个群体为了垄断权力而与另一个群体争斗。

㊀ 这个术语源自皮埃尔·布迪厄的社会资本理论，可以理解为一个人在其社交网络中所产生的价值和影响。——译者注

最终，现代社会是由一个社会中最强大的亚群体心血来潮地组织起来的。权力较小的群体或少数群体没有发言权，被贬为农奴或奴隶。几千年来，人们一直在与这种新秩序做斗争，并为推翻它而进行战争。即使反叛成功，在另一个部族、政党、部落、宗教或族群的新专制者的统治下，可能又会重新建立同样的等级秩序。农耕者陷入了一个零和游戏中。

在工业革命之初，一些西欧社会通过建立被称为宪政民主政体的代议制社会系统，找到了摆脱这种循环的方法。1689年，英格兰的《权利法案》限制了国王的权力，并给予议会自由选举和言论自由的权利。其他国家也慢慢跟进。等级制度仍然存在，但系统中纳入了对有权势者的制衡机制，这样，那些失去权力的人就永远不会完全失去权力。一个权力分享和妥协的规范得以建立。公民不再由神祇或血统选择的某个统治者管理，而是由代表群体同胞需求的某个公民管理。[4]

政治学家指出，自20世纪70年代以来，民主国家的数量稳步增加，这解释了过去半个世纪中暴力冲突的逐渐减少和前所未有的和平状态。虽然民主国家确实会发生战争，但是极少（如果不是完全没有）发生在民主国家之间。[5]甚至连低水平的攻击也很少发生。[6]

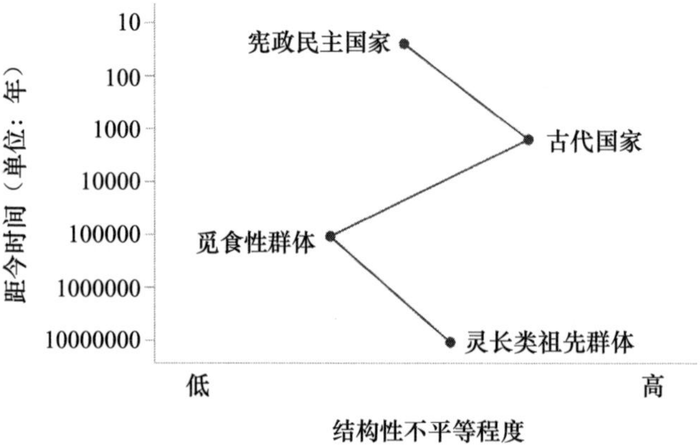

建立民主国家所带来的和平与一些独裁者创造的稳定是不同的。民主国家的建立是为了捍卫人权和维护平等主义原则，因此，一个群体即使垮台或者从一开始就没有权力，也能得到保护。民主国家更可能拥有更好的人权纪录。它们更可能支持宗教、新闻和言论自由，[7]所有这些都能保护民主制的平等主义精神。民主可以降低收入不平等的水平，[8]18世纪的民主先驱国家在工业革命期间率先实现了经济大幅增长。民主国家往往有更好的医疗保健，更低的儿童死亡率，更佳的产妇健康状况。民主国家的教育支出也更多，师生比更高，而且更有动力降低学费。[9]民主对公民的福祉至关重要，也是持久和平的主要先决条件之一。[5, 8, 10～12]

美国国父们在构建新政府时，知道人们倾向于根据武断的界线形成群体身份，他们对非人化的循环非常熟悉。比神经生物学或认知心理学被公认为科学早上一百多年，詹姆斯·麦迪逊就巧妙地阐明了人类自我驯化假说的一个关键特征，他写道：

> “人类陷入相互仇恨的倾向非常强烈，以至于在没有实质性仇恨事件发生的情况下，一些最轻佻和虚幻的区别都足以点燃他们不友善的激情，激起最暴力的冲突。”[13]

当时，这种“相互仇恨”使欧洲的每一次民主尝试都陷入了混乱。国父们深入研究了这些失败的欧洲民主政体。真正的平等似乎是不可能的。托马斯·潘恩写道：“君主制和继承权让不仅仅是这个或那个王国，而是整个世界都陷入了血泊和灰烬。”[14] 最强大的群体总是会践踏少数人的利益：

> “对不同意见的热衷反过来将人类分成了不同的党派，激起了他们的相互仇恨，使他们更倾向于相互拱火和压制，而不是为他们的共同利益进行合作。”[13]

为了保护少数人免受“多数人的暴政”，国父们最终同意建立一个强大的中央政府，以促进国家认同，而不是像欧洲那样允许各州自行统治。[15] 美国实行的是共和制，而不是真正的民主制，后一种制度采取多数原则，获得半数以上选民选票者赢得选举。美国的政治制度旨在“保护包括大党和小党在内的所有政党”。[16] 为了防止人口稠密的州的人民把他们的意志强加给人口稀疏的农业州，美国宪法设立了选举人团制度。㊀为了防止政府的一个部分变得比其他部分更有权力，它设置了对权力的制衡：三权分立、总统的否决权、众议院与参议院。[15] 国父们并不害怕谈论人性的缺陷，杰伊、汉密尔顿和麦迪逊在《联邦党人文集》中明确谈及人性超过50次，并设计了一套旨在束缚我们黑暗面的民主制。[17]

这场伟大的美国实验现在正受到来自各方面的批评。以营利为目的的媒体，在市场资本的驱动下，既要提供娱乐，又要提供信息，它们把关注点放在民主制的缺陷上：有问题的选举人团制度、争吵不休的政客、腐败的经济利益和两极分化的公民。政治理论家指出了政治机构的老化。美国宪法被认为是“功能失调、陈旧过时、亟待修复”的[18]，《权利法案》则是“摆满数字钟的商店橱窗里的一块落地钟”。[19] 2016年大选后不久，《经济学人》智库将美国从“完全民主”降为“有缺陷的民主”。政治学家马修·弗林德斯（Matthew Flinders）写道，“如果说20世纪见证了民主的胜

㊀ 根据美国选举制度，总统不是由选民直接选举产生，而是各州选民投票选出本州选举人，由全国50个州加华盛顿特区的选举人组成选举人团，获得半数以上选举人票者当选总统。——译者注

利”，那么21世纪似乎注定了“民主的失败”。[20]

甚至政府自己也在反对政府。在我们写这本书的时候，总统内阁包括一位正在起诉环保局的环保局局长，一位主张取消自己部门的能源部部长，一位不支持公共教育的教育部部长，以及一位想用机器人取代工人的劳工部部长。

2008年，得州的政治家提议废除宪法中没有提及的所有联邦机构，包括环保局、社会保障总署、能源部和卫生与公众服务部，这一动议在不同的州反复多次提出过。美国税制改革协会的创始人格罗弗·诺奎斯特（Grover Norquist）说：“我的目标是在25年内将政府机构减半，使其规模缩小到我们可以把它没在浴缸中。”[21]

更糟糕的是，很少有美国人了解他们的政府是如何设计和运作的。1/3的美国人说不出任何一个政府部门的名称，29%的人说不出副总统的名字，[22] 62%的人不知道哪个政党控制着众议院或参议院。[23]

在历史上，美国人从未对他们的共和国感到过如此幻灭。[24,25] 最令人担忧的是年轻人的失落感，他们中只有1/3认为生活在一个民主国家是必要的，1/4认为民主制是一种“糟糕”或“非常糟糕”的治理国家的方式。[26] 1/3的美国人更希望看到一个不必为选举操心的强力领导人。不论根据谁的定义，这种领导人都是独裁者。[27]

温斯顿·丘吉尔承认：“民主制是除了所有其他形式之

外最糟糕的政府形式。”[28]我们的民主制远非完美，但它是唯一可靠有力的政府形式，能在驾驭我们本性中的善良天使的同时抑制我们的黑暗面。正如托马斯·潘恩在1776年写下的：“这便是政府的起源和兴起，即由于人们德行的软弱无力而有必要采取的治理世界的一种方式。”[14]到目前为止，民主制把我们从我们自己手中拯救出来。

民主政体不仅难以建立和维持，而且很容易让位于独裁者。记者安德鲁·沙利文（Andrew Sullivan）在2016年警告道：“当民主政体过于民主时，它就会失败。”[29]当一个民主国家为许多不能容忍的行为提供便利，以至于它开始破坏自己时，就会出现超级民主[㊀]。柏拉图在《理想国》中写道，“从极端的自由产生了极端的可怕的奴役”，创造出一个僭主，他“总是首先挑起一场战争，好让人民需要一个领袖”。[㊁30]

另类右翼的崛起

另类右翼是一个松散定义的群体，他们具有极右的意识

㊀ “超级民主”这个术语没有公认的和确切的定义，最常见的描述出自哲学家奥尔特加·加塞特所著《大众的反叛》（1930）一书：“在这种民主中，大众无视一切法律，直接采取行动，借助物质上的力量把自己的欲望和喜好强加给社会。”——译者注

㊁ 此处译文参考了郭斌和与张竹明据《理想国》希腊原文译出的中译本（商务印书馆，1986），与作者所引英译本略有出入，其中“极端的自由”在该英译本中作“最高的自由”。——译者注

形态，拒绝主流的保守主义，通常在社会支配倾向（SDO）或右翼威权主义（RWA）量表的测量上得分很高。[31]

SDO高的人相信“适者生存”的流行漫画。他们认为“一些群体就是不如其他群体”，“一个理想的社会需要一些群体处于顶层而其他群体处于底层”。[32] 在西方国家，这些人被白人至上主义所吸引。他们认为他们所认同的群体必须取得支配地位。

RWA高的人往往被认定为右翼民粹主义者，他们认为人们应该以特定方式来表现和行动，同意这个观点的人应该得到奖励，不同意的人应该受到惩罚。他们珍视对社会规则的服从，以及他们所相信的由此带来的稳定性。他们对自己群体的成员表现出极大的善意，同时对那些不服从他们群体做法的人表现出仇恨。

尽管SDO和RWA高的人都倾向于极端不宽容，但他们的意识形态是不同的。RWA高的人认为外人具有威胁性，而SDO高的人认为外人是低等的。RWA高的人服从权威，而SDO高的人想要他们的团体成为权威。[31]

另类右翼的崛起不是美国独有的现象。就在我们写这本书时，它正在世界各地的自由民主国家发生着。2016年7月，欧洲有39个国家的议会中存在另类右翼政党。[33，34] 跟美国的情况一样，这些另类右翼政党煽动着针对记者、穆斯林和移民的暴力。

媒体报道说，经济焦虑是另类右翼崛起的主要原因之一，但是努尔·科特利发现，另类右翼的支持者对目前和未来的经济形势比非支持者更乐观。[35]这与贫穷的农村社区最容易表现得不宽容的观点背道而驰。[36]科特利在另类右翼的支持者中测得的不宽容并不是由个人创伤或无知造成的。

SDO 和 RWA 高的人绝大多数都有一个共同特点：他们对那些似乎威胁到他们群体身份认同的外人极端不宽容。SDO 高的人受到与他们的群体竞争支配地位的外人威胁，而 RWA 高的人则受到不具备“使‘我们’成为‘我们’的一体性和相同性”的外人威胁。[37]这种威胁是对规范性秩序的威胁，这种秩序在受到多样性和自由的冲击后让他们越发感到威胁。

当 SDO 和 RWA 高的人感到威胁时，他们的反应很可能是将其他群体的成员非人化。

另类右翼中的白人至上主义者（SDO 高），是科特利或其他学者使用第 7 章介绍的“人类的前进”量表所测量的全部群体中最极端的对他人进行非人化的群体。

白人至上主义者将女权主义者、记者和民主党人更多地视为非人的猿类而不是人类。正如一位调查对象写道：

> “如果没有欧洲人，就只剩下第三世界了。种族主义者真的需要定义。不希望你的社区充斥

着 3000 名来自刚果的低智商黑人，这算不算是种族主义者？我认为几乎所有人都不希望住在这种地方。希望跟自己人一起生活的人不是种族主义者。……犹太人在大屠杀和奴隶贸易的议题上撒谎，其实犹太人是奴隶贩子，而欧洲人不是。许多人甚至不了解这些简单的事情。”

另类右翼：白人至上主义者（217人）vs. 民粹主义者（226人）

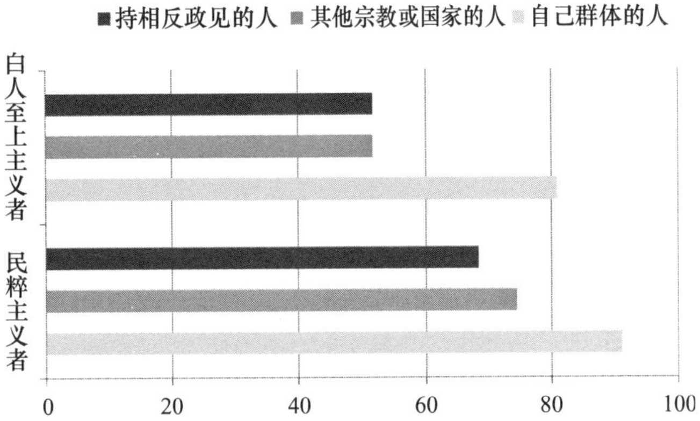

资料来源：Forscher & Kteily, 2017

虽然这群人对历史和社会的误解非常明显，但与 SDO 和 RWA 人格相关的最重要的发现是：教育的效果非常之小。

白人至上主义者（217人）

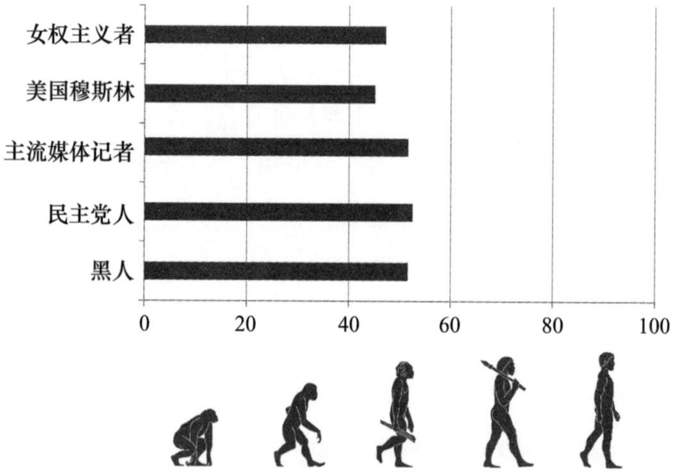

资料来源：Forscher & Kteily, 2017

“没有人生来就会因为一个人的肤色、背景或宗教信仰而憎恨他，”纳尔逊·曼德拉写道，“人们必须通过学习才会憎恨，如果他们可以学会憎恨，那么我们也可以帮助他们学会去爱，毕竟在人的心中，爱比它的反面更自然。”这句话说得很漂亮，抓住了人们想要相信的不宽容的本质，即不宽容是由“封闭的心态和无知”造成的，[38]而我们可以教人们用不同的方式思考。“根据这种对现实的一厢情愿的理解，”政治学家卡伦·施滕纳（Karen Stenner）写道，“不同的人可以保持他们想要的不同，而不宽容的人最终会通过教育摆脱不宽容。”[37]

然而，试图“教育”不宽容的人实际上可能使事情变得更糟。回忆一下，当阿什莉·雅尔迪纳告知参与她研究的白人，说黑人遭到了不公平的监禁和处决时，那些已经将黑人非人化的白人会将黑人进一步非人化，并加大了对这些惩罚性政策的支持。知道得更多反而加剧了这个问题。

价值对抗、教导对多样性的宽容，或引出多元文化主义，都会适得其反。[37] 这些策略似乎对那些已经处于政治光谱宽容一端的人显示出最大的影响。对另一端的人来说，既定的多元文化敏感性训练可能只会使他们的不宽容意识形态更加根深蒂固。[39]

那些 SDO 和 RWA 量表得分最高的人“永远不会在现代自由民主制中生活得很舒服”，[37] 因为民主制的核心是促进权力的分配而不是巩固，倡导差异性而不是相似性，以及促进所有人的平等权利。如果你认为自己的亚群体在社会中高人一等，或者自己群体内部的服从性会因为不同群体间的差异性而被打破，那么你就很难去倡导差异性。[37]

从温和到极端的距离

非人化并不只是某个国家、某个经济体或某种文化的产物，另类右翼也只构成对民主的部分挑战。

人类自我驯化假说预测，人类无论处于政治光谱的什么位置，都普遍具有将“他人”非人化的能力。处于任何政治意识形态极端外围的人最有可能将其政治对手非人化。

可以把政治光谱想象成有一个大号靶心的靶子。

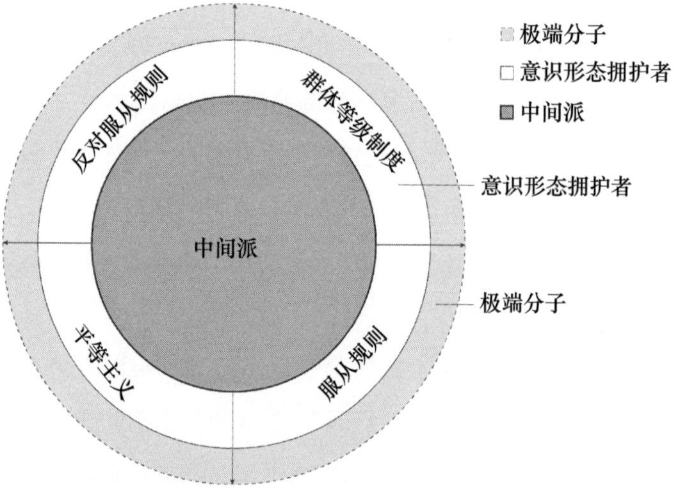

代议制民主中的大多数人都处于“温和的中间地带”。他们在对事件做出反应时，可能会左右摇摆，但他们对事实有着合理的反应。对于市场经济与政府计划哪个更有效率，如何调和资本主义容纳更多平等主义的目标，或者如何在守法公民服从规则的需求与推动创新所需要的打破规则之间取得平衡，中间派总是争论不休。但通常情况下，中间派能够做出妥协，即使这样做很困难。

在温和的中间地带之外的是意识形态拥护者。这些人认为，他们的政治观点是正确的，其他人的都是错误的。意识形态拥护者通常对与他们的政治信仰相矛盾的事实没有反应，对妥协也不那么感兴趣。他们在社交媒体上制造回声室，只接触那些证实其信念的新闻。如果可以的话，他们也会倾向于接受更多的教育。[40]

极端分子是那些处于靶子外环的人。这些人包括 SDO 高的人，他们会欢迎寡头政治（只要他们的团体成员是寡头统治者），还有 RWA 高的人，他们会信任一个独裁领导人，由他来捍卫他们觉得受到威胁的价值观。但这些群体只占据了整个外环的一半区域。还有一些群体属于极端形式的平等主义，或者拒绝所有政府权威的无政府主义。

人类自我驯化假说预测，所有处于靶子外环的极端分子将更有可能在道德上排斥——非人化——那些威胁到他们世界观或挑战他们固有想法的人。

但人们的政治信仰是流动的。人们可以随着对个人或政治事件的反应，随着他们搬入或离开城市、年龄的增长、挣更多或更少的钱，而在中心与外环之间来回转换。当意识形态拥护者感到他们的群体身份认同受到威胁，被进一步外推到极端主义时，政治就会变得更加动荡。威胁如果足够大，甚至可以把那些温和的中间派推向极端。

我们已经看到整个政治光谱中普遍存在着非人化倾向的证据。正如第 7 章所讨论的，阿什莉·雅尔迪纳发现，在她调查的每一个人口统计学群体中，都有一个将黑人非人化的白人子集。共和党人和民主党人，老人和年轻人，女人和男人，农村人和城里人，没有哪个社会或政治群体可以幸免。[41]

白人至上主义者所实行的极端非人化，得到了极端分子的回应，他们认为必须以暴制暴。2017 年的“反法”（反法西斯主义或反白人至上主义）抗议者就在邦联雕像上涂写“三 K 党去死”，烧毁邦联旗，并携带斧头参加抗议活动。[㊀]这种相互角力并非任何政治运动、文化或时代所独有的。

无政府恐怖主义、法国大革命、“大日本帝国”……所有形式的政府都可以发动非人化和随之而来的暴力行为。只需要让民众确信他们受到了威胁。正如纳粹领导人赫尔曼·戈林在纽伦堡的监狱中所说：“人民总是可以被引导听从领导人的命令。这很容易。你所要做的就是告诉他们，他们正在受到攻击，并谴责和平主义者缺乏爱国主义精神，让国家暴露在危险中。在任何国家都可以这么做。”[42]

跨越时间、文化和国家，人们潜在的心理总是相同的。为了启动非人化的循环，极端分子可能会让自己的群体确信，他们正在被另一个群体非人化。随着实际或感知到的威胁程度的增加，即使是处于中间地带的人也会离开靶心，向

㊀ 19 世纪 60 年代，美国南方各州脱离联邦成立美利坚联盟国（简称邦联），由此引发了美国内战，并以邦联战败而告终。随后南方的一些白人成立了三 K 党，主张白人至上，反对平权。——译者注

靶子外环靠拢，并准备对敌人采取暴力。如果没有一个可以用来团结不同群体的人性化或激励性理由，比如宏伟的计划或共同的威胁，那些温和的中间派就很难把极端分子和意识形态拥护者拉回谈判桌。

自由民主政体的设计是为了让我们友善本性中的上述黑暗面受到束缚。人们已经大量讨论过这种形式的政府所面临的挑战：虚弱的债务、军事上的过度扩张、衰败的基础设施、传播错误信息的竞选、老化的机构，不胜枚举。特别是在美国，人们关注的焦点是公民对话的缺失、畸形的选区划分、阻碍两党合作的神秘国会规则（如哈斯泰特规则）、对选民的压制，以及无限制的私人资金造成的选举腐败。[43～47] 但是自我驯化假说告诉我们，这些问题中的许多只是由一个更基本的挑战所引发的症状，这个挑战就是人性的悖论：我们对内群体的友善和对外群体的残忍。[48]

现在我们已经确定了病根，可以寻找治疗方法了。理想的情况是，我们让自己对非人化免疫，这样美国的民主制就能按照国父们的意图运作。好消息是，疫苗是存在的，而且我们知道它有效。

通过接触消除隔阂

“二战”爆发时，安杰伊·皮廷斯基（Andrzej Pitynski）

把几个犹太人藏在他波兰的公寓里，救了他们的命。当纳粹入侵时，安杰伊利用他在一家德国公司的工作，获得了进入犹太区的通行证，并将食物偷运给犹太孤儿。

1941年，当他的身份被揭穿时，他被监禁了两个月。看守们把他打得很惨，打断了他的下巴。出狱后，安杰伊和妻子逃到了乌克兰，拯救了在炼油厂工作的犹太人。被纳粹党卫军发现后，安杰伊和妻子逃回了波兰。安杰伊加入了地下军，继续帮助犹太人，直到战争结束。[49]

在大屠杀期间，成千上万的人冒着生命危险帮助犹太人逃离迫害和死亡。这些救援者如果被发现，受到的惩罚将是酷刑、驱逐出境甚至死刑——有时是整个家庭连坐。但是，他们仍然把犹太人藏在他们的车库和阁楼里，藏在下水道和动物笼子里。他们照看犹太人短则一夜，长则一年。他们假装犹太人是他们的侄子或侄女，或来自欧洲另一边的失散多年的祖父母。

是什么使得这些人不惜性命，而其他人袖手旁观？从表面上看，这些人似乎并不具备任何共同点。他们没有在其他方面表现出英雄主义或反叛精神。他们中既有男人也有女人，既有受过教育的学者也有目不识丁的农民，既有虔诚的宗教信徒也有彻底的无神论者，既有富人也有穷人，既有城市居民也有农民。他们是教师、医生、修女、外交官、仆人、警察和渔民。[50]

社会学家塞缪尔·奥利纳（Samuel Oliner）和他的妻子珀尔（Pearl）分析了数百名救援者的证词，发现其中只有一个共同点：他们在战前都与犹太邻居、朋友或同事有着密切关系。安杰伊有一个犹太继母。[49] 斯蒂芬妮利用她的工作为近200名犹太女孩伪造证件，她最好的朋友是犹太人。恩斯特在14岁时加入了一个抵抗组织，他和犹太玩伴一起长大。[49]

在“二战”之前，研究人员观察了作为战区的边境地区相邻族群之间的长期争斗，认为不同群体之间的接触会引发冲突。他们认为人们在自己的社群里感到更安全，因为这里的人操着同样的语言，以同样的方式吃着同样的食物。特别是对那些感到处境不利的少数群体来说，保护自己的文化认同似乎是一个优先事项。

许多黑人民权活动家反对取消种族隔离。佐拉·尼尔·赫斯顿在1955年写道：“我不觉得因为长得太黑而不会被白人学校邀请参加社交活动是悲剧。”[51] 他们预见了他们孩子未来的艰难道路，以及成千上万优秀体贴的黑人教师和行政人员被解雇（虽然白人家长可能会容忍他们的孩子与黑人儿童一起受教育，但他们肯定不会容忍他们的孩子被黑人教师教育）。杜波依斯写道：“在一所独立的黑人学校里，孩子们被当作人来对待，由他们自己种族的教师培养，这些教师知道黑人意味着什么，[52] 这样做会比让我们的男孩和女孩成为受气包好得多。”[53] 许多年里，这番论证同时被强势的多数群体和弱势的少数群体用来为种族隔离制度辩护。[52, 54]

但在“二战”之后，研究人员发现，唯一能可靠地减少群体间冲突的方法就是接触。化解冲突的最好方法是减少群体之间感知到的威胁。他们发现，如果不同群体能够在低焦虑的情况下走到一起，这些陌生人就有机会与对方共情。减少焦虑是减少群体间冲突的核心因素之一。感到威胁会关闭我们的心理理论网络，而非威胁性的接触似乎可以重新开启它。

大多数政策的制定都是基于态度的改变会导致行为的改变这一假定，但在群体间冲突的情况下，最可能改变态度的是行为的改变，也就是进行接触。

尽管教育人们摆脱不宽容的效果有限，但教育确实可以在社会化过程中发挥关键作用。大中小学是进行持续友善接触的理想场所。[55] 想想导言中提到的卡洛斯和拼图项目。20 世纪 60 年代取消种族隔离的学校是动荡的，有些人可能会认为它并不完全成功。但最终，学校中的种族间接触确实有助于消除负面的种族刻板印象。在 20 世纪 60 年代与黑人儿童一起上学的白人儿童长大后更有可能支持跨种族婚姻，有更多黑人朋友，并且更欢迎黑人进入他们的社区。[56]

即使在今天，教育中的接触也是有效的。加州大学洛杉矶分校由不同种族配对的新生室友报告，他们在跨种族的交往中感到更加舒适，对跨种族的约会更加宽容。他们有更多不同种族的朋友，更有可能与另一种族的人约会。与黑人或拉丁裔配对的白人室友也变得更加宽容。即使到了高年级，在他们与大一室友分开生活数年后，这些影响也保持稳定。[55, 57, 58]

军队是另一个最适合进行持续友善接触的机构。美国陆军招募了2500名黑人士兵参加突出部之役，在战斗结束后，与这些黑人新兵一起作战的士兵中，即使是来自南方的更不宽容的白人士兵，也比没有参加此役的白人士兵对黑人有更积极的态度。[52] 1948年，美国海军陆战队取消种族隔离时也观察到了这种效果。

“二战”结束后的20世纪40年代中期，美国住房短缺，使得混合社区成为一种必然。与黑人邻居友善交谈的白人女性更喜欢她们的黑人邻居，也更支持跨种族的住房。不仅如此，有一半住在取消种族隔离的住房中的白人房客更可能支持未来不受限制地进出非隔离住房，而住在种族隔离住房中的白人只有5%支持这一举措。[59, 60]

这种有益的接触可以是简单的闲聊，工作上的合作，或是混合教室。它可以自然地在餐馆等场所里发生，也可以人为地在实验室里创造。一项研究发现，仅仅是想象与最非人化的群体之一——流浪汉——进行积极的接触，就能帮助人们与他们共情。[61～63] 甚至使用人性化的词语来描述外群体中的人，也会使人们想要接近他们并进行接触。[64]

因此，不会令人惊讶的是，与虚构的角色接触也会改变人们的想法。哈丽叶特·比切·斯托的小说《汤姆叔叔的小屋》成为美国废奴运动的转折点。卢旺达的一部肥皂剧帮助减少了种族灭绝发生后胡图族和图西族之间的偏见与冲突。[39] 讲故事虽然不是一种新颖的或前沿的方法，却是一种被证明可以提高我们对那些看起来像外人的人共情能力的方法。

最好的一点是，接触似乎对最不宽容的人产生了最大的影响。心理学家戈登·霍德森（Gordon Hodson）发现，通过与一系列带有刻板印象的群体（包括同性恋者、黑人囚犯、移民、流浪汉和艾滋病人）接触，SDO 和 RWA 高的人受到的影响最大。在与外群体成员的反复互动结束后，他们开始表现得像样本中最宽容的人一样，如下图所示。[65，66]

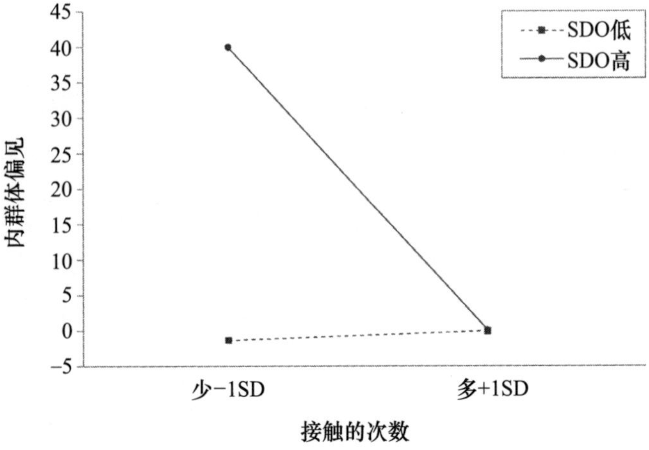

自我驯化假说解释了为什么我们是为接触而设计的，以及接触如何带来积极效果。如果你自己群体的成员受到威胁，你原本能够与外人建立的任何共情都会被阻断。[67,68] 外人感到威胁，反过来会对你的群体进行非人化，形成一个相互非人化的反馈环路。[69] 如果通过建立接触，我们可以消除这种威胁感，即使只消除很短的时间，我们也就可以创造一种不同的反馈环路，大抵称之为相互人性化。为接触创造条件可以使社会联结更加紧密，使我们对他人的想法更加敏感。[70] 不同意识形态、文化或种族的人之间的互动是一个普遍有效的提醒，提醒着我们都属于同一个群体。[71]

最有力的接触形式是真正的友谊，而友谊所产生的宽容似乎是可以传染的。[52] 例如，如果人们通过他们的朋友网络与不同性取向或性别认同的人有过长期的接触，他们就不太可能将性少数个体非人化。[72] 一些以色列和巴勒斯坦的青少年前往美国一起参加为期三周的夏令营，结束时被要求列出他们在夏令营中感到最亲密的五个人。大约 60% 的青少年在这五个人中列出了来自对方群体的人。这一高比例预示着他们对对方群体的整体态度是积极的。

不幸的是，跨群体的真正友谊虽然有力，却可能是罕见的。根据 2000 年的一项调查，86% 的美国白人认识一个黑人，但只有 1.5% 的白人说自己的好朋友是黑人。[73] 在黑人中，他们的亲密朋友只有 8% 是白人。[74]

跨群体友谊的稀缺性也许可以部分解释为什么在大屠杀期间只有很少的人冒着生命危险去帮助犹太人。它还确实解释了为什么那些冒着生命危险的人毫不犹豫地这样做了。这并不是因为他们特别勇敢、有信仰或反叛，而是因为他们曾经或一直爱着某个犹太人。对这些人来说，做个大写的人是第一位的，其他事都放在遥远的第二位。

总统孙女转恨为爱的故事

在飞往洛杉矶的航班上，我坐在一位留着金色短发的优雅女士旁边。我们开始交谈，她说她叫玛丽，为一个名叫“人民为人民”（People for People）的非营利组织工作。她告诉我：“我们把来自世界各地的人聚在一起，通过友谊鼓励和平。”

“是什么让你进入这一行的？”

“我的祖父德怀特·艾森豪威尔。”

我没有想到会坐在第 34 任美国总统的孙女身旁，不过玛丽很健谈。我告诉她一些我们对自我驯化所做的研究，友谊如何成为我们物种的制胜策略，而偶尔的短路增加了我们进行非人化的可能性。

“爷爷从来没有谈论过战争，”玛丽说，“但他有一本书，里面全是大屠杀的照片。”

艾森豪威尔亲自参观过集中营。照片显示他阴沉地凝视着横七竖八的尸体和眼神空洞的囚犯。

“他说他保存这些照片是因为他需要铭记。”

我问玛丽，有一位当总统的祖父是什么感受。

“我不觉得这有什么。我觉得这很正常。但我确实记得一件不寻常的事情，发生在我还是个孩子的时候。”

苏联元首尼基塔·赫鲁晓夫曾到访白宫，并给艾森豪威尔所有的孙辈送了玩具。他送给玛丽一个漂亮的娃娃。玛丽正在地板上玩娃娃，听到有人在喊叫。她看到外面的阳台上满脸通红的祖父，正冲着赫鲁晓夫咆哮。“我从没见过爷爷如此生气。”艾森豪威尔冲进房间，抢走了孙辈们的玩具，然后冲了出去。

那是核武器刚刚令人感到恐惧的时期。正在制造的炸弹比投在广岛的原子弹的威力大一千倍。人们在自己的后院建造防空洞，并为核冬天储存食物。

玛丽后来才知道，在阳台上，众人一览无遗地看着孩子们把玩新玩具，赫鲁晓夫把艾森豪威尔拉近，低声说道：“我会看到你的孙辈被埋葬。”

玛丽哭着哀求祖父把娃娃还给她，她的祖父是个温柔的人，把娃娃给了她。但玛丽一直对赫鲁晓夫怀有反感，是他曾让祖父如此愤怒。

许多年后，玛丽作为“人民为人民”一次庆典的嘉宾，看到房间对面尼基塔·赫鲁晓夫的儿子谢尔盖·赫鲁晓夫，感到非常不快。组织者在想什么，邀请一个赫鲁晓夫的后人参加纪念她祖父的活动？

当他们被一一介绍时，谢尔盖拉着她的手，靠得很近。“亲爱的，”他低声说，“我希望你不会像我一样感到不舒服。”

她顿时放声大笑，他们在晚宴上不停地讲着笑话。从那天起，他们成了好朋友。玛丽开始为“人民为人民”工作，并很快成为该组织的主席。

“我看到我的愤怒和仇恨如何能够转化成别的东西，”玛丽说，“只要一句善意的话就能把敌人变成朋友。通过使人们聚在一起，我们可以拥有和平。就像爷爷希望的那样。”

和平运动的力量

2017 年 1 月 21 日，唐纳德·特朗普就任美国总统的第二天，超过 300 万人一起参加了妇女大游行。虽然大多数抗议活动是在美国举行的，但远至澳大利亚和南极洲都通过卫星转播了游行。

10 天后的 2 月 1 日，150 名左翼激进分子，也被称为反法西斯主义者，来到加州大学伯克利分校，抗议右翼活动家米洛·扬诺普洛斯的一场预定的演讲。反法示威者身着黑衣，戴着面具，手持棍棒和盾牌。他们纵火，投掷自制燃烧瓶，还打破窗户。6 人受伤，1 人被捕，整个校园的损失合计达 10 万美元。[75]

哪种类型的抗议活动更有可能获得成功？妇女大游行发表了一个声明，但我们没有办法衡量抗议活动对其目标造成的影响。从表面上看，反法组织是成功的。扬诺普洛斯的演讲被取消了，“反法”成为一个家喻户晓的名字。该组织通过出现在右翼集会上并经常与另类右翼支持者发生暴力冲突，获得了更多的公众关注。当白人民族主义领袖理查德·斯宾塞在电视上被一名黑衣袭击者打了一拳后，“PunchANazi”（给纳粹一拳）的热搜疯传开来，视频被配上了大约100首不同的歌曲。

让－保罗·萨特写道："农民必须把资产阶级赶进大海。"[76] 政治学家杰森·莱尔（Jason Lyall）发现，灵活、暴力的叛乱团体更有可能击败现政府的笨重军队。[77] 马尔科姆·X 对马丁·路德·金博士组织的"向华盛顿进军"游行的评价是："愤怒的革命者听着福音音乐、吉他伴奏和《我有一个梦想》演讲，在漂着睡莲叶的公园水池里和镇压他们的人一起涤荡赤脚？这简直闻所未闻。"[78] 但是人类自我驯化假说预测，更和平的策略会更有效。暴力抗议只会增加人们对威胁的感知，引发相互非人化的反馈环路。暴力只会不断升级，因为处于任何政治意识形态极端的人都会把他认为威胁到自己群体的人非人化。

政治学家埃丽卡·切诺韦思（Erica Chenoweth）最初认为："权力是从枪杆子里流出来的……虽然这是悲剧，但人们使用暴力来寻求改变……是合乎逻辑的。"[79] 切诺韦思预测，和平抵抗，包括抗议、抵制和罢工，可能对环境改革、性别权利或劳工改革等"软性权利"有效，"但如果你试图推翻一个独裁者，或建立一个新的国家，它一般不会奏效"。[79]

为了检验她的假设，切诺韦思收集了自 1900 年以来所有试图实现政权变更这一困难目标的主要和平与暴力运动的数据。令她惊讶的是，事实证明，和平运动成功的可能性是暴力反抗的两倍，而暴力反抗失败的可能性是和平运动的四倍。

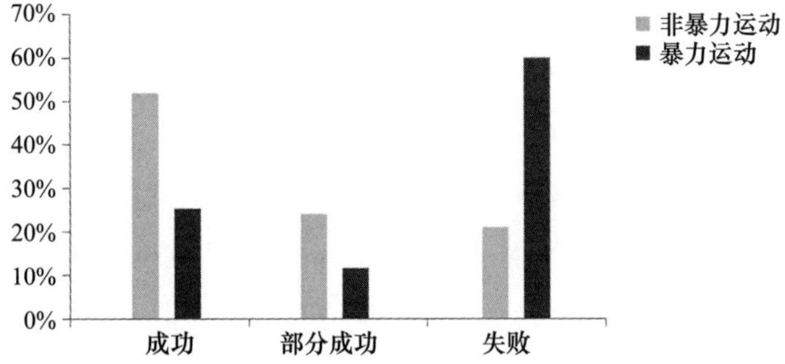

非暴力和暴力运动的成功率，1900—2006

一旦获得成功，非暴力运动就更有可能建立一个不太会再次陷入内战的民主政体。[80] 而且随着时间的推移，这种趋势正在增强，和平运动越来越有可能取得成功。

切诺韦思将和平运动的成功归功于可以参与的人数之多。平均而言，参与和平运动的人比参与暴力运动的多 15 万。妇女、儿童、老人都可以参与和平抗议活动。暴力运动往往在黑暗的掩护下秘密进行，和平运动则可以在公开场合进行，让所有人看到。[80]

所有的抗议活动都必须在为自己的目标争取关注与争取支持之间取得平衡。一项研究发现，极端的抗议策略——如设置路障、破坏财产和人际暴力——虽然有利于获得媒体和公众的关注，但实际上会减少公众对运动的支持。[81]

相比之下，看着成千上万，有时甚至上百万的和平示威者，包括妇女和儿童，和平地唱着歌谣、喊着口号，可以减轻人们将运动视作威胁的感受。切诺韦思发现，安全部队在和平抗议期间比在暴力抗议期间更有可能叛变。

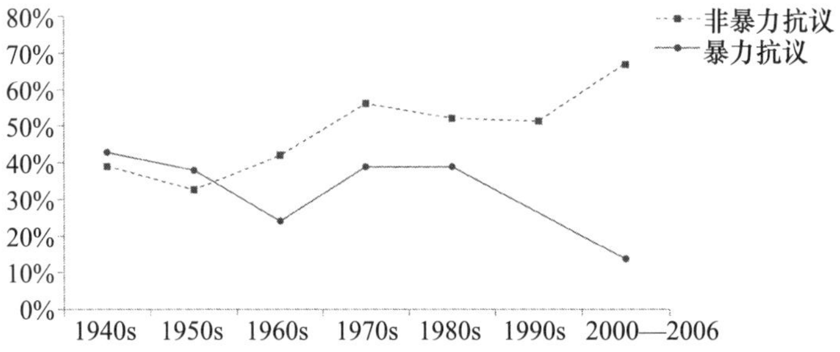

数据来自切诺韦思关于非暴力抗议与暴力抗议成功率的研究

2017 年，捍卫白人至上主义者抗议权利的美国公民自由联盟在夏洛茨维尔发生暴力事件后修订了他们的政策，该事件以一名 32 岁的女性希瑟·海尔被汽车袭击致死而告终。美国公民自由联盟支持所有群体的抗议权利，但必须是和平抗议。他们从此不再支持使用武力的抗议者，无论抗议者持何种政治立场。

集会权是民主制的根本。对那些寻求改变的人来说，恰恰是集会的“和平”部分会降低别人将他们视作威胁的可能性。友善度胜出。你的和平努力更有可能带来持久的变化。

2017 年，在 20 世纪 60 年代自由言论运动的发源地加州大学伯克利分校，几乎每个月都会爆发抗议活动，讨论是否应该允许米洛·扬诺普洛斯和安·库尔特等极右翼保守派在校园内发言。

自由派称白人至上主义者、新纳粹分子和另类右翼的言辞为“仇恨言论”，要求禁止他们进入校园。作为回应，另类右翼援引了美国宪法第一修正案，其中规定“国会不得制定任何法律以……剥夺言论自由”，[82] 他们还声称“仇恨言论”是审查制度的代称。

围绕着试图禁止仇恨言论的法律框架很复杂，因为仇恨言论一直很难定义。它是“被任何种族、宗教、族裔或民族群体认为具有冒犯性的任何形式的表达”？[83] 还是只有当它“针对历史上处于从属地位的群体的成员”时才是仇恨言论？[84]

在美国，人们可以说的话存在一些限制。你不能诽谤某人，或在全国性电视节目上飙脏话。你不能带着暴力威胁别人。你不能写一本关于如何成为一名职业杀手的手册（就像1997年出版的那本，它遭到了起诉）。但只要你避开少数的法定例外，你的言论就是受到保护的。

其他民主国家也有反对仇恨言论的法律。在澳大利亚，“冒犯、侮辱、羞辱或恐吓他人或一群人”是违法的。[85] 2000年，一个否认大屠杀的网站被发现违反了澳大利亚法律。在德国，仇恨言论被定义为“煽动对民族、种族、宗教群体的仇恨”。[86] 2017年，德国法律命令Facebook等社交媒体网站在24小时内清除仇恨言论，否则将面临5000万欧元的罚款。在以色列，仇恨言论包括“冒犯宗教敏感性”的表达。[87]

人类自我驯化假说做出了一个明确的预测。当一个群体的成员把另一个群体的人非人化，或把他们说成连人都不是，就会让听到的人产生最坏的暴力行为。于是，最危险的仇恨言论会把人比作动物或机器，或者用“垃圾”“寄生虫”“体液”“污秽”等引起生理厌恶情绪的词汇来描述他人。

回想一下第6章，我们从fMRI研究中得知，当我们把其他人非人化时，大脑中与心理理论网络相关的区域显示出较少的活动。[88]仅仅是听到别人把一个群体非人化，你就更有可能把那个群体的成员非人化。这种影响甚至发生在儿童身上。

在不威胁言论自由的情况下，我们可以促进那些反对非人化语言的强文化规范。当有人在电视、报纸或任何媒体上把一个人或一个群体说成连人都不是时，警钟应该开始鸣响。作为公民，我们要确保这种语言永远不会被常态化。正如意大利诗人詹巴蒂斯塔·巴西莱所写：“虽然舌头没有骨头，它却可以折断脊柱。”[89]

“你能想象——你能想象这些人，这些在中东的禽兽，砍别人脑袋的家伙，坐在一起讨论和观察我们实施水刑所存在的问题吗？”唐纳德·特朗普在他的竞选之旅中说道，“我们应该实施水刑，而且应该比水刑更严酷。”[90]

唐纳德·特朗普的总统竞选活动因许多原因而显得独特，但其中最令人不安的是他在整个竞选过程中使用的非人化言辞。特朗普有一种不可思议的直觉，知道哪些群体会被他的选民当作外人，并善于把这些外人说成是威胁。特朗普把侮辱其支持者的记者唤作“人渣”“黏液”和“恶心玩意”。他称希拉里·克林顿为“脏东西”，称她的支持者为“禽兽”。[91]

在列出一份外群体名单并强调他们构成的威胁后，特朗普继续鼓励对他们采取暴力。他主张对来自战乱国家的难民实施酷刑、死刑和驱逐出境。记者在他的竞选活动中并不安全，为了保护自己，只能躲在围栏里。甚至他的言辞也充满了暴力。他说他想“给（一个抗议者）当面一拳”，对一个抗议者被“粗暴对待”感到高兴，[92]并吹嘘他可以站在第五大道中间“向某人开枪，而不会失去任何选民”。[93]

美国的政治制度是建立在民主原则之上的，每一个人，即使是你最坏的敌人，都应该被当作人。我们需要作为一个社会来共同努力，避开那些将他人非人化的领导人，鼓励那些不分党派、尊重他人人性的领导人。

城市应该促进社会接触

自我驯化最有力的结果是，它使我们能够生活在更大、更密集的群体中。旧石器时代晚期的尼安德特人可能只能维持十几人的群体，而我们可以维持一个几百人的半永久性定居点。最终，定居点变得更为永久，人口从数以百计增加到数以千计再到数以百万计。

2008 年，我们成为一个城市物种。现在住在城市的人比住在农村的人多。就许多方面而言，这是个好消息。即使在最贫穷的国家，从某些方面来看，城市生活也比农村生活要好。人们在城市有更好的机会获得向上的流动性、教育和体面的生活标准。

在最好的情况下，城市创造了充满活力的社区，将来自不同国家、族裔、性取向和种族的人混在一起。这种多样性促进了接触，这反过来又促进了宽容，推动了技术创新和经济增长。幸运的是，我们已经知道如何建设促进接触的城市，因为建筑和所有技术一样，是我们自己的延伸。最有效的似乎是中层建筑（12 层似乎是上限）：母亲可以留意在户外玩耍的孩子，居民可以看到楼下经过的人；不同收入阶层混居的住房让来自不同职业和社会经济地位的人可以比邻而居；还有通往小商店、咖啡馆和餐馆的人行便道，在这些商家工作的人认识他们的顾客；在花园和操场中，母亲们可以

交谈，孩子们可以交朋友。[94～96]

在 20 世纪 50 年代，纽约的西村就是这样的城市社区。城市学家简·雅各布斯描述了每天早晨她公寓外错综复杂的“芭蕾舞”：“哈德逊街上的陌生人是我们的同盟，他们用眼睛帮助我们这些本地人维护街道的安宁，来往的陌生人非常多，你每次看到的好像都是不同的人，……当你在哈德逊街上看到同一个陌生人三四回后，你会开始朝他点头。”[94]

在最坏的情况下，城市阻碍了社会接触。高楼大厦创造了一些社区，使得你和某人住在同一楼层多年，却从未打过照面；这些社区没有人行便道，只有大盒子式的连锁店和快餐店，大门和围栏会妨碍你在社区周围漫步或离开社区；高速公路穿过社区，没有人行横道或绿地。

美国的许多城市是种族隔离的，这种隔离是在“二战”后才开始的。政府将资金投入修建通往郊区的高速公路，促使白人逃离城市中心。政府批准的种族协议阻止黑人在郊区购房。联邦住房管理局基于种族拒绝向一些人提供房贷，甚至更进一步，用红线划出整个郊区，以示区别对待。黑人和白人社区之间的这种物理距离破坏了接触的机会，使各自社区的人都很容易将对方非人化。

城市建筑同样可以把某些人排除在某些空间之外。“不友好建筑”有着倾斜的窗台和台阶上的金属格栅，以防人们坐在上面；还有窗沿外的凸起和不平整的路面，旨在阻止滑板玩家。最不友好的建筑是留给那些最容易受到非人化伤害的流浪汉群体的，他们不得不与建在桥洞里的尖状物，为他们提供遮挡的建筑物的遮阳篷，他们可能睡过的公园长椅间的扶手，以及旨在将他们赶出原本温馨的绿地的洒水器斗智斗勇。

我们其他人也不能幸免于这种建筑的影响。根据作家亚历克斯·安德烈乌（Alex Andreou）的说法："通过降低城市对人类身躯的接纳程度，我们降低了它对所有人类的欢迎程度。通过让我们的环境变得更不友好，身处其中的我们也变得更不友好。"[97]

城市需要被设计得能创造一些条件，这些条件与那些对我们的祖先非常有利的条件很相似。"城市需要促进接触。而要做到这一点，它们需要制度上的支持。"城市规划师阮梅（Mai Nguyen）说。阮梅建议在城市中或者靠近交通线的地方建造补贴性住房，这样可以有效地将人们运送到工作区。她指出："接触会带来宽容。"

城市应该成为拥有不同背景、视角和生活经历的人可以自由混搭和交流思想的地方。对我们的祖先来说，这种地方就是贸易路线上的聚居地，来自远方的旅行者可以在此分享想法、技术和商品。对我们来说，这种地方就是公共区域——公园、咖啡馆、剧院、餐馆，我们可以在此见面并熟悉邻居的面容。

我们的栖息地已经改变，但我们没有改变。当我们生活在大型合作群体中时，我们的生产力最高。当我们与来自不同背景的人——即使是那些我们强烈反对的人——交换想法时，我们的创新性最强。当我们的社会结构有利于宽容时，我们的宽容度最大。为了保持健康的民主并表达人类的最佳本性，我们需要设计我们生活的空间，使我们能够相互见面而不感到害怕，表达不同意见而不造成不快，并与那些最不喜欢我们的人交朋友。

Survival of
the
Friendliest

第 9 章

与狗为友，与人为善

“我教孩子们善待动物，这样他们就会善待彼此。”

克洛迪娜·安德烈冲进了被军队征用、弹痕累累的大楼。那时刚果民主共和国正在进行第二次战争。卢旺达军队包围了城市，首都金沙萨已经被围了一个月。没有食物，没有自来水。在城市郊区，胡图族士兵将轮胎扔到图西人身上，然后火烧他们。

克洛迪娜的丈夫有一半图西族血统，一半意大利血统，他已经在意大利大使馆里躲了好几个星期。克洛迪娜往返于家和大使馆之间，带来新闻和补给。她丈夫的外出得不到安全保障，就算安全，他也没有地方可去。没有飞机，也没有直升机。所有能离开的人都已经离开了。

当克洛迪娜到达军队临时指挥所的二楼时，士兵拦住了她。

"我想见见将军。"

"他很忙。"

"那我等着。"

克洛迪娜等在门外，但并没有等很久。原来将军得知一个披着炫目红发的白人女子站在他的办公室外，便无法抑制他的好奇心。

“我能为你做什么，夫人？”

“你的士兵正在砍伐公园里的树木。”

“是吗？”

“有12只倭黑猩猩正处在我的照顾下。他们因战争而成为孤儿，战争结束后，他们需要有地方住。”

这12只倭黑猩猩睡在克洛迪娜的车库里。每天，他们都要挤进她的越野车，由她开车送到一所学校后面的小树林里。克洛迪娜所说的公园曾是前独裁者蒙博托·塞塞·塞科的私人疗养所，由他用热带植物和动物填满的一连串杂乱无章的花园组成。这个独裁者早就死了，公园现在由士兵掌管着。

“倭黑猩猩是刚果的骄傲。他们没有其他地方可以生活。这个公园应该成为他们的家。”

一枚炸弹在离大楼很近的地方爆炸，墙壁摇晃，石膏从天花板上掉下。克洛迪娜冷静地继续说道。

“请告诉你的士兵，停止砍伐树木。”

“夫人，你必须离开。这里不安全——”

又一枚炸弹落下。

“这些倭黑猩猩需要保护。”

也许是意识到这个女人在他表示同意之前不会离开，将军说：“我会告诉他们的。”

克洛迪娜耐心地站着。又一枚炸弹。

“我特此宣布你是公园的监护人！每六个月向我提交一份报告。士兵们会得到通知。现在，夫人，请离开！”

你可能会怀疑克洛迪娜是否神智正常，在战争中还为倭黑猩猩的树林据理力争。但是克洛迪娜热爱动物，任何生病或受伤的动物都可以受到她的照顾。在第一次刚果战争期间，她为动物园里饥饿的动物带来食物。她曾一度同时照顾63只倭黑猩猩、3只非洲灰鹦鹉、1只婴猴、3只狗、10只猫和1只灰鼻猴。

克洛迪娜在金沙萨附近开办了几十个友善俱乐部，让孩子们知道动物也有思想和感受，应该得到同情对待。一天早上，克洛迪娜正在面向参观倭黑猩猩保护区的一个友善俱乐部的成员们讲话，一个男人站起来打断了她。

“你怎么能这样谈论动物？”他问道，“刚果人民正在遭受苦难。这些倭黑猩猩却比你面前的这些孩子有着更多的食物和更好的照顾。”

“我教孩子们善待动物，”克洛迪娜回答，“这样他们就会善待彼此。”

我们与动物的关联

对动物的善意真的会转化为对他人的善意吗？恰恰相反，研究人员传统上认为与动物友善相处会造成应激，因为这样做挑战了我们的信念——我们是与众不同的。[1] 根据这种观点，我们不喜欢意识到自己与动物共享部分天性，这就是为什么把人与动物相提并论是一种有效的非人化策略。

学生们被问到在 15 个不同因素中，哪一个最有可能推动偏见和非人化。大多数学生认为无知、封闭的心态、媒体、父母影响和文化差异这些因素难辞其咎。相比之下，他们认为自己对动物的看法无关紧要，尽管他们承认非人化是一个将别人看作更像动物的过程。这些学生认为教育和群体间的接触是改善群体间关系的主要手段。[2]

如果说从心理学研究中可以学到一个基本的教训，那就是我们并不总能意识到是什么塑造了我们的态度和行为。人们无意识地基于各种身体性状来判断彼此，对动物也是这样。我的合作者玛格丽特·格伦（Margaret Gruen）向兽医和普通人展示了不同品种的狗的照片。当我们要求这两组人给每只狗对疼痛的敏感程度评分时，尽管没有科学证据表明任何品种的狗对疼痛的体验与其他品种的狗不同，但普通人一致认为小型狗比大型狗对疼痛更敏感。兽医也认同不同品种的狗对疼痛的敏感度不同，尽管没有任何兽医学校教过存在这种差异。这两组人还把以攻击性著称的品种评为对疼痛更不敏感。他们甚至认为颜色较深的狗比同一品种颜色较浅的狗体验到更少的疼痛。

我们也没有全然意识到我们与动物的关系跟我们如何看待彼此这两者之间的联系。例如，尽管我们可能不认为对动物的善意与对人的善意存在相关性，但我们通常认为对动物的残忍预示着对人的残忍。

我们知道，童年时期对动物的残忍行为往往是未来更危险行为的预警信号。它是精神病态的童年症状之一。这种关系不只明显存在于极端形式的精神疾病中，普通人对动物的态度也与他们对其他人的态度存在相关性。心理学家戈登·霍德森和克里斯托夫·东特（Kristof Dhont）测试了那些认为人类优于动物的人是否也更有可能将某些人类群体评为优于其他群体。他们发现："将人类视为不同于动物并优于动物这个因素，在兽性地对包括移民、黑人或少数族裔在内的人类外群体进行非人化方面扮演关键角色。"[3]

在另一项研究中，[4]霍德森特别考察了动物与人类之间的分界线，询问人们对诸如"人类不是唯一有思想的生物，一些非人类动物也能思考"这样的说法的认同程度。那些认为动物和人类之间差异较大的人更有可能将移民非人化，并同意"移民在争取平等权利方面的要求越来越高"这类说法。另一方面，那些认为动物与人类更相似的人，则会更少将移民非人化。动物与人类的分界线，或者说我们感知到的人与动物之间的距离，似乎与我们感知到的不同人群之间的距离有着内在相关性。

野犬是我们的母亲

在西方工业化世界，人与狗之间的分界线在过去几十年里已经大大淡化了。人们眼中的狗，已经从工作动物或地位象征转变为正式的家庭成员。对宠物狗的爱似乎只是现代生活的又一种放纵，但史前墓葬证据表明，这种爱更为久远。在多个大陆上发现了 1 万多年前的墓葬，死者都抱着一只狗安息。

在世界上最为平等的文化中，人类和狗之间的爱尤为引人注目。马尔图原住民生活在澳大利亚西部的一个偏远地区，也是地球上环境最恶劣的地区之一。他们是一片从大沙沙漠延伸到威卢纳，面积相当于康涅狄格州㊀的地区的传统土地所有者。茂密的植被、稀缺的水源和灼热的阳光让最早到访的荷兰探险家宣称这块土地不宜居住。

然而，马尔图人是一个庞大的原住民网络的一部分，他们已经在这个地区生活了数千年。[5] 他们是仅存的几个狩猎采集者群体之一，是迟至 20 世纪 60 年代才与欧洲人接触的原住民之一。他们通过繁复的艺术品将寻找水源和绘制地形图的秘密代代相传，这些艺术品现已闻名世界。马尔图人和所有澳大利亚原住民一样，与大地和生活在大地上的所有动物有着深刻而复杂的关系。这种精神传统被称为“梦幻时间”。梦幻时间的一个突出代表是澳洲野犬。

像所有的狗一样，澳洲野犬起源于一个类似狼的祖先，这个祖先在至少 5000 年前从亚洲来到澳洲。但野犬在进化过程中，并没有像大多数现代狗的品种那样，由人类控制进行激进的繁育。野犬游走于驯养与野生的世界之间，有些与人生活在一起，有些则生活在遥远的荒野中。与逃脱到野外的宠物狗不同，野犬在没有我们的情况下也能茁壮成长，但它们可以与人亲近。当人类学家道格·伯德（Doug Bird）采

㊀ 面积 1.3 万平方公里，介于天津和北京之间。——译者注

访马尔图人时，其中一个人向他解释说：“这些野犬是我们的母亲。”

这不仅仅是一个比喻。他们向他解释，当他们还是孩子时，马尔图族人离开营地去狩猎和觅食，年长的孩子照看年幼的孩子，他们累了就带他们回家。当孩子们回到营地时，与他们同行的野犬会像对待小狗一样反刍食物给他们，年长的孩子在火上煮着富含蛋白质的食糜，让孩子们垫垫肚子，直到他们的父母为大家带回肉、根茎、坚果和浆果。在等待父母回来时，孩子们就蜷缩在野犬身边取暖，他们知道有野犬放哨就不会受到伤害。

几千年来，狗可能一直是澳大利亚内陆地区人类家庭的一分子。这是一种非同寻常的关系，不仅是对澳洲野犬而言——它们为一个现在更经常猎杀和迫害它们的物种提供了母亲般的呵护和照顾，而且对澳大利亚原住民而言也是如此。这个高度平等的社会并没有把野犬看作害兽或雇工，而是看作家庭成员。在我们与狗的关系中一定发生过一些变化，把狗挤出了家庭圈子——可能是在工业化时代前后。

欧洲各个品种的狗有一个近得令人惊讶的起源。[6] 人们在维多利亚时代才培育了这些品种，当时狗的外貌比狗应该从事的工作更重要。在维多利亚时代之前，所有大型犬都被称为马士提夫獒犬，所有能猎取野兔的犬都是猎兔犬，而所有观赏犬都是西班牙猎犬。[7]

第一届狗展是在19世纪末举行的，目的是挑选具有“优越”性状的狗，以进一步改良“纯正”血统。获奖的狗为它们的主人带来了声望和可观的收入。狗成了一种可供交易的商品，每个品种都有关于其优越性状由来的叙事，特别是与不属于知名纯种系谱的狗相比。正如育犬师兼作家戈登·斯特布尔斯（Gordon Stables）在1896年所言：“谁都不能接受身后跟着一只杂种狗。”[8]

从那时起，不同的狗被分成了三六九等。拥有一只获胜的纯种狗的后代或一只时尚品种的狗很快就成为社会地位的标志。品质优良的狗代表着权力和高等级。[8]“类型和品种成为秩序和等级制度以及传统的典范，但这些类型和品种即使不是全部，也有很多是被编造出来的。”[8]欧洲各个品种的狗是一种痴迷于阶级和等级制度的文化的产物，非常泛滥，从此诞生了优生学运动。

上一章中已经讲到，社会支配倾向（SDO）量表是对群体等级制度信念的一种测量。强烈同意“一些群体比其他群体优越”的说法，表明一个人的SDO很高。我的研究生周雯和我们一起创建了狗的SDO调查表，只是把“群体”这个词换成了“品种”。我们询问了一千多人同意还是不同意“一些品种的狗比其他品种更优越”和“我们不需要保证每个品种的狗都有同样的生活质量”等说法。

许多受访者强烈同意这些等级制的说法。这些人也对纯种狗有更强烈的偏爱。也许最引人注目的是他们对原有的人类 SDO 调查问卷的回答。我们发现，那些认为狗种之间存在明显的群体等级制的人，也认为人类群体之间存在明显的等级制。赞成狗的等级制的强烈倾向与赞成人类等级制的倾向相一致。我们还发现，养狗的人的 SDO 略高于不养狗的人，不过那些与自己的狗有联结并将其视为家庭成员的人的 SDO 明显低于普通人。

更为平等的狩猎采集者最有可能接受狗进入他们的家庭，就像马尔图原住民那样。在农业和工业化时期，狗可能从家庭成员变成了雇工，进而变成了强化社会等级制度的地位象征。随着自由民主制度和经济繁荣的传播，我们的狗迅速重返它们在我们家庭中的位置。我们如何看待和对待我们的非人类好朋友，反映的其实是我们对待人类的平等主义态度。

我们怎么对待狗可能也反映了我们认为怎么对待他者——其他人类群体和物种——是可以接受的。对待狗的高 SDO 与将“低等”人类群体成员视为动物的意愿存在相关性。

在寻找方法弥合我们与那些我们眼中的外来者——包括人类和动物——之间的差异时，我们与狗的友谊可能是最牢固和最容易达成的。没有哪个曾经爱过狗的人会质疑狗具有思考、承受痛苦和爱的能力。没有哪个曾经被狗爱过的人会认为它们的爱无足轻重。友谊是世界上最伟大的均衡器。没有人能够预料到狗会对我们如此重要。当我们是旧石器时代的超级捕食者时，它们从尖牙利齿的食肉动物进化而来。它们没有利用让它们成功繁衍的恐惧和攻击性，而是温和地向我们靠近。经过许多代的时间，我们才找到足够多的共同点，变得对彼此都很重要。无论是两条腿还是四条腿，无论是白天还是黑夜，它们都一如既往地爱着我们，而这种爱可以改变我们的生活。至少，它改变了我的生活。

自从我们发明了精妙的武器，在竞争中胜过其他更强大的人类物种以来，我们就过分强调了智力。我们基于对智力的认识创造了一个线性量表，能够迫使动物和人都遭受残酷和痛苦的折磨。我的狗奥利奥教会了我，每一条生命都有属于自己的种种天赋，每一条生命生来就有一个聪明的头脑，能够解决与其生存有关的各种问题。

通过发现奥利奥的天赋，我看到了其他动物的心理潜能。因为奥利奥，我对黑猩猩的能力有了更深的了解。因为奥利奥，我的研究转向了倭黑猩猩，并发现这种动物把每个陌生同类都视为潜在的朋友。

爱上奥利奥使我学到了毕生最宝贵的一课：我们的人生价值不在于我们征服了多少敌人，而在于我们交了多少朋友。这就是我们的生存之道。

Survival of
the
Friendliest

致　谢

我们在 2016 年 10 月前后写好了本书的初稿。初稿在结尾警告道，我们本性中最糟糕的东西可能重新浮出水面，并在任何地方或文化中表现出来。但在同年的美国大选结束之后，我们弃用了那份初稿一半甚至更多的内容。我们意识到必须提供解决方案。真正的解决方案需要更深入地钻研科学文献。我们必须成为我们并不熟悉的社会心理学、历史和政治学领域的专家。我们又花了两年时间研究、重构和重写这本书，这让我们不仅能展示我们物种不同寻常的友善度，而且能为大家提供一些帮助，一起来思考我们所面对的最棘手问题的根源和解决方案。

科学中的分歧和争论是健康和令人兴奋的。分歧往往会推动研究，让我们的认识取得进展。科学家依靠怀疑论和基于实证的争论来通向真理。尽管我们已经尽了最大努力对各种文献进行公允的呈现，但并不是每一位科学家都同意我们所表达的全部内容。不同于我们撰写的科学论文，为了方便大家阅读，我们并不总是在正文中强调其他观点或竞争性数据。不过我们提供了大量的参考文献和注释，涵盖了重要细节和其他发现。如果你有兴趣，可以通过很多方式获取这些资料并自行阅读。[一]

本书极大地受益于很多人的努力，他们在这段旅程中付出时间帮助了我们。最大的感谢必须献给我们的编辑 Hilary Redmon，五年来她在工作中一直充分展现着本书两位作者所希望的亲切和周到。如果这是一本学术著作，她会被列为共同作者。她超越了常规的编辑职责，帮助我们极大地改善了文稿的谋篇布局和遣词造句。我们深深地感谢她，和她一起工作非常愉快。

在我们最初开始集思广益讨论这本书要怎么写时，我们的经纪人 Max Brockman 对我们拟定出书计划起到很大作用。他的鼓励对我们决定开展这个计划至关重要。

如果没有 Richard Wrangham 和 Michael Tomasello，就不会有自我驯化假说。我们的合作以及他们自己的研究工作激发了本书中提到的许多想法。他们还不知疲倦地忍受着无休止的讨论，帮助我们综合了这么多不同的想法。我们的同

[一] 本书提到的大部分研究内容都可以在网上获取。谷歌有一个名为谷歌学术的搜索功能，可以让你下载许多论文；很多科学期刊允许通过它们的网站免费访问它们发表的论文；你还可以搜索论文作者的个人网站，免费下载他们的论文；最后，科学家最喜欢的就是分享他们的论文，如果你无法以其他方式获取这些论文，可以给他们发邮件，他们可能会很乐意分享我们在本书中讨论的论文。

事 Walter Sinnott-Armstrong 也是一位出色的导师，他从始至终都随时准备着提供友善的鼓励和有益的讨论。

感谢我们在杜克大学的许多学生，当我们在研讨班和实验室会议上努力攻克主要文献时，他们塑造了我们的很多想法。我们特别需要感谢研究生和博士后 Victoria Wobber、Alexandra Rosati、Evan MacLean、Jingzhi Tan、Kara Walker、Chris Krupenye、Aleah Bowie、Wen Zhou、Margaret Gruen 和 Hannah Salomons，你们在讨论中的有益发言大大推动了本书的写作。你们都非常有耐心，对于我们分心去写这本书表示宽容。在我们费劲地理解与人性中最好面和最坏面有关的大量社会心理学文献时，Aleah 和 Wen 特别慷慨地帮助了我们。

感谢我们系的行政人员和实验室协调员 Lisa Jones、Ben Allen、James Brooks、Kyle Smith、Maggie Bunzey、Morgan Ferrans 和 Madison Moore，他们在我们写作时做好了后勤保障。最后，感谢 Jessica Tan 和 Rong Xiang 为本书创作了许多图片。

本书所提到的我们自己的研究工作得到了美国联邦政府和基金会的资金支持，包括海军研究办公室（NOOO14-12-1-0095，NOOO14-16-1-2682）、尤尼斯・肯尼迪・施莱佛国立儿童健康与人类发展研究所（NIH-HD070649；NIH-1R01HD097732）、国家科学基金会（NSF-BCS-08-27552）、斯坦顿基金会、犬类健康基金会，以及坦伯顿世界慈善基金会。

非常感谢瓦妮莎的妈妈“波波”（Jacquie Leong），她在不同阶段帮助照顾孩子，也感谢布赖恩的父母“老妈”和“老爹”（Alice 和 Bill Hare 夫妇），因为他们把一只叫奥利奥的黑色拉布拉多犬带回家，才有了现在这一切。感谢我们的朋友们，他们忍受了我们在不同阶段的咆哮和愤怒，以及偶尔的当众崩溃，并很快学会了不问我们“书写完了吗”。感谢我们的狗塔西和刚果，它们爱我们，每天都提醒我们友善是制胜法宝。最后，感谢我们可爱的孩子马卢和卢克。是的，这本书终于写完了。是的，我们现在可以和你们一起玩耍了。

我们希望这本书会激励所有人类对彼此以及与我们共享地球的动物们表现出更多的同情心。如果你想帮助克洛迪娜·安德烈完成她拯救倭黑猩猩的使命，并帮助鼓励刚果的年轻一代向人类和所有动物（包括狗）表示友善，请考虑向倭黑猩猩之友捐款：friendsofbonobos.org。如果你想关注我们研究小组的进展，可以访问 evolutionaryanthropology.duke.edu/hare-lab。

注 释

导言

1. Elliot Aronson, Shelley Patnoe, *Cooperation in the Classroom: The Jigsaw Method* (London: Pinter & Martin, 2011).
2. D. W. Johnson, G. Maruyama, R. Johnson, D. Nelson, L. Skon, "Effects of Cooperative, Competitive, and Individualistic Goal Structures on Achievement: A Meta-Analysis," *Psychological Bulletin* 89, 47 (1981).
3. D. W. Johnson, R. T. Johnson, "An Educational Psychology Success Story: Social Interdependence Theory and Cooperative Learning," *Educational Researcher* 38, 365–79 (2009).
4. M. J. Van Ryzin, C. J. Roseth, "Effects of Cooperative Learning on Peer Relations, Empathy, and Bullying in Middle School," *Aggressive Behavior* (2019).
5. C. J. Roseth, Y.-k. Lee, W. A. Saltarelli, "Reconsidering Jigsaw Social Psychology: Longitudinal Effects on Social Interdependence, Sociocognitive Conflict Regulation, Motivation, and Achievement," *Journal of Educational Psychology* 111, 149 (2019).
6. Charles Darwin, *Descent of Man, and Selection in Relation to Sex,* new edition, revised and augmented (Princeton, New Jersey: Princeton University Press 1981; Photocopy of original London: Murray Publishing 1871).
7. Brian Hare, "Survival of the Friendliest: *Homo sapiens* Evolved via Selection for Prosociality," *Annual Review of Psychology* 68, 155–86 (2017).

一代又一代的驯化，并不像人们曾经认为的那样会降低智力，而是会增加友善度。当一种动物被驯化时，它经历了许多看起来完全不相关的变化。这种变化模式被称作驯化综合征，可以表现在脸的形状、牙齿的尺寸，以及不同身体部位或毛发的色素沉着上，还可以包括激素、生殖周期和神经系统的变化。我们在研究中发现，驯化还可以增加一个物种的协调能力和交流能力。

所有这些看似随机的变化都与发育有关。被驯化的物种的大脑和身体的发育与不太友善的物种不同，前者是由后者进化而来的。与其他亲缘关系近的物种相比，促进社会联结的行为，比如游戏，在被驯化的物种中出现得更早，持续得更久，通常持续到成年期。

研究其他物种的驯化，使我们能够了解我们自己的认知超能力可能是如何演变的。

8. R. Kurzban, M. N. Burton-Chellew, S. A. West, "The Evolution of Altruism in Humans," *Annual Review of Psychology* 66, 575–99 (2015).

9. Frans de Waal, *Peacemaking Among Primates* (Cambridge, MA: Harvard University Press, 1989).

10. R. M. Sapolsky, "The Influence of Social Hierarchy on Primate Health," *Science* 308, 648–52 (2005).

11. N. Snyder-Mackler, J. Sanz, J. N. Kohn, J. F. Brinkworth, S. Morrow, A. O. Shaver, J.-C. Grenier, R. Pique-Regi, Z. P. Johnson, M. E. Wilson, "Social Status Alters Immune Regulation and Response to Infection in Macaques," *Science* 354, 1041–45 (2016).

12. C. Drews, "Contexts and Patterns of Injuries in Free-Ranging Male Baboons (*Papio cynocephalus*)," *Behaviour* 133, 443–74 (1996).

13. M. L. Wilson, C. Boesch, B. Fruth, T. Furuichi, I. C. Gilby, C. Hashimoto, C. L. Hobaiter, G. Hohmann, N. Itoh, K.J.N. Koops, "Lethal Aggression in Pan Is Better Explained by Adaptive Strategies than Human Impacts," *Nature* 513, 414 (2014).

14. Thomas Hobbes, *Leviathan* (London: A&C Black, 2006).

15. Frans de Waal, *Chimpanzee Politics: Power and Sex Among Apes* (Baltimore: Johns Hopkins University Press, 2007).

16. L. R. Gesquiere, N. H. Learn, M. C. M. Simao, P. O. Onyango, S. C. Alberts, J. Altmann, "Life at the Top: Rank and Stress in Wild Male Baboons," *Science* 333, 357–60 (2011).

17. M. W. Gray, "Mitochondrial Evolution," *Cold Spring Harbor Perspectives in Biology* 4, a011403 (2012).

18. L. A. David, C. F. Maurice, R. N. Carmody, D. B. Gootenberg, J. E. Button, B. E. Wolfe, A. V. Ling, A. S. Devlin, Y. Varma, M. A. Fischbach, S. B. Biddinger, R. J. Dutton, P. J. Turnbaugh, "Diet Rapidly and Reproducibly Alters the Human Gut Microbiome," *Nature* 505, 559–63 (2014).

19. S. Hu, D. L. Dilcher, D. M. Jarzen, "Early Steps of Angiosperm-Pollinator Coevolution," *Proceedings of the National Academy of Sciences* 105, 240–45 (2008).

20. B. Hölldobler, E. O. Wilson, *The Superorganism: The Beauty, Elegance, and Strangeness of Insect Societies* (New York: W. W. Norton, 2009).

21. B. Wood, E. K. Boyle, "Hominin Taxic Diversity: Fact or Fantasy?" *American Journal of Physical Anthropology* 159, 37–78 (2016).

22. A. Powell, S. Shennan, M. G. Thomas, "Late Pleistocene Demography and the Appearance of Modern Human Behavior," *Science* 324, 1298–1301 (2009).

23. Steven E. Churchill, *Thin on the Ground: Neandertal Biology, Archeology, and Ecology* (Hoboken, NJ: John Wiley & Sons, 2014), vol. 10.

24. A. S. Brooks, J. E. Yellen, R. Potts, A. K. Behrensmeyer, A. L. Deino, D. E. Leslie, S. H. Ambrose, J. R. Ferguson, F. d'Errico, A.M.J.S. Zipkin, "Long-Distance Stone Transport and Pigment Use in the Earliest Middle Stone Age," *Science* 360, 90–94 (2018).
25. N. T. Boaz, *Dragon Bone Hill: An Ice-Age Saga of Homo Erectus,* edited by R. L. Ciochon (Oxford and New York: Oxford University Press, 2004).
26. C. Shipton, M. D. Petraglia, "Inter-continental Variation in Acheulean Bifaces," in *Asian Paleoanthropology* (New York: Springer, 2011), 49–55.
27. W. Amos, J. I. Hoffman, "Evidence That Two Main Bottleneck Events Shaped Modern Human Genetic Diversity," *Proceedings of the Royal Society B: Biological Sciences* (2009).
28. A. Manica, W. Amos, F. Balloux, T. Hanihara, "The Effect of Ancient Population Bottlenecks on Human Phenotypic Variation," *Nature* 448, 346–48 (2007).
29. S. H. Ambrose, "Late Pleistocene Human Population Bottlenecks, Volcanic Winter, and Differentiation of Modern Humans," *Journal of Human Evolution* 34, 623–51 (1998).
30. J. Krause, C. Lalueza-Fox, L. Orlando, W. Enard, R. E. Green, H. A. Burbano, J.-J. Hublin, C. Hänni, J. Fortea, M. De La Rasilla, "The Derived FOXP2 Variant of Modern Humans Was Shared with Neandertals," *Current Biology* 17, 1908–12 (2007).
31. F. Schrenk, S. Müller, C. Hemm, P. G. Jestice, *The Neanderthals* (Routledge, 2009).
32. S. E. Churchill, J. A. Rhodes, "The Evolution of the Human Capacity for 'Killing at a Distance' : The Human Fossil Evidence for the Evolution of Projectile Weaponry," in *The Evolution of Hominin Diets* (New York: Springer, 2009), 201–10.
33. B. Davies, S. H. Bickler, "Sailing the Simulated Seas: A New Simulation for Evaluating Prehistoric Seafaring" in *Across Space and Time: Papers from the 41st Conference on Computer Applications and Quantitative Methods in Archaeology, Perth, 25–8 March 2013* (Amsterdam: Amsterdam University Press, 2015), 215–23.
34. O. Soffer, "Recovering Perishable Technologies Through Use Wear on Tools: Preliminary Evidence for Upper Paleolithic Weaving and Net Making," *Current Anthropology* 45, 407–13 (2004).
35. J. F. Hoffecker, "Innovation and Technological Knowledge in the Upper Paleolithic of Northern Eurasia," *Evolutionary Anthropology: Issues, News, and Reviews* 14, 186–98 (2005).
36. O. Bar-Yosef, "The Upper Paleolithic Revolution," *Annual Review of Anthropology* 31, 363–93 (2002).
37. S. McBrearty, A. S. Brooks, "The Revolution That Wasn't: A New Interpretation of the Origin of Modern Human Behavior," *Journal of Human Evolution* 39, 453–563 (2000).

38. M. Vanhaeren, F. d'Errico, C. Stringer, S. L. James, J. A. Todd, H. K. Mienis, "Middle Paleolithic Shell Beads in Israel and Algeria," *Science* 312, 1785–88 (2006).
39. G. Curtis, *The Cave Painters: Probing the Mysteries of the World's First Artists* (New York: Anchor, 2007).
40. H. Valladas, J. Clottes, J.-M. Geneste, M. A. Garcia, M. Arnold, H. Cachier, N. Tisnérat-Laborde, "Palaeolithic Paintings: Evolution of Prehistoric Cave Art," *Nature* 413, 479 (2001).
41. N. McCarty, K. T. Poole, H. Rosenthal, *Polarized America: The Dance of Ideology and Unequal Riches* (Cambridge, MA: MIT Press, 2016).
42. Charles Gibson, "Restoring Comity to Congress," paper presented at the Shorenstein Center on Media, Politics and Public Policy, Harvard Kennedy School, January 1, 2011, https://shorensteincenter.org/restoring-comity-to-congress/.
43. C. News, in *CBS News* (2010).
44. John. A. Farrell. *Tip O'Neill and the Democratic Century: A Biography*. (New York: Little Brown, 2001).
45. R. Strahan, *Leading Representatives: The Agency of Leaders in the Politics of the U.S. House* (Baltimore: Johns Hopkins University Press, 2007).
46. J. Haidt, *The Righteous Mind: Why Good People are Divided by Politics and Religion* (New York: Vintage, 2012).
47. 住在华盛顿的政治家被批评为“外来政客”(C. Raasch, "Where do U.S. Senators 'live,' and does it matter?," *St. Louis Post-Dispatch*, September 2, 2016)，与他们的选民“失联”(A. Delaney, "Living Large of Capitol Hill," *Huffington Post*, July 31, 2012)。但让国会议员住在同一个地方会让他们之间建立起关系。正如奥恩斯坦所说，“如果你和对面议员席的同僚及其配偶一起站在足球比赛的场边，那么当你进入议员席时，你就更难以把他诋毁为魔鬼的化身了”(Gibson, "Restoring Comity to Congress")。作为同一个社区的一部分，可能会让我们的众议员重拾其所失去的共同经验和共同目标的感觉。如果我们的众议员不可能进行联系，那么至少他们的工作人员之间应该进行联系。很少有人知道，美国的政府主要是由一群二十多岁的理想主义年轻人在运作，他们希望为我们的民主制度带来改变。我们的众议员的效率与他们的工作人员的素质有关 (J. McCrain,"Legislative Staff and Policymaking," Emory University, 2018)。工作人员为众议员提供信息、谈话要点和简报。当你打电话或拜访你的众议员时，一位年轻的工作人员会接电话或与你见面。当你听到一个政治家召开新闻发布会时，是工作人员向媒体介绍情况。工作人员生活在美国生活成本最高的地区之一，但他们的工资非常低，有些人的年薪低至 2 万美元。我跟我以前的一个学生交流过，他是一位美国参议员的工作人员，他说共和党和民主党的工作人员很少有机会结成任何形式的关系。他甚至从未与另一党派的工作人员共进过午餐。如果说老一代人在当前的两极分化中表现得过于固执，那么不需要花太多工夫就能让这些思想更开放的年轻人走到一起。这些年轻人中有许多将在政界待上几十年。通过友谊，甚至是偶然的相识，他们将能够完成比他们更有经验的长辈没能做到的事情。但如果不给他们机会，我们就会在未来看到更大的两极分化。

48. N. Gingrich, "Language: A Key Mechanism of Control," *Information Clearing House* (1996).
49. D. Corn, T. Murphy, "A Very Long List of Dumb and Awful Things Newt Gingrich Has Said and Done," in *Mother Jones* (2016).
50. S. M. Theriault, D.W.J.T.J.o.P. Rohde, "The Gingrich Senators and Party Polarization in the U.S. Senate," *The Journal of Politics* 73, 1011–24 (2011).
51. J. Biden, "Remarks: Joe Biden," National Constitution Center, 16 October 2017 (2017), published online https://constitutioncenter.org/liberty-medal/media-info/remarks-joe-biden.
52. S. A. Frisch, S. Q. Kelly, *Cheese Factories on the Moon: Why Earmarks Are Good for American Democracy* (Routledge, 2015).
53. Cass R. Sunstein, *Can It Happen Here?: Authoritarianism in America* (New York: Dey Street Books, 2018).

第 1 章

1. M. Tomasello, M. Carpenter, U. Liszkowski, "A New Look at Infant Pointing," *Child Development* 78, 705–22 (2007).
2. Brian Hare, "From Hominoid to Hominid Mind: What Changed and Why?" *Annual Review of Anthropology* 40, 293–309 (2011).
3. Michael Tomasello, *Becoming Human: A Theory of Ontogeny* (Cambridge, MA: Belknap Press of Harvard University Press, 2019).
4. Michael Tomasello, *Origins of Human Communication* (Cambridge, MA: MIT Press, 2010).
5. E. Herrmann, J. Call, M. V. Hernández-Lloreda, B. Hare, M. Tomasello, "Humans Have Evolved Specialized Skills of Social Cognition: The Cultural Intelligence Hypothesis," *Science* 317, 1360–66 (2007).
6. A. P. Melis, M. Tomasello, "Chimpanzees (*Pan troglodytes*) Coordinate by Communicating in a Collaborative Problem-Solving Task," *Proceedings of the Royal Society B* 286, 20190408 (2019).
7. J. P. Scott, "The Social Behavior of Dogs and Wolves: An Illustration of Sociobiological Systematics," *Annals of the New York Academy of Sciences* 51, 1009–21 (1950).
8. Brian Hare and Vanessa Woods, *The Genius of Dogs* (Oneworld Publications, 2013).
9. B. Hare, M. Brown, C. Williamson, M. Tomasello, "The Domestication of Social Cognition in Dogs," *Science* 298, 1634–36 (2002).
10. B. Hare, M. Tomasello, "Human-like Social Skills in Dogs?" *Trends in*

Cognitive Sciences 9, 439–44 (2005).
11. B. Agnetta, B. Hare, M. Tomasello, "Cues to Food Location That Domestic Dogs (*Canis familiaris*) of Different Ages Do and Do Not Use," *Animal Cognition* 3, 107–12 (2000).
12. J. W. Pilley, "Border Collie Comprehends Sentences Containing a Prepositional Object, Verb, and Direct Object," *Learning and Motivation* 44, 229–40 (2013).
13. J. Kaminski, J. Call, J. Fischer, "Word Learning in a Domestic Dog: Evidence for 'Fast Mapping,' " *Science* 304, 1682–83 (2004).
14. K. C. Kirchhofer, F. Zimmermann, J. Kaminski, M. Tomasello, "Dogs (*Canis familiaris*), but Not Chimpanzees (*Pan troglodytes*), Understand Imperative Pointing," *PLoS One* 7, e30913 (2012).
15. F. Kano, J. Call, "Great Apes Generate Goal-Based Action Predictions: An Eye-Tracking Study," *Psychological Science* 25, 1691–98 (2014).
16. E. L. MacLean, E. Herrmann, S. Suchindran, B. Hare, "Individual Differences in Cooperative Communicative Skills Are More Similar Between Dogs and Humans than Chimpanzees," *Animal Behaviour* 126, 41–51 (2017).
17. Jonathan B. Losos, *Improbable Destinies: Fate, Chance, and the Future of Evolution* (Penguin, 2017).
18. E. Axelsson, A. Ratnakumar, M.-L. Arendt, K. Maqbool, M. T. Webster, M. Perloski, O. Liberg, J. M. Arnemo, Å. Hedhammar, K. Lindblad-Toh, "The Genomic Signature of Dog Domestication Reveals Adaptation to a Starch-Rich Diet," *Nature* 495, 360–64 (2013).
19. G.-d. Wang, W. Zhai, H.-c. Yang, R.-x. Fan, X. Cao, L. Zhong, L. Wang, F. Liu, H. Wu, L.-g. Cheng, "The Genomics of Selection in Dogs and the Parallel Evolution Between Dogs and Humans," *Nature Communications* 4, 1860 (2013).
20. Y.-H. Liu, L. Wang, T. Xu, X. Guo, Y. Li, T.-T. Yin, H.-C. Yang, H. Yang, A. C. Adeola, O. J Sanke, "Whole-Genome Sequencing of African Dogs Provides Insights into Adaptations Against Tropical Parasites," *Molecular Biology and Evolution* (2017).

第2章

1. S. Argutinskaya, in memory of D. K. Belyaev, "Dmitrii Konstantinovich Belyaev: A Book of Reminescences," edited by V. K. Shumnyi, P. M. Borodin, A. L. Markel, and S. V. Argutinskaya (Novosibirsk: Sib. Otd. Ros. Akad. Nauk, 2002), *Russian Journal of Genetics* 39, 842–43 (2003).
2. Brian Hare, Vanessa Woods, *The Genius of Dogs* (Oneworld Publications, 2013).
3. Lee A. Dugatkin, L. Trut, *How to Tame a Fox (and Build a Dog): Visionary Scientists and a Siberian Tale of Jump-Started Evolution* (Chicago: University of Chicago Press, 2017).
4. Darcy Morey, *Dogs: Domestication and the Development of a Social Bond* (Cambridge University Press, 2010); M. Geiger, A. Evin, M. R. Sánchez-Villagra, D. Gascho, C. Mainini, C. P. Zollikofer, "Neomorphosis and Heterochrony of Skull

Shape in Dog Domestication," *Scientific Reports* 7, 13443 (2017).
5. E. Tchernov, L. K. Horwitz, "Body Size Diminution Under Domestication: Unconscious Selection in Primeval Domesticates," *Journal of Anthropological Archaeology* 10, 54–75 (1991).
6. L. Andersson, "Studying Phenotypic Evolution in Domestic Animals: A Walk in the Footsteps of Charles Darwin" in *Cold Spring Harbor Symposia on Quantitative Biology* (2010).
7. Helmut Hemmer, *Domestication: The Decline of Environmental Appreciation* (Cambridge: Cambridge University Press, 1990).
8. Jared Diamond, "Evolution, Consequences and Future of Plant and Animal Domestication," *Nature* 418, 700–707 (2002).
9. Jared Diamond, *Guns, Germs, and Steel: The Fates of Human Societies* (New York: W. W. Norton, 1999).
10. Lyudmila Trut, "Early Canid Domestication: The Farm-Fox Experiment; Foxes Bred for Tamability in a 40-year Experiment Exhibit Remarkable Transformations That Suggest an Interplay Between Behavioral Genetics and Development," *American Scientist* 87, 160–69 (1999).
11. M. Geiger, A. Evin, M. R. Sánchez-Villagra, D. Gascho, C. Mainini, C. P. Zollikofer, "Neomorphosis and Heterochrony of Skull Shape in Dog Domestication," *Scientific Reports* 7, 13443 (2017).
12. L. Trut, I. Oskina, A. Kharlamova, "Animal Evolution During Domestication: The Domesticated Fox as a Model," *Bioessays* 31, 349–60 (2009).
13. A. V. Kukekova, L. N. Trut, K. Chase, A. V. Kharlamova, J. L. Johnson, S. V. Temnykh, I. N. Oskina, R. G. Gulevich, A. V. Vladimirova, S. Klebanov, "Mapping Loci for Fox Domestication: Deconstruction/Reconstruction of a Behavioral Phenotype," *Behavior Genetics* 41, 593–606 (2011).
14. A. V. Kukekova, J. L. Johnson, X. Xiang, S. Feng, S. Liu, H. M. Rando, A. V. Kharlamova, Y. Herbeck, N. A. Serdyukova, Z.J.N. Xiong, "Red Fox Genome Assembly Identifies Genomic Regions Associated with Tame and Aggressive Behaviours," *Evolution* 2, 1479 (2018).
15. E. Shuldiner, I. J. Koch, R. Y. Kartzinel, A. Hogan, L. Brubaker, S. Wanser, D. Stahler, C. D. Wynne, E. A. Ostrander, J. S. Sinsheimer, "Structural Variants in Genes Associated with Human Williams-Beuren Syndrome Underlie Stereotypical Hypersociability in Domestic Dogs," *Science Advances* 3 (2017).
16. L. A. Dugatkin, "The Silver Fox Domestication Experiment," *Evolution: Education and Outreach* 11, 16 (2018).
17. B. Agnvall, J. Bélteky, R. Katajamaa, P. Jensen, "Is Evolution of Domestication Driven by Tameness? A Selective Review with Focus on Chickens," *Applied Animal Behaviour Science* (2017).
18. B. Hare, I. Plyusnina, N. Ignacio, O. Schepina, A. Stepika, R. Wrangham, L. Trut, "Social Cognitive Evolution in Captive Foxes Is a Correlated By-product of Experimental Domestication," *Current Biology* 15, 226–30 (2005).
19. B. Hare, M. Tomasello, "Human-like Social Skills in Dogs?" *Trends in*

Cognitive Sciences 9, 439–44 (2005).
20. J. Riedel, K. Schumann, J. Kaminski, J. Call, M. Tomasello, "The Early Ontogeny of Human-Dog Communication," *Animal Behaviour* 75, 1003–14 (2008).
21. M. Gácsi, E. Kara, B. Belényi, J. Topál, Á. Miklósi, "The Effect of Development and Individual Differences in Pointing Comprehension of Dogs," *Animal Cognition* 12, 471–79 (2009).
22. B. Hare, M. Brown, C. Williamson, M. Tomasello, "The Domestication of Social Cognition in Dogs," *Science* 298, 1634–36 (2002).
23. J. Kaminski, L. Schulz, M. Tomasello, "How Dogs Know When Communication Is Intended for Them," *Developmental Science* 15, 222–32 (2012).
24. F. Rossano, M. Nitzschner, M. Tomasello, "Domestic Dogs and Puppies Can Use Human Voice Direction Referentially," *Proceedings of the Royal Society of London B: Biological Sciences* 281 (2014).
25. B. Hare, M. Tomasello, "Domestic Dogs (*Canis familiaris*) Use Human and Conspecific Social Cues to Locate Hidden Food," *Journal of Comparative Psychology* 113, 173 (1999).
26. G. Werhahn, Z. Virányi, G. Barrera, A. Sommese, F. Range, "Wolves (*Canis lupus*) and Dogs (*Canis familiaris*) Differ in Following Human Gaze into Distant Space but Respond Similarly to Their Packmates' Gaze," *Journal of Comparative Psychology* 130, 288 (2016).
27. F. Range, Z. Virányi, "Tracking the Evolutionary Origins of Dog-human Cooperation: The 'Canine Cooperation Hypothesis,'" *Frontiers in Psychology* 5, 1582 (2015).
28. 其他研究人员甚至做了更广泛的测试(Kaminski and Marshall-Pescini, 2014; Lampe, Bräuer, Kaminski, and Virányi, 2017; Marshall-Pescini, Rao, Virányi, and Range, 2017; Udell, Spencer, Dorey, and Wynne, 2012)。生物学家 Adam Miklósi 比较了他以同样方式繁育的一群狼和狗。他立即注意到几个不同之处。即使是在幼崽的时候，狗也比狼使用更多的交流信号来与它们的看护人接触和互动。狗幼崽会号叫、摇尾巴，以及与看护人和其他人进行目光接触，而狼的幼崽则对人甚至对看护人感到焦虑，甚至有攻击性 (Gácsi et al., 2009)。狗的幼崽与人的目光接触比狼要多 (Bentosela, Wynne, D'Orazio, Elgier, and Udell, 2016; Gácsi et al., 2009)。事实上，当狗和狼得到一个装着食物的容器却无法打开时，狗会回头看向看护人，似乎在请求帮助，而狼只是一直试图自己解决问题 (Miklósi et al., 2003; Topál, Gergely, Erdőhegyi, Csibra, and Miklósi, 2009)。当 Adam 测试狼追随一个指向性手势的能力时，它们会忽视看护人伸出的手臂，即使同一个人之前无数次向它们指点过东西。即使经过大量的训练，这些狼也只能达到与狗相同的水平，而狗在利用人类手势方面没有经过训练。我们自己的研究小组最近比较了 24 只狼的幼崽和 24 只年龄匹配的狗的幼崽，再次发现狗在与人合作交流时的表现优于狼，但在非社会性任务中却没有。所有这些研究得出了一个合理的解释，来说明狗是如何成为我们最好的朋友和像人类一样的合作交流的冠军的。M. Bentosela, C.D.L. Wynne, M. D'Orazio, A. Elgier, M.A.R. Udell, "Sociability and Gazing Toward Humans in Dogs and Wolves: Simple Behaviors with Broad Implications," *Journal of the Experimental Analysis of Behavior* 105(1), 68–75 (2016); M. Gácsi, B. Gyoöri, Z. Virányi, E. Kubinyi, F. Range, B. Belényi, Á. Miklósi, "Explaining Dog Wolf Differences in Utilizing Human Pointing Gestures: Selection for Synergistic Shifts in the Development of Some Social Skills," *PLoS One* 4(8), e6584 (2009); Juliane Kaminski, Sarah Marshall-Pescini, *The Social Dog: Behavior and Cognition* (Elsevier, 2014); M. Lampe, J. Bräuer, J. Kaminski, Z. Virányi, "The Effects of Domestication and Ontogeny on Cognition in Dogs and Wolves," *Scientific Reports* 7(1), 11690 (2017); S. Marshall-Pescini, A. Rao, Z. Virányi, F. Range, "The Role of Domestication and Experience in 'Looking Back' Towards Humans in an Unsolvable Task," *Scientific Reports* 7 (2017); Á. Miklósi, E. Kubinyi, J. Topál, M. Gácsi, Z. Virányi, V. Csányi, "A Simple Reason for a Big Difference: Wolves Do Not Look Back at Humans, but Dogs Do," *Current Biology* 13(9), 763–66 (2003); J. Topál, G. Gergely, Á.Erdőhegyi, G. Csibra, Á. Miklósi, "Differential Sensitivity to Human Communication in Dogs, Wolves, and Human Infants," *Science* 325 (5945), 1269–72 (2009); M.A.R. Udell, J. M. Spencer, N. R. Dorey, C.D.L. Wynne, "Human-Socialized Wolves Follow Diverse Human Gestures…and They May Not Be Alone," *International Journal of Comparative Psychology* 25(2) (2012).

29. M.A.R. Udell, J. M. Spencer, N. R. Dorey, C.D.L. Wynne, "Human-Socialized Wolves Follow Diverse Human Gestures…and They May Not Be Alone," *International Journal of Comparative Psychology* 25(2) (2012).

30. M. Lampe, J. Bräuer, J. Kaminski, Z. Virányi, "The Effects of Domestication and Ontogeny on Cognition in Dogs and Wolves," *Scientific Reports* 7, 11690 (2017).

31. S. Marshall-Pescini, A. Rao, Z. Virányi, F. Range, "The Role of Domestication and Experience in 'Looking Back' Towards Humans in an Unsolvable Task," *Scientific Reports* 7 (2017).

32. Juliane Kaminski, Sarah Marshall-Pescini, *The Social Dog: Behavior and Cognition* (Elsevier, 2014).

33. S. Marshall-Pescini, J. Kaminski, "The Social Dog: History and Evolution," in *The Social Dog: Behavior and Cognition* (Elsevier, 2014), 3–33.

34. Google Trends (2015).

35. J. Butler, W. Brown, J. du Toit, "Anthropogenic Food Subsidy to a Commensal Carnivore: The Value and Supply of Human Faeces in the Diet of Free-Ranging Dogs," *Animals* 8, 67 (2018).

36. Steven E. Churchill, *Thin on the Ground: Neandertal Biology, Archeology, and Ecology* (Hoboken, NJ: John Wiley & Sons, 2014), vol. 10.

37. Pat Shipman, *The Invaders* (Cambridge, MA: Harvard University Press, 2015).

38. Raymond Coppinger, Lorna Coppinger, *Dogs: A New Understanding of Canine Origin, Behavior and Evolution* (Chicago: University of Chicago Press, 2002).
39. J. R. Butler, W. Y. Brown, J. T. du Toit, "Anthropogenic Food Subsidy to a Commensal Carnivore: The Value and Supply of Human Faeces in the Diet of Free-Ranging Dogs," *Animals* 8 (2018).
40. K. D. Lupo, "When and Where Do Dogs Improve Hunting Productivity? The Empirical Record and Some Implications for Early Upper Paleolithic Prey Acquisition," *Journal of Anthropological Archaeology* 47, 139–51 (2017).
41. B. P. Smith, C. A. Litchfield, "A Review of the Relationship Between Indigenous Australians, Dingoes (*Canis dingo*) and Domestic Dogs (*Canis familiaris*)," *Anthrozoös* 22, 111–28 (2009).
42. Stanley D. Gehrt, Seth P. D. Riley, and Brian L. Cypher, eds., *Urban Carnivores: Ecology, Conflict, and Conservation* (Baltimore: Johns Hopkins University Press, 2010) 79–95.
43. 我们与罗利自然科学博物馆的 Roland Kays 合作，他负责 Candid Critters 项目。他组织公民科学家在全州范围内设置了野生动物摄像机，以监测野生动物的行为。这篇论文目前正处于审稿阶段。
44. E. L. MacLean, B. Hare, C. L. Nunn, E. Addessi, F. Amici, R. C. Anderson, F. Aureli, J. M. Baker, A. E. Bania, A. M. Barnard, "The Evolution of Self-control," *Proceedings of the National Academy of Sciences* 111, E2140–E2148 (2014).
45. Gehrt et al., eds., *Urban Carnivores.*
46. J. Partecke, E. Gwinner, S. Bensch, "Is Urbanisation of European Blackbirds (*Turdus merula*) Associated with Genetic Differentiation?" *Journal of Ornithology* 147, 549–52 (2006).
47. J. Partecke, I. Schwabl, E. Gwinner, "Stress and the City: Urbanization and Its Effects on the Stress Physiology in European Blackbirds," *Ecology* 87, 1945–52 (2006).
48. P. M. Harveson, R. R. Lopez, B. A. Collier, N. J. Silvy, "Impacts of Urbanization on Florida Key Deer Behavior and Population Dynamics," *Biological Conservation* 134, 321–31 (2007).
49. R. McCoy, S. Murphie, "Factors Affecting the Survival of Black-tailed Deer Fawns on the Northwestern Olympic Peninsula, Washington," *Makah Tribal Forestry Final Report,* Neah Bay, Washington (2011).
50. A. Hernádi, A. Kis, B. Turcsán, J. Topál, "Man's Underground Best Friend: Domestic Ferrets, Unlike the Wild Forms, Show Evidence of Dog-like Social-Cognitive Skills," *PLoS One* 7, e43267 (2012).
51. K. Okanoya, "Sexual Communication and Domestication May Give Rise to the Signal Complexity Necessary for the Emergence of Language: An Indication from Songbird Studies," *Psychonomic Bulletin & Review* 24, 106–10 (2017).
52. R.T.T. Forman, "The Urban Region: Natural Systems in Our Place, Our Nourishment, Our Home Range, Our Future," *Landscape Ecology* 23, 251–53 (2008).

第3章

1. B. Hare, V. Wobber, R. Wrangham, "The Self-Domestication Hypothesis: Evolution of Bonobo Psychology Is Due to Selection Against Aggression," *Animal Behaviour* 83, 573–85 (2012).
2. R. Wrangham, D. Pilbeam, "Apes as Time Machines," in *All Apes Great and Small* (New York: Springer, 2002), 5–17.
3. Richard W. Wrangham, Dale Peterson, *Demonic Males: Apes and the Origins of Human Violence* (Houghton Mifflin Harcourt, 1996).
4. M. L. Wilson, M. D. Hauser, R. W. Wrangham, "Does Participation in Intergroup Conflict Depend on Numerical Assessment, Range Location, or Rank for Wild Chimpanzees?" *Animal Behaviour* 61, 1203–16 (2001).
5. M. L. Wilson, C. Boesch, B. Fruth, T. Furuichi, I. C. Gilby, C. Hashimoto, C. L. Hobaiter, G. Hohmann, N. Itoh, K. Koops, "Lethal Aggression in Pan Is Better Explained by Adaptive Strategies than Human Impacts," *Nature* 513, 414–17 (2014).
6. J. C. Mitani, D. P. Watts, S. J. Amsler, "Lethal Intergroup Aggression Leads to Territorial Expansion in Wild Chimpanzees," *Current Biology* 20, R507–R8 (2010).
7. R. W. Wrangham, M. L. Wilson, "Collective Violence: Comparisons Between Youths and Chimpanzees," *Annals of the New York Academy of Sciences* 1036, 233–56 (2004).
8. S. M. Kahlenberg, M. E. Thompson, M. N. Muller, R. W. Wrangham, "Immigration Costs for Female Chimpanzees and Male Protection as an Immigrant Counterstrategy to Intrasexual Aggression," *Animal Behaviour* 76, 1497–1509 (2008).
9. Frans B. de Waal, F. Lanting, *Bonobo: The Forgotten Ape* (University of California Press, 1997).
10. K. Walker, B. Hare, in *Bonobos: Unique in Mind, Brain and Behavior,* edited by B. Hare and S. Yamamoto (Oxford University Press, 2017), chapter 4, 49–64.
11. Brian Hare, Shinya Yamamoto, *Bonobos: Unique in Mind, Brain, and Behavior* (Oxford University Press, 2017).
12. P. H. Douglas, G. Hohmann, R. Murtagh, R. Thiessen-Bock, T. Deschner, "Mixed Messages: Wild Female Bonobos Show High Variability in the Timing of Ovulation in Relation to Sexual Swelling Patterns," *BMC Evolutionary Biology* 16, 140 (2016).
13. T. Furuichi, "Female Contributions to the Peaceful Nature of Bonobo Society," *Evolutionary Anthropology: Issues, News, and Reviews* 20, 131–42 (2011).
14. N. Tokuyama, T. Furuichi, "Do Friends Help Each Other? Patterns of Female Coalition Formation in Wild Bonobos at Wamba," *Animal Behaviour* 119, 27–35 (2016).
15. L. R. Moscovice, M. Surbeck, B. Fruth, G. Hohmann, A. V. Jaeggi, T. Deschner, "The Cooperative Sex: Sexual Interactions Among Female Bonobos Are Linked to Increases in Oxytocin, Proximity and Coalitions," *Hormones and*

Behavior 116, 104581 (2019).
16. Richard Wrangham, *The Goodness Paradox: The Strange Relationship Between Virtue and Violence in Human Evolution* (New York: Pantheon, 2019).
17. 有一个疑似案例。一只雄性倭黑猩猩被几只倭黑猩猩袭击，受了重伤，从此再也没有人见过他。然而，结果没有得到证实，这只雄性倭黑猩猩有可能幸存下来。M. L. Wilson, C. Boesch, B. Fruth, T. Furuichi, I. C. Gilby, C. Hashimoto, C. L. Hobaiter, G. Hohmann, N. Itoh, K.J.N. Koops, "Lethal Aggression in Pan Is Better Explained by Adaptive Strategies than Human Impacts," *Nature* 513, 414 (2014).
18. T. Sakamaki, H. Ryu, K. Toda, N. Tokuyama, T. Furuichi, "Increased Frequency of Intergroup Encounters in Wild Bonobos (*Pan Paniscus*) Around the Yearly Peak in Fruit Abundance at Wamba," *International Journal of Primatology* 3, 685–704 (2018); Brian Hare, Shinya Yamamoto, *Bonobos: Unique in Mind, Brain, and Behavior* (Oxford University Press, 2017).
19. M. Surbeck, R. Mundry, G. Hohmann, "Mothers Matter! Maternal Support, Dominance Status and Mating Success in Male Bonobos (*Pan paniscus*)," *Proceedings of the Royal Society of London B: Biological Sciences* 278, 590–98 (2011).
20. M. Surbeck, T. Deschner, G. Schubert, A. Weltring, G. Hohmann, "Mate Competition, Testosterone and Intersexual Relationships in Bonobos, *Pan paniscus*," *Animal Behaviour* 83(3), 659–69 (2012).
21. M. Surbeck, K. E. Langergraber, B. Fruth, L. Vigilant, G. Hohmann, "Male Reproductive Skew Is Higher in Bonobos than Chimpanzees," *Current Biology* 27, R640–R641 (2017).
22. S. Ishizuka, Y. Kawamoto, T. Sakamaki, N. Tokuyama, K. Toda, H. Okamura, T. Furuichi, "Paternity and Kin Structure Among Neighbouring Groups in Wild Bonobos at Wamba," *Royal Society Open Science* 5, 171006 (2018).
23. C. B. Stanford, "The Social Behavior of Chimpanzees and Bonobos: Empirical Evidence and Shifting Assumptions," *Current Anthropology* 39, 399–420 (1998).
24. B. Hare, S. Kwetuenda, "Bonobos Voluntarily Share Their Own Food with Others," *Current Biology* 20, R230–R231 (2010).
25. J. Tan, B. Hare, "Bonobos Share with Strangers," *PLoS One* 8, e51922 (2013).
26. J. Tan, D. Ariely, B. Hare, "Bonobos Respond Prosocially Toward Members of Other Groups," *Scientific Reports* 7, 14733 (2017).
27. V. Wobber, B. Hare, J. Maboto, S. Lipson, R. Wrangham, P. T. Ellison, "Differential Changes in Steroid Hormones Before Competition in Bonobos and Chimpanzees," *Proceedings of the National Academy of Sciences* 107, 12457–62 (2010).
28. M. H. McIntyre, E. Herrmann, V. Wobber, M. Halbwax, C. Mohamba, N. de Sousa, R. Atencia, D. Cox, B. Hare, "Bonobos Have a More Human-like Second-to-Fourth Finger Length Ratio (2D:4D) than Chimpanzees: A Hypothesized Indication of Lower Prenatal Androgens," *Journal of Human Evolution* 56, 361–65 (2009).

29. C. D. Stimpson, N. Barger, J. P. Taglialatela, A. Gendron-Fitzpatrick, P. R. Hof, W. D. Hopkins, C. C. Sherwood, "Differential Serotonergic Innervation of the Amygdala in Bonobos and Chimpanzees," *Social Cognitive and Affective Neuroscience* 11, 413–22 (2015).
30. C. H. Lew, K. L. Hanson, K. M. Groeniger, D. Greiner, D. Cuevas, B. Hrvoj-Mihic, C. M. Schumann, K. Semendeferi, "Serotonergic Innervation of the Human Amygdala and Evolutionary Implications," *American Journal of Physical Anthropology* 170, 351–360 (2019).
31. Lyudmila Trut, "Early Canid Domestication: The Farm-Fox Experiment; Foxes Bred for Tamability in a 40-year Experiment Exhibit Remarkable Transformations That Suggest an Interplay Between Behavioral Genetics and Development," *American Scientist* 87, 160–69 (1999).
32. B. Agnvall, J. Bélteky, R. Katajamaa, P. Jensen, "Is Evolution of Domestication Driven by Tameness? A Selective Review with Focus on Chickens," *Applied Animal Behaviour Science* (2017).
33. E. Herrmann, B. Hare, J. Call, M. Tomasello, "Differences in the Cognitive Skills of Bonobos and Chimpanzees," *PLoS One* 5, e12438 (2010).
34. 当研究人员使用计算机眼动仪来比较倭黑猩猩和黑猩猩对人脸的反应时，他们发现黑猩猩大多关注一个人的嘴，而忽略了眼睛。倭黑猩猩主要关注的是人的眼睛，而且比黑猩猩更关注这里。F. Kano, J. Call, "Great Apes Generate Goal-Based Action Predictions: An Eye-Tracking Study," *Psychological Science* 25, 1691–98 (2014).
35. 人类学家 Zanna Clay 发现，与大多数动物的叫声不同，倭黑猩猩的尖细嗓音可以意味着不同的事情，有些是积极的，有些是消极的。Z. Clay, A. Jahmaira, and K. Zuberbühler, "Functional Flexibility in Wild Bonobo Vocal Behavior," *PeerJ* 3, e1124 (2015).
36. A. P. Melis, B. Hare, M. Tomasello, "Chimpanzees Recruit the Best Collaborators," *Science* 311, 1297–1300 (2006).
37. A. P. Melis, B. Hare, M. Tomasello, "Chimpanzees Coordinate in a Negotiation Game," *Evolution and Human Behavior* 30, 381–92 (2009).
38. A. P. Melis, B. Hare, M. Tomasello, "Engineering Cooperation in Chimpanzees: Tolerance Constraints on Cooperation," *Animal Behaviour* 72, 275–86 (2006); B. Hare, A. P. Melis, V. Woods, S. Hastings, R. Wrangham, "Tolerance Allows Bonobos to Outperform Chimpanzees on a Cooperative Task," *Current Biology* 17, 619–23 (2007).
39. V. Wobber, R. Wrangham, B. Hare, "Bonobos Exhibit Delayed Development of Social Behavior and Cognition Relative to Chimpanzees," *Current Biology* 20, 226–30 (2010).
40. B. Hare, A. P. Melis, V. Woods, S. Hastings, R. Wrangham, "Tolerance Allows Bonobos to Outperform Chimpanzees on a Cooperative Task," *Current Biology* 17, 619–23 (2007).

第4章

1. Jerry Kagan, Nancy Snidman, *The Long Shadow of Temperament* (Cambridge, MA: Harvard University Press, 2004).
2. C. E. Schwartz, C. I. Wright, L. M. Shin, J. Kagan, S. L. Rauch, "Inhibited and Uninhibited Infants 'Grown Up' : Adult Amygdalar Response to Novelty," *Science* 300, 1952–53 (2003).
3. H. M. Wellman, J. D. Lane, J. LaBounty, S. L. Olson, "Observant, Nonaggressive Temperament Predicts Theory-of-mind Development," *Developmental Science* 14, 319–26 (2011).
4. Y.-T. Matsuda, K. Okanoya, M. Myowa-Yamakoshi, "Shyness in Early Infancy: Approach-Avoidance Conflicts in Temperament and Hypersensitivity to Eyes During Initial Gazes to Faces," *PLoS One* 8, e65476 (2013).
5. J. D. Lane, H. M. Wellman, S. L. Olson, A. L. Miller, L. Wang, T. Tardif, "Relations Between Temperament and Theory of Mind Development in the United States and China: Biological and Behavioral Correlates of Preschoolers' False-Belief Understanding," *Developmental Psychology* 49, 825–36 (2013).
6. Ibid., 825.
7. E. Longobardi, P. Spataro, M. D' Alessandro, R. Cerutti, "Temperament Dimensions in Preschool Children: Links with Cognitive and Affective Theory of Mind," *Early Education and Development* 28, 377–95 (2017).
8. J. LaBounty, L. Bosse, S. Savicki, J. King, S. Eisenstat, "Relationship Between Social Cognition and Temperament in Preschool-Aged Children," *Infant and Child Development* 26, e1981 (2017).
9. A. V. Utevsky, D. V. Smith, S. A. Huettel, "Precuneus Is a Functional Core of the Default-Mode Network," *Journal of Neuroscience* 34, 932–40 (2014).
10. R. M. Carter, S. A. Huettel, "A Nexus Model of the Temporal-Parietal Junction," *Trends in Cognitive Sciences* 17, 328–36 (2013).
11. H. Gweon, D. Dodell-Feder, M. Bedny, R. Saxe, "Theory of Mind Performance in Children Correlates with Functional Specialization of a Brain Region for Thinking About Thoughts," *Child Development* 83, 1853–68 (2012).
12. R. Saxe, S. Carey, N. Kanwisher, "Understanding Other Minds: Linking Developmental Psychology and Functional Neuroimaging," *Annual Review of Psychology* 55, 87–124 (2004).
13. E. G. Bruneau, N. Jacoby, R. Saxe, "Empathic Control Through Coordinated Interaction of Amygdala, Theory of Mind and Extended Pain Matrix Brain Regions," *Neuroimage* 114, 105–19 (2015).
14. F. Beyer, T. F. Münte, C. Erdmann, U. M. Krämer, "Emotional Reactivity to Threat Modulates Activity in Mentalizing Network During Aggression," *Social Cognitive and Affective Neuroscience* 9, 1552–60 (2013).
15. B. Hare, "Survival of the Friendliest: *Homo sapiens* Evolved via Selection for Prosociality," *Annual Review of Psychology* 68, 155–86 (2017).
16. R. W. Wrangham, "Two Types of Aggression in Human Evolution,"

Proceedings of the National Academy of Sciences 201713611 (2017).
17. Richard Wrangham, *The Goodness Paradox: The Strange Relationship Between Virtue and Violence in Human Evolution* (New York: Pantheon, 2019).
18. T. A. Hare, C. F. Camerer, A. Rangel, "Self-control in Decision-making Involves Modulation of the vmPFC Valuation System," *Science* 324, 646–48 (2009).
19. W. Mischel, Y. Shoda, P. K. Peake, "The Nature of Adolescent Competencies Predicted by Preschool Delay of Gratification," *Journal of Personality and Social Psychology* 54, 687 (1988).
20. T. W. Watts, G. J. Duncan, H. Quan, "Revisiting the Marshmallow Test: A Conceptual Replication Investigating Links Between Early Delay of Gratification and Later Outcomes," *Psychological Science* 29, 1159–77 (2018).
21. L. Michaelson, Y. Munakata, "Same Dataset, Different Conclusions: Preschool Delay of Gratification Predicts Later Behavioral Outcomes in a Preregistered Study," *Psychological Science* 31, 193–201 (2020).
22. T. E. Moffitt, L. Arseneault, D. Belsky, N. Dickson, R. J. Hancox, H. Harrington, R. Houts, R. Poulton, B. W. Roberts, S. Ross, "A Gradient of Childhood Self-control Predicts Health, Wealth, and Public Safety," *Proceedings of the National Academy of Sciences* 108, 2693–98 (2011).
23. E. L. MacLean, B. Hare, C. L. Nunn, E. Addessi, F. Amici, R. C. Anderson, F. Aureli, J. M. Baker, A. E. Bania, A. M. Barnard, "The Evolution of Self-control," *Proceedings of the National Academy of Sciences* 111, E2140–48 (2014).
24. Suzanna Herculano-Houzel, *The Human Advantage: A New Understanding of How Our Brain Became Remarkable* (Cambridge, MA: MIT Press, 2016).
25. M. Grabowski, B. Costa, D. Rossoni, G. Marroig, J. DeSilva, S. Herculano-Houzel, S. Neubauer, M. Grabowski, "From Bigger Brains to Bigger Bodies: The Correlated Evolution of Human Brain and Body Size," *Current Anthropology* 57, (2016).
26. S. Herculano-Houzel, "The Remarkable, yet Not Extraordinary, Human Brain as a Scaled-up Primate Brain and Its Associated Cost," *Proceedings of the National Academy of Sciences* 109, 10661–68 (2012).
27. R. Holloway, "The Evolution of the Hominid Brain" in *Handbook of Paleoanthropology,* edited by W. Henke, I. Tattersall (Springer-Verlag, 2015), 1961–87.
28. Michael Tomasello, *Becoming Human: A Theory of Ontogeny* (Cambridge, MA: Belknap Press of Harvard University Press, 2019).
29. Joseph Henrich, *The Secret of Our Success: How Culture Is Driving Human Evolution, Domesticating Our Species, and Making Us Smarter* (Princeton, NJ: Princeton University Press, 2015).
30. M. Muthukrishna, B. W. Shulman, V. Vasilescu, J. Henrich, "Sociality Influences Cultural Complexity," *Proceedings of the Royal Society of London B: Biological Sciences* 281, 20132511 (2014).
31. D. W. Bird, R. B. Bird, B. F. Codding, D. W. Zeanah, "Variability in the

Organization and Size of Hunter-gatherer Groups: Foragers Do Not Live in Small-Scale Societies," *Journal of Human Evolution* 131, 96–108 (2019).
32. K. R. Hill, B. M. Wood, J. Baggio, A. M. Hurtado, R. T. Boyd, "Hunter-gatherer Inter-band Interaction Rates: Implications for Cumulative Culture," *PLoS One* 9, e102806 (2014).
33. A. Powell, S. Shennan, M. G. Thomas, "Late Pleistocene Demography and the Appearance of Modern Human Behavior," *Science* 324, 1298–1301 (2009).
34. R. L. Cieri, S. E. Churchill, R. G. Franciscus, J. Tan, B. Hare, "Craniofacial Feminization, Social Tolerance, and the Origins of Behavioral Modernity," *Current Anthropology* 55, 419–43 (2014).
35. Richard Wrangham 认为，人类自我驯化的证据在更早的时候就已经很明显了，在大约 30 万年前智人起源时就已经存在了。Richard Wrangham, *The Goodness Paradox: The Strange Relationship Between Virtue and Violence in Human Evolution* (New York: Pantheon, 2019). 可能是随着人口密度的升高，这一驯化过程在进化中不断加强。对我所构建的假说的主要挑战是，是否只在现代人类行为出现后，即大约 5 万～ 2.5 万年前才出现自我驯化的证据。另一个相关的问题是，新的基因组比较表明，不同的人类种群早在 30 万～ 28 万年前就已经分离了，尽管可能还有一定程度的基因流动。David Reich, *Who We Are and How We Got Here: Ancient DNA and the New Science of the Human Past* (New York: Pantheon, 2018).
36. S. W. Gangestad, R. Thornhill, "Facial Masculinity and Fluctuating Asymmetry," *Evolution and Human Behavior* 24, 231–41 (2003).
37. B. Fink, K. Grammer, P. Mitteroecker, P. Gunz, K. Schaefer, F. L. Bookstein, J. T. Manning, "Second to Fourth Digit Ratio and Face Shape," *Proceedings of the Royal Society of London B: Biological Sciences* 272, 1995–2001 (2005).
38. J. C. Wingfield, "The Challenge Hypothesis: Where It Began and Relevance to Humans," *Hormones and Behavior* 92, 9–12 (2016).
39. P. B. Gray, J. F. Chapman, T. C. Burnham, M. H. McIntyre, S. F. Lipson, P. T. Ellison, "Human Male Pair Bonding and Testosterone," *Human Nature* 15, 119–31 (2004).
40. G. Rhodes, G. Morley, L. W. Simmons, "Women Can Judge Sexual Unfaithfulness from Unfamiliar Men's Faces," *Biology Letters* 9, 20120908 (2013).
41. L. M. DeBruine, B. C. Jones, J. R. Crawford, L. L. M. Welling, A. C. Little, "The Health of a Nation Predicts Their Mate Preferences: Cross-cultural Variation in Women's Preferences for Masculinized Male Faces," *Proceedings of the Royal Society of London B: Biological Sciences* 277, 2405–10 (2010).
42. A. Sell, L. Cosmides, J. Tooby, D. Sznycer, C. von Rueden, M. Gurven, "Human Adaptations for the Visual Assessment of Strength and Fighting Ability from the Body and Face," *Proceedings of the Royal Society of London B: Biological Sciences* 276, 575–84 (2009).
43. B.T. Gleeson, "Masculinity and the Mechanisms of Human Self-

domestication," *bioRxiv* 143875 (2018).
44. B. T. Gleeson, G.J.A. Kushnick, "Female Status, Food Security, and Stature Sexual Dimorphism: Testing Mate Choice as a Mechanism in Human Self-domestication," *American Journal of Physical Anthropology* 167, 458–469 (2018).
45. E. Nelson, C. Rolian, L. Cashmore, S. Shultz, "Digit Ratios Predict Polygyny in Early Apes, Ardipithecus, Neanderthals and Early Modern Humans but Not in Australopithecus," *Proceedings of the Royal Society B* 278, 1556–63 (2011).
46. D. Kruska, "Mammalian Domestication and its Effect on Brain Structure and Behavior" in *Intelligence and Evolutionary Biology* (New York: Springer, 1988), 211–50.
47. H. Leach, C. Groves, T. O' Connor, O. Pearson, M. Zeder, H. Leach, "Human Domestication Reconsidered," *Current Anthropology* 44, 349–68 (2003).
48. N. K. Popova, "From Genes to Aggressive Behavior: The Role of the Serotonergic System," *Bioessays* 28, 495–503 (2006).
49. H. V. Curran, H. Rees, T. Hoare, R. Hoshi, A. Bond, "Empathy and Aggression: Two Faces of Ecstasy? A Study of Interpretative Cognitive Bias and Mood Change in Ecstasy Users," *Psychopharmacology* 173, 425–33 (2004).
50. E. F. Coccaro, L. J. Siever, H. M. Klar, G. Maurer, K. Cochrane, T. B. Cooper, R. C. Mohs, K. L. Davis, "Serotonergic Studies in Patients with Affective and Personality Disorders: Correlates with Suicidal and Impulsive Aggressive Behavior," *Archives of General Psychiatry* 46, 587–99 (1989).
51. M. J. Crockett, L. Clark, M. D. Hauser, T. W. Robbins, "Serotonin Selectively Influences Moral Judgment and Behavior Through Effects on Harm Aversion," *Proceedings of the National Academy of Sciences* 107, 17433–38 (2010).
52. A. Brumm, F. Aziz, G. D. Van den Bergh, M. J. Morwood, M. W. Moore, I. Kurniawan, D. R. Hobbs, R. Fullagar, "Early Stone Technology on Flores and Its Implications for *Homo floresiensis*," *Nature* 441, 624–28 (2006).
53. S. Alwan, J. Reefhuis, S. A. Rasmussen, R. S. Olney, J. M. Friedman, "Use of Selective Serotonin-Reuptake Inhibitors in Pregnancy and the Risk of Birth Defects," *New England Journal of Medicine* 356, 2684–92 (2007).
54. J. J. Cray, S. M. Weinberg, T. E. Parsons, R. N. Howie, M. Elsalanty, J. C. Yu, "Selective Serotonin Reuptake Inhibitor Exposure Alters Osteoblast Gene Expression and Craniofacial Development in Mice," *Birth Defects Research Part A: Clinical and Molecular Teratology* 100, 912–23 (2014).
55. C. Vichier-Guerre, M. Parker, Y. Pomerantz, R. H. Finnell, R. M. Cabrera, "Impact of Selective Serotonin Reuptake Inhibitors on Neural Crest Stem Cell Formation," *Toxicology Letters* 281, 20–25 (2017).
56. S. Neubauer, J. J. Hublin, P. Gunz, "The Evolution of Modern Human Brain Shape," *Science Advances* 4, eaao5961 (2018).
57. P. Gunz, A. K. Tilot, K. Wittfeld, A. Teumer, C. Y. Shapland, T. G. Van Erp, M. Dannemann, B. Vernot, S. Neubauer, T. Guadalupe, "Neandertal Introgression Sheds Light on Modern Human Endocranial Globularity," *Current Biology* 29, 120–27. e125 (2019).

58. A. Benítez-Burraco, C. Theofanopoulou, C. Boeckx, "Globularization and Domestication," *Topoi* 37, 265–278 (2016).
59. J.-J. Hublin, S. Neubauer, P. Gunz, "Brain Ontogeny and Life History in Pleistocene hominins," *Philosophical Transactions of the Royal Society B* 370, 20140062 (2015).
60. J. J. Negro, M. C. Blázquez, I. Galván, "Intraspecific Eye Color Variability in Birds and Mammals: A Recent Evolutionary Event Exclusive to Humans and Domestic Animals," *Frontiers in Zoology* 14, 53 (2017).
61. H. Kobayashi, S. Kohshima, "Unique Morphology of the Human Eye," *Nature* 387, 767 (1997).
62. T. Farroni, G. Csibra, F. Simion, M. H. Johnson, "Eye Contact Detection in Humans From Birth," *Proceedings of the National Academy of Sciences* 99, 9602–05 (2002).
63. E. L. MacLean, B. Hare, "Dogs Hijack the Human Bonding Pathway," *Science* 348, 280–81 (2015).
64. T. Farroni, S. Massaccesi, D. Pividori, M. H. Johnson, "Gaze Following in Newborns," *Infancy* 5, 39–60 (2004).
65. M. Carpenter, K. Nagell, M. Tomasello, G. Butterworth, C. Moore, "Social Cognition, Joint Attention, and Communicative Competence from 9 to 15 Months of Age," *Monographs of the Society for Research in Child Development* 63, i-174 (1998).
66. Michael Tomasello, *Constructing a Language* (Cambridge, MA: Harvard University Press, 2009).
67. N. L. Segal, A. T. Goetz, A. C. Maldonado, "Preferences for Visible White Sclera in Adults, Children, and Autism Spectrum Disorder Children: Implications of the Cooperative Eye Hypothesis," *Evolution and Human Behavior* 37, 35–39 (2016).
68. M. Tomasello, B. Hare, H. Lehmann, J. Call, "Reliance on Head Versus Eyes in the Gaze Following of Great Apes and Human Infants: The Cooperative Eye Hypothesis," *Journal of Human Evolution* 52, 314–20 (2007).
69. T. Grossmann, M. H. Johnson, S. Lloyd-Fox, A. Blasi, F. Deligianni, C. Elwell, G. Csibra, "Early Cortical Specialization for Face-to-face Communication in Human Infants," *Proceedings of the Royal Society of London B: Biological Sciences* 275, 2803–11 (2008).
70. T. C. Burnham, B. Hare, "Engineering Human Cooperation," *Human Nature* 18, 88–108 (2007).
71. P. J. Whalen, J. Kagan, R. G. Cook, F. C. Davis, H. Kim, S. Polis, D. G. McLaren, L. H. Somerville, A. A. McLean, J. S. Maxwell, "Human Amygdala Responsivity to Masked Fearful Eye Whites," *Science* 306, 2061–61 (2004).
72. 有些研究对这种联系的强度提出了疑问。S. B. Northover, W. C. Pedersen, A. B. Cohen, P. W. Andrews, "Artificial Surveillance Cues Do Not Increase Generosity: Two Meta-analyses," *Evolution and Human Behavior* 38, 144–53 (2017).

73. 总的来说，证据似乎偏向目光接触促进合作的观点。C. Kelsey, A. Vaish, T.J.H.N. Grossmann, "Eyes, More than Other Facial Features, Enhance Real-World Donation Behavior," *Human Nature* 29, 390–401 (2018).
74. S. J. Gould, "A Biological Homage to Mickey Mouse," *Ecotone* 4, 333–40 (2008).

第 5 章

1. Stephen Jay Gould, *Ontogeny and Phylogeny* (Cambridge, MA: Harvard University Press, 1977).
2. Mary Jane West-Eberhard, *Developmental Plasticity and Evolution* (Oxford University Press, 2003).
3. C. A. Nalepa, C. Bandi, "Characterizing the Ancestors: Peadomorphosis and Termite Evolution," in *Termites: Evolution, Sociality, Symbioses, Ecology* (New York: Springer, 2000), 53–75.
4. M. F. Lawton, R. O. Lawton, "Heterochrony, Deferred Breeding, and Avian Sociality," in *Current Ornithology* 3 (New York: Plenum Press, 1986), 187–222.
5. J.-L. Gariépy, D. J. Bauer, R. B. Cairns, "Selective Breeding for Differential Aggression in Mice Provides Evidence for Heterochrony in Social Behaviours," *Animal Behaviour* 61, 933–47 (2001).
6. K. L. Cheney, R. Bshary, A.S.J.B.E. Grutter, "Cleaner Fish Cause Predators to Reduce Aggression Toward Bystanders at Cleaning Stations," *Behavioral Ecology* 19, 1063–67 (2008).
7. V. B. Baliga, R.S. Mehta, "Phylo-Allometric Analyses Showcase the Interplay Between Life-History Patterns and Phenotypic Convergence in Cleaner Wrasses," *The American Naturalist* 191, E129–43 (2018).
8. S. Gingins, R. Bshary, "The Cleaner Wrasse Outperforms Other Labrids in Ecologically Relevant Contexts, but Not in Spatial Discrimination," *Animal Behaviour* 115, 145–55 (2016).
9. A. Pinto, J. Oates, A. Grutter, R. Bshary, "Cleaner Wrasses *Labroides dimidiatus* Are More Cooperative in the Presence of an Audience," *Current Biology* 21, 1140–44 (2011).
10. Z. Triki, R. Bshary, A. S. Grutter, A. F. Ros, "The Arginine-vasotocin and Serotonergic Systems Affect Interspecific Social Behaviour of Client Fish in Marine Cleaning Mutualism," *Physiology & Behavior* 174, 136–43 (2017).
11. J. R. Paula, J. P. Messias, A. S. Grutter, R. Bshary, M.C.J.B.E. Soares, "The Role of Serotonin in the Modulation of Cooperative Behavior," *Behavioral Ecology* 26, 1005–12 (2015).
12. M. Gácsi, B. Győri, Á. Miklósi, Z. Virányi, E. Kubinyi, J. Topál, V. Csányi, "Species-specific Differences and Similarities in the Behavior of Hand-raised Dog and Wolf Pups in Social Situations with Humans," *Developmental Psychobiology: The Journal of the International Society for Developmental Psychobiology* 47, 111–22 (2005).

13. J. P. Scott, "The Process of Primary Socialization in Canine and Human Infants," *Monographs of the Society for Research in Child Development*, 1–47 (1963).
14. C. Hansen Wheat, W. van der Bijl, H. Temrin, "Dogs, but Not Wolves, Lose Their Sensitivity Toward Novelty with Age," *Frontiers in Psychology* 10, e2001–e2001 (2019).
15. Brian Hare, Vanessa Woods, *The Genius of Dogs* (Oneworld Publications, 2013).
16. D. Belyaev, I. Plyusnina, L. Trut, "Domestication in the Silver Fox (Vulpes fulvus Desm): Changes in Physiological Boundaries of the Sensitive Period of Primary Socialization," *Applied Animal Behaviour Science* 13, 359–70 (1985).
17. Lyudmila Trut, "Early Canid Domestication: The Farm-Fox Experiment; Foxes Bred for Tamability in a 40-year Experiment Exhibit Remarkable Transformations That Suggest an Interplay Between Behavioral Genetics and Development," *American Scientist* 87, 160–69 (1999).
18. Vanessa Woods, Brian Hare, "Bonobo but Not Chimpanzee Infants Use Socio-Sexual Contact with Peers," *Primates* 52, 111–16 (2011).
19. V. Wobber, B. Hare, S. Lipson, R. Wrangham, P. Ellison, "Different Ontogenetic Patterns of Testosterone Production Reflect Divergent Male Reproductive Strategies in Chimpanzees and Bonobos," *Physiology and Behavior,* 116, 44–53 (2013).
20. 在倭黑猩猩的甲状腺激素中也观察到了类似的模式。V. Behringer, T. Deschner, R. Murtagh, J. M. Stevens, G. Hohmann, "Age-related Changes in Thyroid Hormone Levels of Bonobos and Chimpanzees Indicate Heterochrony in Development," *Journal of Human Evolution* 66, 83–88 (2014).
21. Brian Hare, Shinya Yamamoto, *Bonobos: Unique in Mind, Brain, and Behavior* (Oxford University Press, 2017).
22. 正如我们的模型所预测的，一些鱼类物种已经是自我驯化的主要候选者，因为它们的发育图书管理员基因的变化会带来友善度和看似无关的副产物。以被称为 Astyanax 的多鳞丽脂鲤为例。这种鱼从一个栖息在河里的物种进化而来。多鳞丽脂鲤在既缺乏光线又缺乏捕食者的水池中进化。实验表明，必须抵御捕食者的河流种比多鳞丽脂鲤的攻击性高 10 倍。同时，多鳞丽脂鲤有更敏感的鼻孔和味蕾，使它们在黑暗中觅食的效率比它们有视力的亲戚高 4 倍。值得注意的是，所有这些差异都被追溯到一个图书管理员基因（称为音猬因子），它改变了血清素在多鳞丽脂鲤胚胎大脑中的可利用方式。随着多鳞丽脂鲤的成长，它们会产生更多的血清素，对它们缺乏攻击性与增强嗅觉和味觉负责的脑区也更容易接收血清素。同样的过程也体现在它们发育不全的眼睛上，导致它们失明。对友善度的选择有利于那些大脑较早发育、产生更多血清素的鱼类。这种早期的发育变化随后推动了行为和形态学的变化，使这些攻击性较低的多鳞丽脂鲤如此成功。所有这些变化都与控制发育的一个图书管理员基因有关。S. Rétaux, Y. Elipot, "Feed or Fight: A Behavioral Shift in Blind Cavefish," *Communicative & Integrative Biology* 6, 1–10 (2013).
23. A. S. Wilkins, R. W. Wrangham, W. T. Fitch, "The 'Domestication Syndrome' in Mammals: A Unified Explanation Based on Neural Crest Cell Behavior and Genetics," *Genetics* 197, 795–808 (2014).
24. G. W. Calloni, N. M. Le Douarin, E. Dupin, "High Frequency of Cephalic Neural Crest Cells Shows Coexistence of Neurogenic, Melanogenic, and Osteogenic Differentiation Capacities," *Proceedings of the National Academy of Sciences* 106, 8947–52 (2009).
25. C. Vichier-Guerre, M. Parker, Y. Pomerantz, R. H. Finnell, R. M. Cabrera, "Impact of Selective Serotonin Reuptake Inhibitors on Neural Crest Stem Cell Formation," *Toxicology Letters* 281, 20–25 (2017).
26. 为了支持这一观点，对狼和乡村狗（比如没有经历过针对其外貌或行为的强烈有意选择的狗）的比较显示，神经嵴基因在驯化过程中一直处于选择状态。未来的研究可能会发现，从濑鱼到倭黑猩猩等动物都有过类似的变化。A. R. Boyko, R. H. Boyko, C. M. Boyko, H. G. Parker, M. Castelhano, L. Corey,…R. J. Kityo, "Complex Population Structure in African Village Dogs and Its Implications for Inferring Dog Domestication History," *Proceedings of the National Academy of Sciences* 0902129106 (2009).
27. C. Theofanopoulou, S. Gastaldon, T. O'Rourke, B. D. Samuels, A. Messner, P. T. Martins, F. Delogu, S. Alamri, C. Boeckx, "Self-domestication in *Homo sapiens*: Insights from Comparative Genomics," *PLoS One* 12, e0185306 (2017).
28. M. Zanella, A. Vitriolo, A. Andirko, P. T. Martins, S. Sturm, T. O' Rourke, M. Laugsch, N. Malerba, A. Skaros, S. Trattaro, "Dosage Analysis of the 7q11. 23 Williams Region identifies BAZ1B as a Master Regulator of the Modern Human Face and Validate the Self-Domestication Hypothesis," *Science Advances* 5, 12 (2019).
29. Brian Hare, "Survival of the Friendliest: *Homo sapiens* Evolved via Selection for Prosociality," *Annual Review of Psychology* 68, 155–86 (2017).
30. Martin N. Muller, Richard Wrangham, David Pilbeam, *Chimpanzees and Human Evolution* (Cambridge, MA: Harvard University Press, 2017).
31. J.-J. Hublin, S. Neubauer, P. Gunz, "Brain Ontogeny and Life History in Pleistocene hominins," *Philosophical Transactions of the Royal Society B: Biological Sciences* 370, 20140062 (2015).
32. V. Wobber, E. Herrmann, B. Hare, R. Wrangham, M. Tomasello, "Differences in the Early Cognitive Development of Children and Great Apes," *Developmental Psychobiology* 56, 547–73 (2014).
33. P. Gunz, S. Neubauer, L. Golovanova, V. Doronichev, B. Maureille, J.-J. Hublin, "A Uniquely Modern Human Pattern of Endocranial Development: Insights from a New Cranial Reconstruction of the Neandertal Newborn from Mezmaiskaya," *Journal of Human Evolution* 62, 300–13 (2012).
34. C. W. Kuzawa, H. T. Chugani, L. I. Grossman, L. Lipovich, O. Muzik, P. R.

Hof, D. E. Wildman, C. C. Sherwood, W. R. Leonard, N. Lange, "Metabolic Costs and Evolutionary Implications of Human Brain Development," *Proceedings of the National Academy of Sciences* 111, 13010–15 (2014).
35. E. Bruner, T. M. Preuss, X. Chen, J. K. Rilling, "Evidence for Expansion of the Precuneus in Human Evolution," *Brain Structure and Function* 222, 1053–60 (2017).
36. T. Grossmann, M. H. Johnson, S. Lloyd-Fox, A. Blasi, F. Deligianni, C. Elwell, G. Csibra, "Early Cortical Specialization for Face-to-face Communication in Human Infants," *Proceedings of the Royal Society of London B: Biological Sciences* 275, 2803–11 (2008).
37. P. H. Vlamings, B. Hare, J. Call, "Reaching Around Barriers: The Performance of the Great Apes and 3–5-Year-Old Children," *Animal Cognition* 13, 273–85 (2010).
38. E. Herrmann, A. Misch, V. Hernandez-Lloreda, M. Tomasello, "Uniquely Human Self-control Begins at School Age," *Developmental Science* 18, 979–93 (2015).
39. B. Casey, "Beyond Simple Models of Self-control to Circuit-Based Accounts of Adolescent Behavior," *Annual Review of Psychology* 66, 295–319 (2015).
40. R. B. Bird, D. W. Bird, B. F. Codding, C. H. Parker, J. H. Jones, "The 'Fire Stick Farming' Hypothesis: Australian Aboriginal Foraging Strategies, Biodiversity, and Anthropogenic Fire Mosaics," *Proceedings of the National Academy of Sciences* 105, 14796–801 (2008).
41. J. C. Berbesque, B. M. Wood, A. N. Crittenden, A. Mabulla, F. W. Marlowe, "Eat First, Share Later: Hadza Hunter-gatherer Men Consume More While Foraging than in Central Places," *Evolution and Human Behavior* 37, 281–86 (2016).
42. M. Gurven, W. Allen-Arave, K. Hill, M. Hurtado, " 'It's a Wonderful Life': Signaling Generosity Among the Ache of Paraguay," *Evolution and Human Behavior* 21, 263–82 (2000).
43. C. Boehm, H. B. Barclay, R. K. Dentan, M.-C. Dupre, J. D. Hill, S. Kent, B. M. Knauft, K. F. Otterbein, S. Rayner, "Egalitarian Behavior and Reverse Dominance Hierarchy" [and comments and reply], *Current Anthropology* 34, 227–54 (1993).
44. M. J. Platow, M. Foddy, T. Yamagishi, L. Lim, A. Chow, "Two Experimental Tests of Trust in In-group Strangers: The Moderating Role of Common Knowledge of Group Membership," *European Journal of Social Psychology* 42, 30–35 (2012).
45. A. C. Pisor, M. Gurven, "Risk Buffering and Resource Access Shape Valuation of Out-group Strangers," *Scientific Reports* 6, 30435 (2016).
46. A. Romano, D. Balliet, T. Yamagishi, J. H. Liu, "Parochial Trust and Cooperation Across 17 Societies," *Proceedings of the National Academy of Sciences* 114, 12702–707 (2017).
47. J. K. Hamlin, N. Mahajan, Z. Liberman, K. Wynn, "Not Like Me = Bad: Infants Prefer Those Who Harm Dissimilar Others," *Psychological Science* 24, 589–94 (2013).
48. G. Soley, N. Sebastián-Gallés, "Infants Prefer Tunes Previously Introduced by

Speakers of Their Native Language," *Child Development* 86, 1685–92 (2015).
49. N. McLoughlin, S. P. Tipper, H. Over, "Young Children Perceive Less Humanness in Outgroup Faces," *Developmental Science* 21, e12539 (2017).
50. L. M. Hackel, C. E. Looser, J. J. Van Bavel, "Group Membership Alters the Threshold for Mind Perception: The Role of Social Identity, Collective Identification, and Intergroup Threat," *Journal of Experimental Social Psychology* 52, 15–23 (2014).
51. E. Sparks, M. G. Schinkel, C. Moore, "Affiliation Affects Generosity in Young Children: The Roles of Minimal Group Membership and Shared Interests," *Journal of Experimental Child Psychology* 159, 242–62 (2017).
52. J. S. McClung, S.D. Reicher, "Representing Other Minds: Mental State Reference Is Moderated by Group Membership," *Journal of Experimental Social Psychology* 76, 385–92 (2018).
53. Joseph Henrich, *The Secret of Our Success: How Culture Is Driving Human Evolution, Domesticating Our Species, and Making Us Smarter* (Princeton, NJ: Princeton University Press, 2015).
54. 血清素能神经元介导催产素的效果。血清素受体的活动产生了一个反馈环路，其中血清素随着催产素而增加。睾酮阻止了催产素的结合，反过来减少了血清素。Brian Hare, "Survival of the Friendliest: *Homo sapiens* Evolved via Selection for Prosociality," *Annual Review of Psychology* 68, 155–86 (2017).
55. M. L. Boccia, P. Petrusz, K. Suzuki, L. Marson, C. A. Pedersen, "Immunohistochemical Localization of Oxytocin Receptors in Human Brain," *Neuroscience* 253, 155–64 (2013).
56. C. K. De Dreu, "Oxytocin Modulates Cooperation Within and Competition Between Groups: An Integrative Review and Research Agenda," *Hormones and Behavior* 61, 419–28 (2012).
57. M. Nagasawa, T. Kikusui, T. Onaka, M. Ohta, "Dog's Gaze at Its Owner Increases Owner's Urinary Oxytocin During Social Interaction," *Hormones and Behavior* 55, 434–41 (2009).
58. K. M. Brethel-Haurwitz, K. O'Connell, E. M. Cardinale, M. Stoianova, S. A. Stoycos, L. M. Lozier, J. W. VanMeter, A. A. Marsh, "Amygdala–midbrain Connectivity Indicates a Role for the Mammalian Parental Care System in Human Altruism," *Proceedings of the Royal Society B: Biological Sciences* 284, 20171731 (2017).
59. C. Theofanopoulou, A. Andirko, C. Boeckx, "Oxytocin and Vasopressin Receptor Variants as a Window onto the Evolution of Human Prosociality," bioRxiv, 460584 (2018).
60. K. R. Hill, B. M. Wood, J. Baggio, A. M. Hurtado, R. T. Boyd, "Hunter-gatherer Inter-band Interaction Rates: Implications for Cumulative Culture," *PLoS One 9,* e102806 (2014).
61. K. Hill, "Altruistic Cooperation During Foraging by the Ache, and the Evolved Human Predisposition to Cooperate," *Human Nature* 13, 105–28 (2002).

62. Steven Pinker, *The Better Angels of Our Nature: Why Violence Has Declined* (Penguin Books, 2012).
63. Y. N. Harari, *Homo Deus: A Brief History of Tomorrow* (Random House, 2016).
64. R. C. Oka, M. Kissel, M. Golitko, S. G. Sheridan, N. C. Kim, A. Fuentes, "Population Is the Main Driver of War Group Size and Conflict Casualties," *Proceedings of the National Academy of Sciences* 114, E11101–E11110 (2017).

第 6 章

1. " 'Burundi: The Gatumba Massacre: War Crimes and Political Agendas,' "(Human Rights Watch, 2004).
2. Brian Hare, Shinya Yamamoto, *Bonobos: Unique in Mind, Brain, and Behavior* (Oxford University Press, 2017).
3. O. J. Bosch, S. A. Krömer, P. J. Brunton, I. D. Neumann, "Release of Oxytocin in the Hypothalamic Paraventricular Nucleus, but Not Central Amygdala or Lateral Septum in Lactating Residents and Virgin Intruders During Maternal Defence," *Neuroscience* 124, 439–48 (2004).
4. C. F. Ferris, K. B. Foote, H. M. Meltser, M. G. Plenby, K. L. Smith, T. R. Insel, "Oxytocin in the Amygdala Facilitates Maternal Aggression," *Annals of the New York Academy of Sciences* 652, 456–57 (1992).
5. 目前存在两种不同观点，一种认为在人类中，催产素使得人们与其群体成员更加合作，而对外人更具攻击性；另一种认为催产素不会直接导致对外人的攻击性，但群体成员内部的共情和合作水平的提高会激起外人的愤恨，随后可能升级为攻击性。C. K. De Dreu, "Oxytocin Modulates Cooperation Within and Competition Between Groups: An Integrative Review and Research Agenda," *Hormones and Behavior* 61, 419–28 (2012).
6. D. A. Baribeau, E. Anagnostou, "Oxytocin and Vasopressin: Linking Pituitary Neuropeptides and Their Receptors to Social Neurocircuits," *Frontiers in Neuroscience* 9, (2015).
7. K. M. Brethel-Haurwitz, K. O'Connell, E. M. Cardinale, M. Stoianova, S. A. Stoycos, L. M. Lozier, J. W. VanMeter, A. A. Marsh, "Amygdala–Midbrain Connectivity Indicates a Role for the Mammalian Parental Care System in Human Altruism," *Proceedings of the Royal Society B: Biological Sciences* 284, 20171731 (2017).
8. S. T. Fiske, L. T. Harris, A. J. Cuddy, "Why Ordinary People Torture Enemy Prisoners," *Science* 306, 1482–83 (2004).
9. L. W. Chang, A. R. Krosch, M. Cikara, "Effects of Intergroup Threat on Mind, Brain, and Behavior," *Current Opinion in Psychology* 11, 69–73 (2016).
10. M. Hewstone, M. Rubin, H. Willis, "Intergroup Bias," *Annual Review of Psychology* 53, 575–604 (2002).
11. G. Soley, N. Sebastián-Gallés, "Infants Prefer Tunes Previously Introduced by Speakers of Their Native Language," *Child Development* 86, 1685–92 (2015).

12. D. J. Kelly, P. C. Quinn, A. M. Slater, K. Lee, A. Gibson, M. Smith, L. Ge, O. Pascalis, "Three-Month-Olds, but Not Newborns, Prefer Own-Race Faces," *Developmental Science* 8, F31–F36 (2005).
13. J. K. Hamlin, N. Mahajan, Z. Liberman, K. Wynn, "Not Like Me = Bad: Infants Prefer Those Who Harm Dissimilar Others," *Psychological Science* 24, 589–94 (2013).
14. M. F. Schmidt, H. Rakoczy, M. Tomasello, "Young Children Enforce Social Norms Selectively Depending on the Violator's Group Affiliation," *Cognition* 124, 325–33 (2012).
15. J. J. Jordan, K. McAuliffe, F. Warneken, "Development of In-group Favoritism in Children's Third-party Punishment of Selfishness," *Proceedings of the National Academy of Sciences* 111, 12710–715 (2014).
16. E. L. Paluck, D. P. Green, "Prejudice Reduction: What Works? A Review and Assessment of Research and Practice," *Annual Review of Psychology* 60, 339–67 (2009).
17. A. Bandura, B. Underwood, M. E. Fromson, "Disinhibition of Aggression Through Diffusion of Responsibility and Dehumanization of Victims," *Journal of Research in Personality* 9, 253–69 (1975).
18. Brian Hare, "Survival of the Friendliest: *Homo sapiens* Evolved via Selection for Prosociality," *Annual Review of Psychology* 68, 155–86 (2017).
19. T. Baumgartner, L. Götte, R. Gügler, E. Fehr, "The Mentalizing Network Orchestrates the Impact of Parochial Altruism on Social Norm Enforcement," *Human Brain Mapping* 33, 1452–69 (2012).
20. E. G. Bruneau, N. Jacoby, R. Saxe, "Empathic Control Through Coordinated Interaction of Amygdala, Theory of Mind and Extended Pain Matrix Brain Regions," *Neuroimage* 114, 105–19 (2015); E. Bruneau, N. Jacoby, N. Kteily, R. Saxe, "Denying Humanity: The Distinct Neural Correlates of Blatant Dehumanization," *Journal of Experimental Psychology: General* 147, 1078–93 (2018).
21. M. L. Boccia, P. Petrusz, K. Suzuki, L. Marson, C. A. Pedersen, "Immunohistochemical Localization of Oxytocin Receptors in Human Brain," *Neuroscience* 253, 155–64 (2013).
22. C. S. Sripada, K. L. Phan, I. Labuschagne, R. Welsh, P. J. Nathan, A. G. Wood, "Oxytocin Enhances Resting-state Connectivity Between Amygdala and Medial Frontal Cortex," *International Journal of Neuropsychopharmacology* 16, 255–60 (2012).
23. M. Cikara, E. Bruneau, J. Van Bavel, R. Saxe, "Their Pain Gives Us Pleasure: How Intergroup Dynamics Shape Empathic Failures and Counter-empathic Responses," *Journal of Experimental Social Psychology* 55, 110–25 (2014).
24. Lasana Harris, *Invisible Mind: Flexible Social Cognition and Dehumanization* (Cambridge, MA: MIT Press, 2017); L. Harris, S. Fiske, "Social Neuroscience Evidence for Dehumanised Perception," *European Review of Social Psychology,* 20, 192–231 (2009).

25. H. Zhang, J. Gross, C. De Dreu, Y. Ma, "Oxytocin Promotes Coordinated Out-group Attack During Intergroup Conflict in Humans," *eLife* 8, e40698 (2019); 对这种缺乏共情的一种解释是，鼻腔吸入催产素使人们对外人的情绪反应更像精神病患者，而不像极端利他主义者。Abigail Marsh 发现，精神病患者对陌生人脸上的恐惧表情不太敏感，而极端利他主义者对这种恐惧表情更敏感。Abigail A. Marsh, *The Fear Factor: How One Emotion Connects Altruists, Psychopaths, and Everyone in Between* (New York: Hachette Book Group, 2017); X. Xu, X. Zuo, X. Wang, S. Han, "Do You Feel My Pain? Racial Group Membership Modulates Empathic Neural Responses," *Journal of Neuroscience* 29, 8525–29 (2009); F. Sheng, Y. Liu, B. Zhou, W. Zhou, S. Han, "Oxytocin Modulates the Racial Bias in Neural Responses to Others' Suffering," *Biological Psychology* 92, 380–86 (2013).
26. C. K. De Dreu, L. L. Greer, M. J. Handgraaf, S. Shalvi, G. A. Van Kleef, M. Baas, F. S. Ten Velden, E. Van Dijk, S. W. Feith, "The Neuropeptide Oxytocin Regulates Parochial Altruism in Intergroup Conflict Among Humans," *Science* 328, 1408–11 (2010).
27. C. K. De Dreu, M. E. Kret, "Oxytocin Conditions Intergroup Relations Through Upregulated In-group Empathy, Cooperation, Conformity, and Defense," *Biological Psychiatry* 79, 165–73 (2016).
28. C. K. De Dreu, L. L. Greer, G. A. Van Kleef, S. Shalvi, M. J. Handgraaf, "Oxytocin Promotes Human Ethnocentrism," *Proceedings of the National Academy of Sciences* 108, 1262–66 (2011).
29. X. Xu, X. Zuo, X. Wang, S. Han, "Do You Feel My Pain? Racial Group Membership Modulates Empathic Neural Responses," *Journal of Neuroscience* 29, 8525–29 (2009).
30. F. Sheng, Y. Liu, B. Zhou, W. Zhou, S. Han, "Oxytocin Modulates the Racial Bias in Neural Responses to Others' Suffering," *Biological Psychology* 92, 380–86 (2013).
31. J. Levy, A. Goldstein, M. Influs, S. Masalha, O. Zagoory-Sharon, R. Feldman, "Adolescents Growing Up Amidst Intractable Conflict Attenuate Brain Response to Pain of Outgroup," *Proceedings of the National Academy of Sciences* 113, 13696–701 (2016).
32. R. W. Wrangham, "Two Types of Aggression in Human Evolution," *Proceedings of the National Academy of Sciences*, 201713611 (2017).
33. R. C. Oka, M. Kissel, M. Golitko, S. G. Sheridan, N. C. Kim, A. Fuentes, "Population Is the Main Driver of War Group Size and Conflict Casualties," *Proceedings of the National Academy of Sciences* 114, E11101–E11110 (2017).
34. D. Crowe, *War Crimes, Genocide, and Justice: A Global History* (New York: Springer, 2014).
35. David. L. Smith, *Less than Human: Why We Demean, Enslave, and Exterminate Others* (New York: St. Martin's Press, 2011).
36. D. Barringer, *Raining on Evolution's Parade* (New York: F&W Publications, 2006).

37. N. Kteily, E. Bruneau, A. Waytz, S. Cotterill, "The Ascent of Man: Theoretical and Empirical Evidence for Blatant Dehumanization," *Journal of Personality and Social Psychology* 109, 901 (2015).
38. 人们还被问到他们对“穆斯林炸了波士顿。我们作为同一个星球上的人需要把他们从这个世界上消灭掉——他们中的每一个人”这一说法的认同程度。虽然绝大多数人强烈反对，但在波士顿马拉松爆炸案发生后，同样出现了态度朝向同意的重大转变。
39. E. Bruneau, N. Kteily, "The Enemy as Animal: Symmetric Dehumanization During Asymmetric Warfare," *PLoS One* 12, e0181422 (2017).
40. N. S. Kteily, E. Bruneau, "Darker Demons of Our Nature: The Need to (Re) Focus Attention on Blatant Forms of Dehumanization," *Current Directions in Psychological Science* 26, 487–94 (2017).
41. E. Bruneau, N. Jacoby, N. Kteily, R. Saxe, "Denying Humanity: The Distinct Neural Correlates of Blatant Dehumanization," *Journal of Experimental Psychology: General,* 147, 1078–93 (2018).
42. N. Kteily, G. Hodson, E. Bruneau, "They See Us as Less Than Human: Metadehumanization Predicts Intergroup Conflict Via Reciprocal Dehumanization," *Journal of Personality and Social Psychology* 110, 343 (2016).
43. 实验表明，当我们把一个人非人化时，我们的大脑倾向于把每个面部特征看作相互分离的，好像它们甚至不是脸的一部分。把一个人的脸当成一个物体，会让我们更容易伤害他们。K. M. Fincher, P. E. Tetlock, M. W. Morris, "Interfacing with Faces: Perceptual Humanization and Dehumanization," *Current Directions in Psychological Science* 26, 288–93 (2017).
44. "Deception on Capitol Hill," *New York Times,* January 15, 1992.
45. J. R. MacArthur, "Remember Nayirah, Witness for Kuwait?," *New York Times* op-ed, January 6, 1992.

第 7 章

1. G. M. Lueong, *The Forest People Without a Forest: Development Paradoxes, Belonging and Participation of the Baka in East Cameroon* (Berghahn Books, 2016).
2. BBC News. Pygmy artists housed in Congo zoo in *BBC News*. (2007). Published online 13 July 2007, http://news.bbc.co.uk/2/hi/africa/6898241.stm.
3. F. E. Hoxie, "Red Man' s Burden," *Antioch Review* 37, 326–42 (1979).
4. T. Buquet, paper presented at the International Medieval Congress, Leeds, 2011.
5. C. Niekerk, "Man and Orangutan in Eighteenth-Century Thinking: Retracing the Early History of Dutch and German Anthropology," *Monatshefte 96*, 477–502 (2004).
6. Tetsuro Matsuzawa, Tatyana Humle, Yamakoshi Sugiyama, *The Chimpanzees of Bossou and Nimba* (Springer Science & Business Media, 2011).

7. M. Mori, "The Uncanny Valley," *Energy* 7, 33–35 (1970).
8. J. van Wyhe, P. C. Kjærgaard, "Going the Whole Orang: Darwin, Wallace and the Natural History of Orangutans," *Studies in History and Philosophy of Science Part C: Studies in History and Philosophy of Biological and Biomedical Sciences* 51, 53–63 (2015).
9. D. Livingstone Smith, I. Panaitui, "Aping the Human Essence," in *Simianization: Apes, Gender, Class, and Race,* edited by W. D. Hund, C. W. Mills, S. Sebastiani (LIT Verlag Münster, 2015), vol. 6.
10. Wulf D. Hund, Charles W. Mills, Silvia Sebastiani, eds., *Simianization: Apes, Gender, Class, and Race* (LIT Verlag Münster, 2015), vol. 6.
11. J. Hunt, *On the Negro's Place in Nature* (Trübner, for the Anthropological Society, 1863).
12. Thomas Jefferson, "Notes on Virginia," in *The Life and Selected Writings of Thomas Jefferson* 187, 275 (New York: Modern Library, 1944).
13. K. Kenny, "Race, Violence, and Anti-Irish Sentiment in the Nineteenth Century," in *Making the Irish American: History and Heritage of the Irish in the United States*, 364–78 (New York: New York University Press, 2006); D. L. Smith, *Less than Human: Why We Demean, Enslave, and Exterminate Others* (New York: St. Martin's Press, 2011).
14. S. Affeldt, "Exterminating the Brute," in Hund et al., *Simianization.*
15. C. J. Williams, *Freedom & Justice: Four Decades of the Civil Rights Struggle as Seen by a Black Photographer of the Deep South* (Macon, GA: Mercer University Press, 1995).
16. David L. Smith, *Less than Human: Why We Demean, Enslave, and Exterminate Others* (New York: St. Martin's Press, 2011).
17. L. S. Newman, R. Erber, *Understanding Genocide: The Social Psychology of the Holocaust* (Oxford University Press, 2002).
18. D. J. Goldhagen, M. Wohlgelernter, "Hitler's Willing Executioners," *Society* 34, 32–37 (1997).
19. Hannah Arendt, *Eichmann in Jerusalem* (Penguin, 1963).
20. R. J. Rummel, *Statistics of Democide: Genocide and Mass Murder Since 1900* (LIT Verlag Münster, 1998), vol. 2.
21. G. Clark, "The Human-Relations Society and the Ideological Society," *Japan Foundation Newsletter* (1978).
22. V. L. Hamilton, J. Sanders, S. J. McKearney, "Orientations Toward Authority in an Authoritarian State: Moscow in 1990," *Personality and Social Psychology Bulletin* 21, 356–65 (1995).
23. D. Johnson, "Red Army Troops Raped Even Russian Women as They Freed Them from Camps," *The Daily Telegraph,* January 25 (2002).
24. D. Roithmayr, *Reproducing Racism: How Everyday Choices Lock in White Advantage* (New York: New York University Press, 2014).
25. R. L. Fleegler, "Theodore G. Bilbo and the Decline of Public Racism, 1938–1947," *Journal of Mississippi History* 68, 1–27 (2006).

26. G. M. Fredrickson, *Racism: A Short History* (Princeton, NJ: Princeton University Press, 2015).
27. 在战后的欧洲，“直接和公开表达的种族偏见已经减少了”(N. Akrami, B. Ekehammar, T. Araya, “Classical and Modern Racial Prejudice: A Study of Attitudes Toward Immigrants in Sweden,” *European Journal of Social Psychology* 30, 521–32 [2000])；在德国，“偏见和威权主义态度在战后几代人中似乎呈下降趋势”(D. Horrocks, E. Kolinsky, *Turkish Culture in German Society Today* [Berghahn Books, 1996], vol. 1)；在俄国，“国内政策的变化和国际事件的进程为（德裔俄国人）提供了大量机会”(E. J. Schmaltz, S. D. Sinner, “ ‘You Will Die Under Ruins and Snow’: The Soviet Repression of Russian Germans as a Case Study of Successful Genocide,” *Journal of Genocide Research* 4, 327–56 [2002])；在瑞典，“‘二战’以来整个社会政治气候的变化，特别是人们倾向于把自己说成是没有偏见的，可能阻止了在社会上或政治上公然的种族偏见的表达”；在英国，“种族偏见的水平正在下降，并有可能进一步下降”(R. Ford, “Is Racial Prejudice Declining in Britain?” *British Journal of Sociology* 59, 609–36 [2008])。
28. Ford, “Is Racial Prejudice Declining in Britain?”
29. L. Huddy, S. Feldman, “On Assessing the Political Effects of Racial Prejudice,” *Annual Review of Political Science* 12, 423–47 (2009).
30. A. T. Thernstrom and S. Thernstrom, “Taking Race out of the Race,” in *Los Angeles Times,* March 2 (2008).
31. D. Horrocks, E. Kolinsky, *Turkish Culture in German Society Today* (Berghahn Books, 1996), vol. 1.
32. M. Augoustinos, C. Ahrens, J. M. Innes, “Stereotypes and Prejudice: The Australian Experience,” *British Journal of Social Psychology* 33, 125–41 (1994).
33. U.S. Census Bureau (2017).
34. R. C. Hetey, J. L. Eberhardt, “Racial Disparities in Incarceration Increase Acceptance of Punitive Policies,” *Psychological Science* 25, 1949–54 (2014).
35. K. Welch, “Black Criminal Stereotypes and Racial Profiling,” *Journal of Contemporary Criminal Justice* 23, 276–88 (2007).
36. V. Hutchings, “Race, Punishment, and Public Opinion,” *Perspectives on Politics* 13, 757 (2015).
37. K. T. Ponds, “The Trauma of Racism: America’s Original Sin,” *Reclaiming Children and Youth* 22, 22 (2013).
38. M. Clair, J. Denis, “Sociology of Racism,” *International Encyclopedia of the Social and Behavioral Sciences,* 2nd ed. (Oxford: Elsevier, 2015).
39. N. Akrami, B. Ekehammar, T. Araya, “Classical and Modern Racial Prejudice: A Study of Attitudes Toward Immigrants in Sweden,” *European Journal of Social Psychology* 30, 521–32 (2000).
40. 这种新种族主义还可能包括对黑人的负面刻板印象，以及黑人对白人在种族等级制度中的地位构成威胁的不安全感。P. M. Sniderman, E. G. Carmines, “Reaching Beyond Race,” *PS: Political Science & Politics* 30, 466–71 (1997); L. Bobo, V. L. Hutchings, “Perceptions of Racial Group Competition: Extending Blumer’s Theory of Group Position to a Multiracial Social Context,” *American Sociological Review* December 1, 951–72 (1996). “许多研究种族偏见的学者同意，在现代社会中，种族偏见的表达方式已经变得更加微妙。” N. Akrami, B. Ekehammar, T. Araya, “Classical and Modern Racial Prejudice: A Study of Attitudes Toward Immigrants in Sweden,” *European Journal of Social Psychology* 30, 521–32 (2000). 这种新偏见不是种族灭绝，而是表现为“否认持续存在的歧视，对少数群体的要求抱有敌意，对少数群体的特殊优惠心怀不满” (ibid.)。作为这种新种族主义的一个例子，犯罪学家 Kelly Welch 指出了对黑人犯罪的刻板印象。K. Welch, “Black Criminal Stereotypes and Racial Profiling,” *Journal of Contemporary Criminal Justice* 23, 276–88 (2007). 《洛杉矶时报》报道，对强效可卡因（主要是黑人吸食）的处罚比对可卡因粉（通常是白人吸食）的处罚更严厉 (J. Katz, *Los Angeles Times*, 2000)。根据这个模型，新偏见代表了一种新的文化类型，它的表达方式与其他已绝迹的旧形式非常不同。

41. A. McCarthy, “Our Dangerous Drift from Reason” in *National Review*. Published online September 24, 2016, https://www.nationalreview.com/2016/09/police-shootings-black-white-media-narrative-population-difference/.

42. “问题在于黑人的犯罪行为，”《华盛顿时报》在 2014 年报道，“这是黑人病态的一种表现，根本上源于黑人家庭的崩溃。” (J. Riley, “What the left wont tell you about black crime,” *Washington Times,* July 21, 2014) 其他人反驳，造成黑人社区问题的真正原因是“社会和经济隔离” (“Criminal Justice Fact Sheet,” NAACP, 2019, https://www.naacp.org/criminal-justice-fact-sheet/)。

43. Gordon W. Allport, *The Nature of Prejudice* (Basic Books, 1979).

44. S. E. Asch, “Studies of Independence and Conformity: I. A Minority of One Against a Unanimous Majority,” *Psychological Monographs: General and Applied* 70, 1 (1956).

45. S. Milgram, “The Perils of Obedience,” *Harper’s* 12 (1973).

46. A. Bandura, B. Underwood, M. E. Fromson, “Disinhibition of Aggression Through Diffusion of Responsibility and Dehumanization of Victims,” *Journal of Research in Personality* 9, 253–69 (1975).

47. Kteily, Bruneau, “Darker Demons of Our Nature.”

48. N. S. Kteily, E. Bruneau, “Darker Demons of Our Nature: The Need to (Re) Focus Attention on Blatant Forms of Dehumanization,” *Current Directions in Psychological Science* 26, 487–94 (2017).

49. P. A. Goff, J. L. Eberhardt, M. J. Williams, M. C. Jackson, “Not Yet

Human: Implicit Knowledge, Historical Dehumanization, and Contemporary Consequences," *Journal of Personality and Social Psychology* 94, 292–306 (2008).
50. P. A. Goff, M. C. Jackson, B. A. L. Di Leone, C. M. Culotta, N. A. DiTomasso, "The Essence of Innocence: Consequences of Dehumanizing Black Children," *Journal of Personality and Social Psychology* 106, 526–45 (2014).
51. 在社会心理学中，非人化"只引起了零星的注意"(N. Haslam, "Dehumanization: An Integrative Review," *Personality and Social Psychology Review* 10, 252–64 [2006])，"心理学家对非人化研究的贡献相对较少"(P. A. Goff, J. L. Eberhardt, M. J. Williams, M. C. Jackson, "Not Yet Human: Implicit Knowledge, Historical Dehumanization, and Contemporary Consequences," *Journal of Personality and Social Psychology* 94, 292–306 [2008])。
52. A. Gordon, "Here's How Often ESPN Draft Analysts Use the Same Words Over and Over" in *Vice Sports* (2015), published online May 4, 2015, https://sports.vice.com/en_us/article/4x9983/heres-how-often-espn-draft-analysts-use-the-same-words-over-and-over.
53. CBS News, "Curious George Obama Shirt Causes Uproar," in CBS News (2008). Published online May 15, 2008, https://www.cbsnews.com/news/curious-george-obama-shirt-causes-uproar/.
54. S. Stein, "New York Post Chimp Cartoon Compares Stimulus Author to Dead Chimpanzee," *Huffington Post,* March 21, 2009.
55. 乔治 · W. 布什在各种网站上被猿化，比如一篇网文的标题为《布什与猴子的比较》，其中将布什的面部表情照片与黑猩猩的照片并置。但这种比较更多是针对巴拉克 · 奥巴马和他的家人。2016 年，克莱县的一名雇员称米歇尔 · 奥巴马是"一只穿着高跟鞋的猿"(C. Narayan, 2016)。福克斯新闻的观众将奥巴马的女儿玛利亚称为"猿"和"猴"(K. D'Onofrio, in Diversity Inc., 2016)。前肯塔基州议会议员丹 · 约翰逊将奥巴马家族称为"一群猴子"(L. Smith, in WDRB, 2016)。把奥巴马家族换上黑猩猩和大猩猩脸的修图照片也在社交媒体上疯传 (K. B. Kahn, P. A. Goff, J. M. McMahon, "Intersections of Prejudice and Dehumanization. Simianization: Apes, Gender, Class, and Race," 6, 223 [Zurich: Verlag GmbH, 2015])。
56. J. D. Vance, *Hillbilly Elegy* (New York: HarperCollins, 2016).
57. A. Jardina, S. Piston, "Dehumanization of Black People Motivates White Support for Punitive Criminal Justice Policies," paper presented at the Annual Meeting of the American Political Science Association, September 1, 2016; Ashley Jardina, *White Identity Politics,* (Cambridge: Cambridge University Press, 2019).
58. K. M. Hoffman, S. Trawalter, J. R. Axt, M. N. Oliver, "Racial Bias in Pain Assessment and Treatment Recommendations, and False Beliefs About Biological Differences Between Blacks and Whites," *Proceedings of the National Academy of Sciences* 113, 4296–4301 (2016).
59. A. Cintron, R. S. Morrison, "Pain and Ethnicity in the United States: A

Systematic Review," *Journal of Palliative Medicine* 9, 1454–73 (2006).
60. M. Peffley, J. Hurwitz, "Persuasion and Resistance: Race and the Death Penalty in America," *American Journal of Political Science* 51, 996–1012 (2007).
61. S. Ghoshray, "Capital Jury Decision Making: Looking Through the Prism of Social Conformity and Seduction to Symmetry," *University of Miami Law Review* 67, 477 (2012).
62. A. Avenanti, A. Sirigu, S. M. Aglioti, "Racial Bias Reduces Empathic Sensorimotor Resonance with Other-Race Pain," *Current Biology* 20, 1018–22 (2010).
63. N. Lajevardi, K. A. Oskooii, "Ethnicity, Politics, Old-fashioned Racism, Contemporary Islamophobia, and the Isolation of Muslim Americans in the Age of Trump," *Journal of Race, Ethnicity and Politics* 3, 112–52 (2018).
64. F. Galton, *Inquiries into Human Faculty and Its Development* (Macmillan, 1883).
65. P. A. Lombardo, *A Century of Eugenics in America: From the Indiana Experiment to the Human Genome Era* (Bloomington: Indiana University Press, 2011).
66. V. W. Martin, C. Victoria, *The Rapid Multiplication of the Unfit* (London, 1891).
67. H. Sharp, *The Sterilization of Degenerates* (1907).
68. S. Kühl, *For the Betterment of the Race: The Rise and Fall of the International Movement for Eugenics and Racial Hygiene* (Palgrave Macmillan, 2013).
69. Lyudmila Trut, "Early Canid Domestication: The Farm-Fox Experiment; Foxes Bred for Tamability in a 40-year Experiment Exhibit Remarkable Transformations That Suggest an Interplay Between Behavioral Genetics and Development," *American Scientist* 87, 160–69 (1999).
70. A. R. Wood, T. Esko, J. Yang, S. Vedantam, T. H. Pers, S. Gustafsson, A. Y. Chu, K. Estrada, J. a. Luan, Z. Kutalik, "Defining the Role of Common Variation in the Genomic and Biological Architecture of Adult Human Height," *Nature Genetics* 46, 1173–86 (2014).
71. C. F. Chabris, J. J. Lee, D. Cesarini, D. J. Benjamin, D. I. Laibson, "The Fourth Law of Behavior Genetics," *Current Directions in Psychological Science* 24, 304–12 (2015).
72. M. Lundstrom, "Moore' s Law Forever?" *Science* 299, 210–11 (2003).
73. R. Kurzweil, "The Law of Accelerating Returns," in *Alan Turing: Life and Legacy of a Great Thinker* (New York: Springer, 2004), 381–416.
74. J. Dorrier, "Service Robots Will Now Assist Customers at Lowe's Stores," in *Singularity Hub* (2014).
75. J. J. Duderstadt, *The Millennium Project* (1997).
76. J. Glenn, *The Millennium Project: State of the Future* (Washington, D.C.: World Federation of U.N. Assocations, 2011).

第 8 章

1. R. W. Wrangham, "Two Types of Aggression in Human Evolution," *Proceedings of the National Academy of Sciences* 201713611 (2017).
2. C. J. von Rueden, "Making and Unmaking Egalitarianism in Small-Scale Human Societies" *Current Opinion in Psychology* 33, 167–171 (2019).
3. 这方面也存在例外。例如，举行夸富宴、拥有丰富的自然海岸资源但不是农耕者的印第安人，确实也发展了社会等级制度。W. Suttles, "Coping with Abundance: Foraging on the Northwest Coast," in *Man the Hunter* (Routledge, 2017), 56–68.
4. Peter Turchin, *Ultrasociety: How 10,000 Years of War Made Humans the Greatest Cooperators on Earth* (Smashwords edition, 2015, smashwords.com/books/view/593854).
5. E. Weede, "Some Simple Calculations on Democracy and War Involvement," *Journal of Peace Research* 29, 377–83 (1992).
6. J. R. Oneal, B. M. Russett, "The Kantian Peace: The Pacific Benefits of Democracy, Interdependence, and International Organizations" in *Bruce M. Russett: Pioneer in the Scientific and Normative Study of War, Peace, and Policy* (New York: Springer, 2015), 74–108.
7. C. B. Mulligan, R. Gil, X. Sala-i-Martin, "Do Democracies Have Different Public Policies than Nondemocracies?" *Journal of Economic Perspectives* 18, 51–74 (2004).
8. J. Tavares, R. Wacziarg, "How Democracy Affects Growth," *European Economic Review* 45, 1341–78 (2001).
9. M. Rosen, "Democracy," in *Our World in Data* (May 1, 2017, https://ourworldindata.org/democracy).
10. H. Hegre, "Toward a Democratic Civil Peace?: Democracy, Political Change, and Civil War," in *American Political Science Association,* vol. 95 (Cambridge University Press, 2001), 33–48.
11. H. Hegre, "Democracy and Armed Conflict," *Journal of Peace Research* 51, 159–172 (2014).
12. Peter Levine, *The New Progressive Era: Toward a Fair and Deliberative Democracy* (Lanham, MD: Rowman & Littlefield, 2000).
13. James Madison, The Federalist no. 10 (1787).
14. Thomas Paine, *Common Sense* (Penguin, 1986).
15. Cass R. Sunstein, *Can It Happen Here?: Authoritarianism in America* (New York: Dey Street Books, 2018).
16. James Madison, The Federalist no. 51 (1788).
17. James Madison, John Jay, Alexander Hamilton, *The Federalist Papers,* edited by Jim Miller (Mineola, NY: Dover Publications, 2014), 253–57.
18. R. A. Dahl, *How Democratic Is the American Constitution?* (New Haven, CT: Yale University Press, 2003).

19. Michael Ignatieff, *American Exceptionalism and Human Rights* (Princeton, NJ: Princeton University Press, 2009).
20. M. Flinders, M. Wood, “When Politics Fails: Hyper-Democracy and Hyper-Depoliticization,” *New Political Science* 37, 363–81 (2015).
21. D. Amy, *Government Is Good: An Unapologetic Defense of a Vital Institution* (New York: Dog Ear Publishing, 2011).
22. A. Romano, “How Ignorant Are Americans?” *Newsweek,* March 20, 2011.
23. Annenberg Public Policy Center, University of Pennsylvania, “Americans Know Surprisingly Little About Their Government, Survey Finds,” September 17, 2014.
24. A. Davis, “Racism, Birth Control and Reproductive Rights,” *Feminist Postcolonial Theory—A Reader*, 353–67 (2003).
25. 2013 年 11 月，美国国会的支持率降至 9%，这是自 1974 年盖洛普民意调查开始调查其支持率以来的最低值。在接下来的几年里，情况几乎没有改善，2016 年的支持率只有 13% (Gallup, “Congress and the Public,” 2016)。我们通常对最高法院和总统职位更有信心，但 2014 年的一项民意调查显示，最高法院的支持率为 30%，创下历史新低，而总统职位的支持率为 35%，创下 6 年来新低 (J. McCarthy, “Americans Losing Confidence in All Branches of US Gov’t.,” Gallup, 2014)。
26. R. S. Foa, Y. Mounk, “The Democratic Disconnect,” *Journal of Democracy* 27, 5–17 (2016).
27. 一项调查发现，千禧一代只有 32% 的人认为生活在民主制度中至关重要；有 1/4 的人认为民主制是一种“糟糕”或“非常糟糕”的治理国家的方式；超过 80% 的人认为，当政府失职时，由军队接管是合法的。这些数字还在不断恶化。在 1990 年，53% 的美国年轻人对政治感兴趣；到 2010 年，这个数字下降到 41%。在 1995 年，只有 1/16 的美国人认为“军队统治”是好事；到 2011 年，这一比例上升到 1/6。从 1995 年到 2011 年，喜欢“不必为选举操心的强力领导人”的美国人比例从 24% 上升到 32%。R. S. Foa, Y. Mounk, “The Democratic Disconnect,” *Journal of Democracy* 27, 5–17 (2016).
28. W. Churchill, speech to the British House of Commons on November 11, 1947, https://api.parliament.uk/historic-hansard/commons/1947/nov/11/parliament-bill#S5CV0444P0_19471111_HOC_292.
29. A. Sullivan, “Democracies End When They Are Too Democratic,” *New York Magazine,* May 1, 2016.
30. F. M. Cornford, ed., “*The Republic*” *of Plato,* vol. 30 (London: Oxford University Press, 1945).
31. J. Duckitt, “Differential Effects of Right Wing Authoritarianism and Social Dominance Orientation on Outgroup Attitudes and Their Mediation by Threat from and Competitiveness to Outgroups,” *Personality and Social Psychology Bulletin* 32, 684–96 (2006).

32. A. K. Ho, J. Sidanius, N. Kteily, J. Sheehy-Skeffington, F. Pratto, K. E. Henkel, R. Foels, A. L. Stewart, "The Nature of Social Dominance Orientation: Theorizing and Measuring Preferences for Intergroup Inequality Using the New SDO7 Scale," *Journal of Personality and Social Psychology* 109, 1003 (2015).

33. 另类右翼以前被认为是很小的成分混杂的边缘群体，截至 2016 年，它已经被定性为一个成分单一的群体，并开始在美国政治中显示相当大的影响力。在国际上，2016 年 7 月，欧洲有 39 个国家的议会中存在另类右翼政党。玛丽娜·勒庞的"国民阵线"政党，由她的新纳粹主义父亲创立，在法国的总统选举中一路走到了最后一轮。弗劳克·佩特里的德国选择党建议在寻求庇护者越过边境时向他们开枪，并禁止伊斯兰教符号，该党是德国第三大政党。德国反伊斯兰政党 Pegida 正在获得让人联想到特朗普集会的那种支持，而记者在特朗普集会上需要保安保护。被指控煽动针对穆斯林的暴力的 Geert Wilders，目前是荷兰最受欢迎政党的领导人。如果选举在 2016 年举行，他将在政府中赢得比其他任何政党更多的席位。该党呼吁关闭伊斯兰学校，并登记荷兰公民的族裔。他们希望驱逐外国罪犯，废除参议院，并脱离欧盟。他曾资助反伊斯兰教的宣传。金色黎明党的标志看起来很像纳粹符号，其成员行纳粹礼，是希腊第三大政党。匈牙利第三大党尤比克党发表了会让希特勒感到骄傲的反犹主义言辞。瑞典民主党是一个误导性的名字，它其实是由白人至上主义者创建的，是瑞典第三大党。由一名党卫军军官创立的自由党在 2016 年奥地利总统选举中以微弱劣势败北 (Daniel Koehler, "Right-Wing Extremism and Terrorism in Europe: Current Developments and Issues for the Future," *PRISM: The Journal of Complex Operations,* National Defense University 6, no. 2, July 18, 2016)。

34. Koehler, "Right-Wing Extremism and Terrorism in Europe."

35. P. S. Forscher, N. Kteily, "A Psychological Profile of the Alt-right," *Perspectives in Psychological Science* 15, 90–116 (2020).

36. J. D. Vance, *Hillbilly Elegy* (New York: HarperCollins, 2016).

37. Karen Stenner, *The Authoritarian Dynamic* (Cambridge: Cambridge University Press, 2005).

38. K. Costello, G. Hodson, "Lay Beliefs About the Causes of and Solutions to Dehumanization and Prejudice: Do Nonexperts Recognize the Role of Human–Animal Relations?" *Journal of Applied Social Psychology* 44, 278–88 (2014).

39. E. L. Paluck, D. P. Green, "Prejudice Reduction: What Works? A Review and Assessment of Research and Practice," *Annual Review of Psychology* 60, 339–67 (2009); Robin Diangelo, *White Fragility: Why It's So Hard for White People to Talk About Racism* (Boston: Beacon Press, 2018).

40. P. Henry, J. L. Napier, "Education Is Related to Greater Ideological Prejudice," *Public Opinion Quarterly* 81, 930–42 (2017).

41. Ashley Jardina, *White Identity Politics* (Cambridge: Cambridge University

Press, 2019).
42. G. M. Gilbert, *The Psychology of Dictatorship: Based on an Examination of the Leaders of Nazi Germany* (New York: Ronald Press Company, 1950).
43. Walter Sinnott-Armstrong, *Think Again: How to Reason and Argue* (Oxford University Press, 2018).
44. C. Andris, D. Lee, M. J. Hamilton, M. Martino, C. E. Gunning, J. A. Selden, "The Rise of Partisanship and Super-cooperators in the US House of Representatives," *PLoS One* 10, e0123507 (2015).
45. T. E. Mann, N. J. Ornstein, *It's Even Worse Than It Looks: How the American Constitutional System Collided with the New Politics of Extremism* (New York: Basic Books, 2016).
46. Mike Lofgren, *The Party Is Over: How Republicans Went Crazy, Democrats Became Useless, and the Middle Class Got Shafted* (New York: Viking Penguin, 2012).
47. K. Gehl, M. E. Porter, *Why Competition in the Politics Industry Is Failing America: A Strategy for Reinvigorating Our Democracy,* Harvard Business School paper, September 2017, www.hbs.edu/competitiveness/Documents/why-competition-in-the-politics-industry-is-failing-america.pdf.
48. Richard Wrangham, *The Goodness Paradox: The Strange Relationship Between Virtue and Violence in Human Evolution* (New York: Pantheon, 2019).
49. P. M. Oliner, *Saving the Forsaken: Religious Culture and the Rescue of Jews in Nazi Europe* (New Haven, CT: Yale University Press, 2008).
50. Website: "About the Righteous" (Yad Vashem: The World Holocaust Memorial Center), (2017). Published online, retrieved August 19, 2017, http://www.yadvashem.org/righteous/about-the-righteous.
51. Z. N. Hurston, August 11, 1955, letter to the *Orlando Sentinel*. Retrieved from http://teachingamericanhistory.org/library/document/letter-to-the-orlando-sentinel/.
52. Thomas F. Pettigrew, Linda R. Tropp, *When Groups Meet: The Dynamics of Intergroup Contact* (New York: Psychology Press, 2013).
53. W.E.B. Du Bois, "Does the Negro Need Separate Schools?" *Journal of Negro Education* 4, 328–35 (1935).
54. J. W. Jackson, "Contact Theory of Intergroup Hostility: A Review and Evaluation of the Theoretical and Empirical Literature," *International Journal of Group Tensions* 23, 43–65 (1993).
55. S. E. Gaither, S. R. Sommers, "Living with an Other-race Roommate Shapes Whites' Behavior in Subsequent Diverse Settings," *Journal of Experimental Social Psychology* 49, 272–76 (2013).
56. P. B. Wood, N. Sonleitner, "The Effect of Childhood Interracial Contact on Adult Antiblack Prejudice," *International Journal of Intercultural Relations* 20, 1–17 (1996).
57. C. Van Laar, S. Levin, S. Sinclair, J. Sidanius, "The Effect of University Roommate Contact on Ethnic Attitudes and Behavior," *Journal of Experimental Social Psychology* 41, 329–45 (2005).

58. 另一项研究将大学生随机分配给一个跨种族或同种族室友。研究人员在大一第一学期开始和结束时对大学生进行了调查。他们发现，与同种族室友一起生活的新生报告了更高的初始满意度，但这种满意度会下降，而与跨种族室友一起生活的新生满意度却没有下降。同时，与跨种族室友一起生活的新生对其他种族学生的宽容度明显增加，而与同种族室友一起生活的新生则没有变化。与黑人室友一起生活的白人新生到半学期末报告的他们与其他少数族裔学生交往的舒适度高于与同种族室友一起生活的白人。在整个学期结束时，一项内隐测量显示，与跨种族室友一起生活的新生对黑人的积极性有所提高，而与同种族室友一起生活的新生没有变化。N. J. Shook, R. H. Fazio, "Interracial Roommate Relationships: An Experimental Field Test of the Contact Hypothesis," *Psychological Science* 19, 717–23 (2008).

59. D. M. Wilner, R. P. Walkley, S. W. Cook, *Human Relations in Interracial Housing* (Minneapolis: University of Minnesota Press, 1955).

60. J. Nai, J. Narayanan, I. Hernandez, K. J. Savani, "People in More Racially Diverse Neighborhoods Are More Prosocial," *Journal of Personality and Social Psychology* 114, 497 (2018).

61. R. Falvo, D. Capozza, G. A. Di Bernardo, A. F. Pagani, "Can Imagined Contact Favor the 'Humanization' of the Homeless?" *TPM: Testing, Psychometrics, Methodology in Applied Psychology* 22 (2015).

62. L. Vezzali, M. D. Birtel, G. A. Di Bernardo, S. Stathi, R. J. Crisp, A. Cadamuro, E. P. Visintin, "Don't Hurt my Outgroup Friend: Imagined Contact Promotes Intentions to Counteract Bullying," *Group Processes & Intergroup Relations* (2019).

63. D. Broockman, J. Kalla, "Durably Reducing Transphobia: A Field Experiment on Door-to-Door Canvassing," *Science* 352, 220–24 (2016).

64. D. Capozza, G. A. Di Bernardo, R. Falvo, "Intergroup Contact and Outgroup Humanization: Is the Causal Relationship Uni- or Bidirectional?" *PLoS One* 12, e0170554 (2017).

65. G. Hodson, "Do Ideologically Intolerant People Benefit from Intergroup Contact?" *Current Directions in Psychological Science* 20, 154–59 (2011).

66. G. Hodson, R. J. Crisp, R. Meleady, M.J.P.o.P.S. Earle, "Intergroup Contact as an Agent of Cognitive Liberalization," *Perspectives on Psychological Science* 13, 523–48 (2018).

67. B. Major, A. Blodorn, G. Major Blascovich, "The Threat of Increasing Diversity: Why Many White Americans Support Trump in the 2016 Presidential Election," *Group Processes & Intergroup Relations* 21, 931–40 (2018).

68. F. Beyer, T. F. Münte, C. Erdmann, U. M. Krämer, "Emotional Reactivity to Threat Modulates Activity in Mentalizing Network During Aggression," *Social Cognitive and Affective Neuroscience* 9, 1552–60 (2013).

69. N. Kteily, G. Hodson, E. Bruneau, "They See Us as Less Than Human: Metadehumanization Predicts Intergroup Conflict via Reciprocal Dehumanization,"

Journal of Personality and Social Psychology 110, 343 (2016).
70. 事实证明，接触可以增加对其他族群的宽容度，比如对中国学生、南非的黑人工人、德国的土耳其学童和澳大利亚的东南亚移民的宽容度。对那些在传统上被非人化的群体，比如老人、精神病人、艾滋病人、残疾人，甚至是计算机程序员，接触也同样起作用。T. F. Pettigrew, "Intergroup Contact Theory," *Annual Review of Psychology* 49, 65–85 (1998). 我们没有找到任何证据表明，通过系统或反复的接触是改善不了群体之间的社会关系的。
71. 有些人反对这一观点，认为分隔人口的政治边界是维持和平的最有效手段。A. Rutherford, D. Harmon, J. Werfel, A. S. Gard-Murray, S. Bar-Yam, A. Gros, R. Xulvi-Brunet, Y. Bar-Yam, "Good Fences: The Importance of Setting Boundaries for Peaceful Coexistence," *PLoS One* 9, e95660 (2014). 其他人则认为，接触假说还没有得到充分的评估。虽然有几十项研究显示出一致的效应，但效应往往只是中等水平的，而且大多数研究只评估了偏见的减少，没有评估非人化（这一点通常没有得到测量）。E. L. Paluck, S. A. Green, D. P. Green, "The Contact Hypothesis Re-evaluated," *Behavioural Public Policy 3*, 129-158 (2019).
72. N. Haslam, S. J. Loughnan, "Dehumanization and Infrahumanization," *Annual Review of Psychology* 65, 399–423 (2014).
73. T. W. Smith, P. Marsden, M. Hout, J. Kim, "General Social Surveys, 1972–2016," NORC at the University of Chicago, 2016.
74. "American Values Survey 2013," Public Religion Research Institute, retrieved October 18, 2017, from https://www.prri.org/wp-content/uploads/2014/08/AVS-Topline-FINAL.pdf.
75. M. Saincome, "Berkeley Riots: How Free Speech Debate Launched Violent Campus Showdown," *Rolling Stone,* February 6, 2016.
76. Frantz Fanon, *The Wretched of the Earth,* translated by Constance Farrington, with a preface by Jean-Paul Sartre (New York: Grove Press, 1963), vol. 36.
77. J. Lyall, I. Wilson, "Rage Against the Machines: Explaining Outcomes in Counterinsurgency Wars," *International Organization* 63, 67–106 (2009).
78. Malcolm X with Alex Haley, *The Autobiography of Malcolm X* (New York: Grove Press, 1965).
79. E. Chenoweth "The Success of Nonviolent Civil Resistance" in TedX Boulder (2013). Published online, https://www.youtube.com/watch?v=YJSehRlU34w.
80. E. Chenoweth, M. J. Stephan, *Why Civil Resistance Works: The Strategic Logic of Nonviolent Conflict* (New York: Columbia University Press, 2011).
81. M. Feinberg, R. Willer, C. Kovacheff, "Extreme Protest Tactics Reduce Popular Support for Social Movements," *Rotman School of Management Working Paper 2911177* (2017); B. Simpson, R. Willer, M. Feinberg, "Does Violent Protest Backfire?: Testing a Theory of Public Reactions to Activist Violence," *Socius: Sociological Research for a Dynamic World* 4, 2018.

82. E. Volokh, *The First Amendment and Related Statutes* (New York: Foundation Press, 2011).
83. Samuel Walker, *Hate Speech: The History of an American Controversy* (Lincoln: University of Nebraska Press, 1994).
84. Toni M. Massaro, "Equality and Freedom of Expression: The Hate Speech Dilemma," *William & Mary Law Review* 32 (1991), https://scholarship.law.wm.edu/wmlr/vol32/iss2/3.
85. D. Meagher, "So Far So Good: A Critical Evaluation of Racial Vilification Laws in Australia," *Federal Law Review* 32 (2004), 225.
86. M. Bohlander, *The German Criminal Code: A Modern English Translation* (New York: Bloomsbury, 2008).
87. A. Gow, "'I Had No Idea Such People Were in America!': Cultural Dissemination, Ethno-linguistic Identity and Narratives of Disappearance," spacesofidentity.net 6 (2006).
88. E. Bruneau, N. Jacoby, N. Kteily, R. Saxe, "Denying Humanity: The Distinct Neural Correlates of Blatant Dehumanization," *Journal of Experimental Psychology: General* 147, 1078–1093 (2018).
89. N. L. Canepa, "From Court to Forest: The Literary Itineraries of Giambattista Basile," *Italica* 71, 291–310 (1994).
90. C. Johnson, "Donald Trump Says the US Military Will Commit War Crimes for Him," Fox News Debate, published online March 4, 2016. https://www.youtube.com/watch?time_continue=9&v=u3LszO-YLa8.
91. B. Kentish, "Donald Trump Blames 'Animals' Supporting Hillary Clinton for Office Firebomb Attack," *The Independent* (2016), published online October 17, 2016, http://www.independent.co.uk/news/world/americas/us-elections/us-election-donald-trump-hillary-clinton-animals-firebomb-attack-north-carolina-republican-party-a7365206.html.
92. M. Miller, "Donald Trump On a Protester: 'I' d Like to Punch Him in the Face,' " *Washington Post* (2016). Published online February 23, 2016, https://www.washingtonpost.com/news/morning-mix/wp/2016/02/23/donald-trump-on-protester-id-like-to-punch-him-in-the-face/.
93. J. Diamond, "Trump: I Could Shoot Somebody and Not Lose Voters" *CNN Politics* (2016). Published online January 24, 2016, http://www.cnn.com/2016/01/23/politics/donald-trump-shoot-somebody-support/.
94. Jane Jacobs, *The Death and Life of Great American Cities* (New York: Vintage, 2016).
95. Richard Florida, *The New Urban Crisis: How Our Cities Are Increasing Inequality, Deepening Segregation, and Failing the Middle Class, and What We Can Do About It* (UK: Hachette, 2017).
96. R.T.T. Forman, "The Urban Region: Natural Systems in Our Place, Our Nourishment, Our Home Range, Our Future," *Landscape Ecology* 23 (2008), 251–53.
97. A. Andreou, "Anti-Homeless Spikes: Sleeping Rough Opened My Eyes to the

City's Barbed Cruelty," *Guardian* 19 (2015), 4–8.

第 9 章

1. R. M. Beatson, M. J. Halloran, "Humans Rule! The Effects of Creatureliness Reminders, Mortality Salience and Self-esteem on Attitudes Towards Animals," *British Journal of Social Psychology* 46, 619–32 (2007).
2. K. Costello, G. Hodson, "Lay Beliefs about the Causes of and Solutions to Dehumanization and Prejudice: Do Nonexperts Recognize the Role of Human-Animal Relations?" *Journal of Applied Social Psychology* 44, 278–88 (2014).
3. K. Dhont, G. Hodson, K. Costello, C. C. MacInnis, "Social Dominance Orientation Connects Prejudicial Human–Human and Human–Animal Relations," *Personality and Individual Differences* 61, 105–108 (2014).
4. K. Costello, G. Hodson, "Exploring the Roots of Dehumanization: The Role of Animal-Human Similarity in Promoting Immigrant Humanization," *Group Processes & Intergroup Relations* 13, 3–22 (2010).
5. R. B. Bird, D. W. Bird, B. F. Codding, C. H. Parker, J. H. Jones, "The 'Fire Stick Farming' Hypothesis: Australian Aboriginal Foraging Strategies, Biodiversity, and Anthropogenic Fire Mosaics," *Proceedings of the National Academy of Sciences* 105, 14796–801 (2008).
6. H. G. Parker, L. V. Kim, N. B. Sutter, S. Carlson, T. D. Lorentzen, T. B. Malek, G. S. Johnson, H. B. DeFrance, E. A. Ostrander, L. Kruglyak, "Genetic Structure of the Purebred Domestic Dog," *Science* 304, 1160–64 (2004).
7. H.J.V.S. Ritvo, "Pride and Pedigree: The Evolution of the Victorian Dog Fancy," *Victorian Studies* 29, 227–253 (1986).
8. Michael Worboys, Julie-Marie Strange, Neil Pemberton, *The Invention of the Modern Dog* (Baltimore: Johns Hopkins University Press, 2019).

人际沟通

《他人的力量：如何寻求受益一生的人际关系》

作者：[美] 亨利·克劳德 译者：邹东

畅销书《过犹不及》作者、心理学博士和领导力专家亨利·克劳德新作，书中提出一个科学理念：人们若想抵达更高层次，实现理想的生活状态，百分之百需要依靠人际关系——你相信谁，你如何与人相处，你从他人身上学到什么。

《学会沟通：全面沟通技能手册（原书第4版）》

作者：[美] 马修·麦凯 等 译者：王正林

一本书掌握全场景沟通技能，用心理学原理破解沟通难题，用“好好说话”取代“无效沟通”。

《你为什么不道歉》

作者：[美] 哈丽特·勒纳 译者：毕崇毅

道歉是一种重要的人际沟通方式、情感疗愈方式、问题解决方式。美国备受尊敬的女性心理学家20多年深入研究，教会我们善用道歉修复和巩固人际关系。中国知名心理学家张海音、施琪嘉、李孟潮、张沛超联袂推荐。

《自信表达：如何在沟通中从容做自己》

作者：[加] 兰迪·帕特森 译者：方旭燕 张媛

沟通效率最高的表达方式；兼具科学性和操作性的自信表达训练手册；有效逆转沟通中的不平等局面，展现更真实的自己。

《人际关系：职业发展与个人成功心理学（原书第10版）》

作者：[美] 安德鲁·J.杜布林 译者：姚翔 陆昌勤 等

畅销美国30年的人际关系书；最受美国大学生欢迎的人际关系课；美国著名心理学家、人际关系专家安德鲁·J.杜布林将帮你有效提升工作场所和生活中的人际关系质量。

更多>>>

《给人好印象的秘诀：如何让别人信任你、喜欢你、帮助你》 作者：[美] 海蒂·格兰特·霍尔沃森

《杠杆说服力：52个渗透潜意识的心理影响法则》 作者：[美] 凯文·霍根

理性决策

《超越智商：为什么聪明人也会做蠢事》

作者：[加] 基思·斯坦诺维奇 译者：张斌

如果说《思考，快与慢》让你发现自己思维的非理性，那么《超越智商》将告诉你提升理性的方法

诺贝尔奖获得者、《思考，快与慢》作者丹尼尔·卡尼曼强烈推荐

《理商：如何评估理性思维》

作者：[加] 基思·斯坦诺维奇 等 译者：肖玮 等

《超越智商》作者基思·斯坦诺维奇新作，诺贝尔奖得主丹尼尔·卡尼曼力荐！

介绍了一种有开创意义的理性评估工具——理性思维综合评估测验。

颠覆传统智商观念，引领人类迈入理性时代

《机器人叛乱：在达尔文时代找到意义》

作者：[加] 基思·斯坦诺维奇 译者：吴宝沛

你是载体，是机器人，是不朽的基因和肮脏的模因复制自身的工具。

如果《自私的基因》击碎了你的心和尊严，《机器人叛乱》将帮你找回自身存在的价值和意义。

美国心理学会终身成就奖获得者基思·斯坦诺维奇经典作品。用认知科学和决策科学铸成一把理性思维之剑，引领全人类，开启一场反抗基因和模因的叛乱

《诠释人性：如何用自然科学理解生命、爱与关系》

作者：[英] 卡米拉·庞 译者：姜帆

荣获第33届英国皇家学会科学图书大奖；一本脑洞大开的生活指南；带你用自然科学理解自身的决策和行为、关系和冲突等难题

《进击的心智：优化思维和明智行动的心理学新知》

作者：魏知超 王晓微

如何在信息不完备时做出高明的决策？如何用游戏思维激发学习动力？如何通过科学睡眠等手段提升学习能力？升级大脑程序，获得心理学新知，阳志平、陈海贤、陈章鱼、吴宝沛、周欣悦、高地清风诚挚推荐

更多>>>

《决策的艺术》 作者：[美] 约翰·S. 哈蒙德 等 译者：王正林